JN314206

図解日本の語彙

沖森卓也・木村義之・田中牧郎
陳力衛・前田直子 著

三省堂

本文組版・装丁——大貫デザイン事務所

まえがき

　ことばは私たちのまわりを取り囲んでいます。その、ことばが取り巻く世界の中で、私たちはさまざまなことを思い描き、感じ取り、また、相手に伝えています。そこでは、自己の思考や感情を言い表すのに最もふさわしいことばが意識的に、また感覚的に一つ一つ紡ぎ出されて、それらの総体が表現内容を成り立たせ、彩っているのです。

　ことばを成り立たせる要素には種々ありますが、その中でも、意味を持つ一まとまりの単位である語が最も基本的なものです。そして、そのまとまりを語彙と言います。「ボキャブラリーが貧困だ」という場合のボキャブラリー【vocabulary】のことです。日本語全体を対象とすれば「日本の語彙」となり、ある意味分野または領域に限れば、「親族語彙」「漱石の語彙」などというようにも用いられるものです。

　そこで、語や語彙についてもっと知りたい、初歩的な知識から学びたいというような、ことばに興味を持つ方々のために本書を編集しました。先に刊行した『図解日本語』『図解日本の文字』に倣って、図や表などをできるだけ多く掲載し、見やすく読みやすく、そして、わかりやすく解説することを心がけました。脚注には、本文の説明を補足する事柄や、関連する事項なども記しました。初歩的なものからやや専門的な事柄に至るまで、必要に応じて学べるように工夫してあります。興味を持つ章から読み始めてください。あるいは、まずは知りたい事項だけ読むという使い方もよいでしょう。

　豊饒なことばの海に乗り出していきましょう。そして、ことばの波をかき分け、ことばの山を見はるかし、さらに、ことばの新たな世界を探り、さまざまな発見をしてください。

著者一同

目次

まえがき

第1章　語の成り立ち …………………………………………… 10

第1節　ことばと音 ……………………………………… 10
1. 言語における音 …………………………… 10
2. 語 ……………………………………………… 10
3. 拍 ……………………………………………… 11
4. アクセント ………………………………… 11

第2節　ことばと意味 …………………………………… 12
1. 意味 …………………………………………… 12
2. 意味と音の合体 …………………………… 12
3. 言語記号の性質 …………………………… 13
4. 意味の三角形 ……………………………… 14
5. ことばと指示物との意図的ずらし …… 14
6. 婉曲・皮肉・諷刺 ………………………… 15

第3節　語構成 …………………………………………… 16
1. 語の結合 …………………………………… 16
2. 語構成から見た語の分類 ……………… 17
3. 語基と接辞 ………………………………… 17
4. 合成語の分類 ……………………………… 18
5. 派生語の性質 ……………………………… 19
6. 複合語の性質 ……………………………… 19
7. 漢語の語構成 ……………………………… 20
8. 連語と慣用句 ……………………………… 21

第4節　語形成 …………………………………………… 22
1. 動的なしくみ ……………………………… 22
2. 新語の形成 ………………………………… 22
3. 組み合わせによる語の形成 …………… 23
4. 複合動詞の二つのタイプ ……………… 24

5	臨時一語	25
6	略語	25
7	異分析	27

第5節　語源と語史 … 28
　　1　語源 … 28
　　2　語史 … 29
　　3　ことばの由来 … 29
　　4　忌詞 … 30

第2章　語の分類 … 32

第1節　使い方による分類 … 32
　　1　話し言葉と書き言葉 … 32
　　2　雅語・俗語 … 33
　　3　使用語彙と理解語彙 … 34
　　4　名称と呼称 … 34

第2節　文法的機能による分類 … 36
　　1　品詞による分類 … 36
　　2　名詞の分類 … 36
　　3　動詞の分類 … 38
　　4　形容詞の分類 … 39
　　5　副詞の分類 … 39

第3節　出自による分類 … 40
　　1　語種 … 40
　　2　和語 … 40
　　3　漢語 … 41
　　4　外来語 … 42
　　5　混種語 … 42

第3章　さまざまな語彙 44

第1節　ことばの体系 44
1　語彙体系 44
2　語彙の総体をとらえる体系 44
3　語彙の部分をとらえる体系 45
4　語彙体系と世界のとらえ方 47

第2節　親族語彙 48
1　親族呼称と親族名称 48
2　親族内での呼び方 49
3　親族名称の歴史 49

第3節　色彩語彙 50
1　基本色彩語 50
2　日本語の色彩語 50
3　古代の色彩語 51
4　色彩語のイメージ 51

第4節　身体語彙 52
1　日本語の身体語彙 52
2　身体語彙の歴史 52
3　西洋医学の導入による新しい語彙 53
4　身体語彙に見る専門語と日常語 53

第5節　感情語彙 54
1　感情語彙とは 54
2　形容詞表現と動詞表現 54
3　感情語彙の歴史 54
4　感情語の意味変化 55

第6節　数詞と助数詞 56
1　数詞とは 56
2　本数詞の2種類 56
3　数詞の2種類 57
4　数量詞の使い方 57

5　助数詞とは... 58
　　　6　助数詞の語種... 59
　　　7　新しい助数詞... 59
　第7節　オノマトペ（擬音語・擬態語）................. 60
　　　1　オノマトペとは..................................... 60
　　　2　オノマトペの分類................................. 60
　　　3　オノマトペの規則的形態......................... 62
　　　4　音と意味の関係..................................... 62
　　　5　オノマトペの由来と派生......................... 62
　　　6　オノマトペの品詞と使い方..................... 63

第4章　語と意味関係... 64

　第1節　ことばの意味... 64
　　　1　意味とは何か... 64
　　　2　意味の色々... 65
　第2節　意味関係... 68
　　　1　意味関係と意味の体系............................. 68
　　　2　同義語（等質関係）................................. 68
　　　3　類義語（類似関係）................................. 69
　　　4　反義語（対義関係）................................. 70
　　　5　上位語・下位語（階層関係・包含関係）..... 71
　第3節　類義語... 72
　　　1　類義語とは... 72
　　　2　類義語の違い... 72
　第4節　反義語・対照語....................................... 74
　　　1　反義語とは... 74
　　　2　反義語と対照語..................................... 74
　　　3　形容詞の反義語..................................... 75
　　　4　名詞の反義語... 76
　　　5　動詞の反義語... 77

| | | 6　反義関係の非対称性 | 77 |

第5節　多義語 78
  1　多義語とは 78
  2　同音異義語と多義語 78
  3　多義語の発生過程 80

第5章　ことばの変化 … 82

第1節　意味変化 82
  1　意味変化と多義語 82
  2　なぜ意味変化が起こるか 82
  3　意味変化のパターン 83

第2節　語形変化 86
  1　語形変化とその要因 86
  2　音の変化 87
  3　音の脱落 87
  4　音の添加 88
  5　音の融合（相互同化） 89
  6　その他 89

第3節　語の交代 90
  1　言い換え 90
  2　語彙の史的変遷 92

第6章　ことばの変遷 … 94

第1節　語種の変遷 94
  1　日本語の構成 94
  2　語種の推移 95
  3　近代以降の語種分布 96

第2節　和語の変遷 98

		1	和語の増加	98
		2	語形の変化	98
		3	和語の拡張	101

第3節　漢語の変遷 ... 105
　　1　漢語の伝来と借用 ... 106
　　2　漢語と字音 ... 106
　　3　漢語の日本的変化 ... 109
　　4　和製漢語の形成 ... 111
　　5　近代新漢語の成立 ... 114

第4節　外来語の変遷 ... 119
　　1　外国語か外来語か ... 119
　　2　外来語受容の歴史 ... 120
　　3　外来語の役割 ... 123
　　4　外来語の形態と表記 ... 123
　　5　和製外来語 ... 124
　　6　外来語の意味的補完 ... 125

第7章　ことばの位相 ... 126

第1節　地域とことば ... 126
　　1　方言と共通語 ... 126
　　2　日本語方言の分布類型 ... 126
　　3　共通語化の流れ ... 127
　　4　新しい言語の地域差 ... 128

第2節　ジェンダーとことば ... 130
　　1　日本語の性差 ... 130
　　2　女房詞 ... 130
　　3　言葉遣いの男女差と社会的要因 ... 131
　　4　近代の女性語・男性語 ... 131
　　5　性差と語彙 ... 132
　　6　ジェンダー意識の高まり ... 132

　　　　7　ジェンダーを反映する語彙 133
第3節　年齢とことば 134
　　　　1　幼児語と語彙量の発達 134
　　　　2　若者言葉 134
　　　　3　老人語 135
　　　　4　年齢と言葉遣いの意識 135
第4節　敬語のことば 136
　　　　1　敬語とは 136
　　　　2　敬語の3分類 136
　　　　3　敬語の5分類 137
　　　　4　軽卑語（卑罵語・侮蔑語）と尊大語 139
第5節　手紙のことば 140
　　　　1　手紙 140
　　　　2　手紙の形式と用語 140

第8章　ことばと社会 144

第1節　新語・流行語 144
　　　　1　新語とは 144
　　　　2　新語発生の理由 144
　　　　3　新語の生成パターン 145
　　　　4　流行語とは 146
　　　　5　流行語の発生理由 146
　　　　6　廃語・死語 147
第2節　集団語 148
　　　　1　集団語とは 148
　　　　2　職業語 148
　　　　3　職業語の性格 148
　　　　4　専門語 149
　　　　5　隠語とは 149
　　　　6　隠語の性格 150

   7 隠語の造語法 150
   8 集団語と隠語の位置づけ 151
   9 隠語と忌詞 151
第3節 命名 152
   1 命名とは 152
   2 命名の生成過程 152
   3 普通名詞の命名パターン 152
   4 固有名詞の命名パターン 153
第4節 文芸のことば 154
   1 歌語 154
   2 季語 154
   3 枕詞 155
   4 歌枕 156
   5 掛詞 156
   6 縁語 157
第5節 辞書 158
   1 辞書とは 158
   2 辞書の性格 158
   3 辞書の種類 159
   4 辞書の情報 159
   5 見出しの形式 160
   6 見出しの配列 160
   7 辞書の規模 161
第6節 名数・ことわざ・故事成句・四字熟語 162
   1 名数 162
   2 ことわざ 163
   3 故事成句・四字熟語 164

主要参考文献 166
事項・人名・書名索引 169
執筆担当者一覧 175

第1章 語の成り立ち

第1節 ことばと音

1 言語における音

　動物の中で人間を特徴づけることの一つが言語をもっていることである。言語とは、音声によって意思を伝え合うものである。文字で伝える場合もあるが、言語の本来的な姿は音声を手段とする。音声を発する動物は人間以外にも多く、鳴き声で感情を表したり仲間にメッセージを送ったりしている。しかし、人間に近い意思伝達を行うことができるというチンパンジーでも、言語ほど複雑な内容を伝えることや、言語のようにさまざまな音声を規則に従って発することはできない。動物の鳴き声とは異なる人間の言語の特質は、複雑な内容を表すことができるように多様な音声を規則に従ってやりとりするところにある。

2 語

　複雑な内容を音によって表す言語のしくみは、意味をもつ音の単位が、ある規則によって並ぶことで成り立っている。よく知らない外国語を耳にしても無意味な音の連続としてしか聞こえ

図1-1 音節とモーラ（「参加」の例）

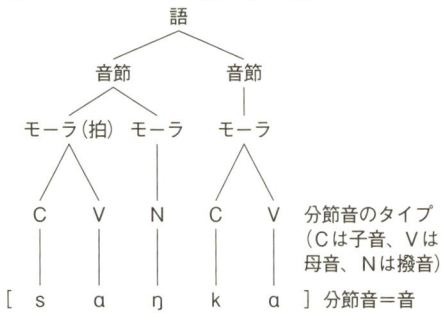

```
         語
       ／  ＼
     音節    音節
    ／  ＼    ｜
モーラ(拍) モーラ モーラ
 ／＼   ｜   ／＼
 C  V  N  C  V
 ｜  ｜  ｜  ｜  ｜
[ s  a  ŋ  k  a ]
```

分節音のタイプ
（Cは子音、Vは母音、Nは撥音）

分節音＝音

［出典］前川喜久雄「音声学」（『岩波講座　言語の科学2　音声』岩波書店、1998）による

表1-1　日本語と英語の音の認識単位

日本語	（拍）	英語	（音節）
タスク	3拍	task	1音節
ストレス	4拍	stress	1音節
ミディアム	4拍	medium	3音節
ストライク	5拍	strike	1音節
クライアント	6拍	client	2音節
プロトタイプ	6拍	prototype	3音節
アイデンティティー	7拍	identity	4音節
インターンシップ	8拍	internship	3音節
プレゼンテーション	8拍	presentation	4音節

ないが、慣れてくると音の連続のある範囲が意味をもったかたまりとして浮かび上がって聞こえるようになる。このような意味をもつ音の単位のうち、もっとも基本的なものが語である。音の連続が言語として認識されるのは、語が文法に従って連接することで、あるまとまった内容をもつからである。

3 拍

　語として取り出される音の連続も、さらにいくつかの音の単位に分けられる。日本語を母語とする人は、拍（モーラとも呼ばれる）を最も基本的な単位ととらえている（図1-1）。俳句を、5・7・5に数える時の音の単位が拍にあたる。「うめ（梅）」は2拍、「さくら（桜）」は3拍である。「にっぽん（日本）」は、音声的には［nip・pon］で2音節であり、英語や中国語を母語とする人には2つの音と意識される。しかし、拍でとらえれば4拍であり、日本語を母語とする人には四つの音と意識される（表1-1）。

4 アクセント

　音の強弱や高低の配置によって、語の区別をするしくみのことをアクセントという。英語などは強弱（強さ）アクセントであるが、日本語は高低（高さ）アクセントであり、高く発音する拍と低く発音する拍との組み合わせによって語を区別している。

　日本語のアクセントは、一つの語には高いところが一箇所だけしかないため、そこを核として語を文の中から区別できるしくみをもっている。また、「あめ（雨）」と「あめ（飴）」のような同音語を区別する働きもある（表1-2）。

表1-2　東京方言におけるアクセント核（名詞）

拍数	無　核（平板型）	有　核（起伏型）	
1	エ柄　ヒ日	エ⌐絵　メ⌐目	
2	ウシ牛　ハコ箱	ネ⌐コ猫　ア⌐サ朝	（頭高型）
		ウマ⌐馬　ヤマ⌐山	（尾高型、ウマ⌐ガのように助詞が低くつく）
3	スイカ　オトナ	イ⌐ノチ命　ナ⌐スビ	（頭高型）
		フロ⌐ヤ風呂屋　サカ⌐イ境	（中高型）
		アタマ⌐　アシタ⌐	（尾高型）
4	コクバン　トモダチ	コ⌐オモリ　ア⌐イサツ	（頭高型）
		アサ⌐ガオ	（中高型）
		カラ⌐カサ	
		オトウト⌐	（尾高型）

［出典］前川喜久雄「音声学」（『岩波講座　言語の科学2　音声』岩波書店、1998）による

第2節　ことばと意味

1　意味

　心の中に何か伝えたい内容があり、それを何らかの手段で伝えようとする場合、その内容にあたるものが意味である。伝える手段には、鳴き声や身振り、表情や態度、道具や作品など、多様なものがあり、こうした意味の伝達は、人間に限らず多くの動物が行っている。何らかの手段によってその内容が相手に届くことによって、意味の伝達が成り立つのである。

2　意味と音の合体

　意味の伝達手段が音声による記号である場合が、言語である。言語における記号は、意味と音とが合体して、紙の表と裏のような不可分な関係にあるものととらえることができる。言語学者ソシュール (Saussure) は、言語記号を図1-2、図1-3のようにとらえている。

　話し手が、ある概念を聴覚映像に変換し音を発すると、その音を受け取った聞き手は聴覚映像から概念に変換する。このようにして言語による意味の伝達は成り立っている。聴覚映像とは、物理的な音ではなく、人の脳内に生まれる音のイメージであり、概念は実体を伴って外界に存在しているのではなく、やはり脳内にあるものである。ソシュールは聴覚映像のことを言語によって表すものという意味で能

図1-2　ソシュールによる言語記号の性質

　概　念
　聴覚映像

図1-3　ソシュールが図示したラテン語arborと「樹」の照合

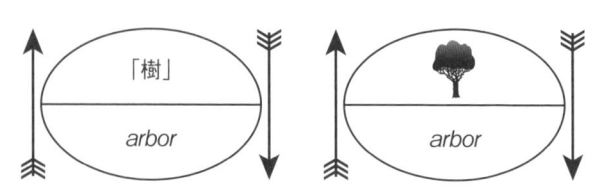

　「樹」
　arbor

　（樹の絵）
　arbor

図1-4　ソシュールによる言語記号における「所記」と「能記」

　所　記
　能　記

図1-5　ソシュールが図示した言語記号の体系

　所記　｜　所記　｜　所記
　能記　｜　能記　｜　能記

［出典］上記、すべてソシュール『一般言語学講義』小林英夫訳（岩波書店、1972）をもとに作成

記、概念のことを表されるものという意味で所記と言い換えてもいる（図1-4）。能記は記号表現、所記は記号内容と呼ばれることもある。

3 言語記号の性質

どのような意味がどのような音と合体するかには何ら必然性はない。それは、たとえば、同じ＜赤＞という概念が、日本語ではaka英語ではredと全く別の聴覚映像と結びついていることからもわかるし、ある人が見た赤色と別の人が見た赤色とが物理的に同じ色彩であるとは限らないことからも、意味と音とを合体させるのは、言語以前においてではなく、言語によるものにほかならないということができる。

図1-6のように虹は日本語では七色ととらえられているが、英語など別の言語では六色でとらえられる場合があるという。自然界では連続している色の段階を、日本語では七つの色に切り分けてとらえているのに対して、英語などでは六つの色に切り分けるのである。日本語でakaという音に対応させて切り出す色の範囲についても、自然界の色の区別に根拠があるわけではない。

色彩語以外でも日本語と外国語とを対照してみると、現実世界から意味と音の世界をどのように切り出すかが、言語によって色々であることがよくわかる。図1-7は、英語のbreakとその訳語になる日本語の動詞について意味の範囲を図示したものである。

そのようにして言語が切り出した記号が互いに張り合って体系をなす様子を、ソシュールは図1-5のように図示

図1-6 日本語と英語の虹のとらえ方

赤	red
橙	orange
黄	yellow
緑	green
青	
藍	blue
紫	purple

図1-7 英語breakと日本語の破壊動詞

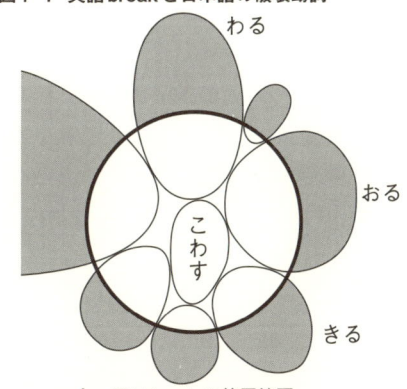

太い円はbreakの使用範囲
細い円は日本語の動詞の範囲

［出典］鈴木孝夫『ことばと文化　私の言語学　鈴木孝夫著作集1』（岩波書店、1999）による

している。

4 意味の三角形

言語の意味については、次のような考え方で理解することもできる。オグデン(Ogden)とリチャーズ(Richards)は、象徴、思想あるいは指示、指示物という三つの関係を図1-8のような三角形を描いて説明する。象徴は、ソシュール（図1-2～1-5）の聴覚映像や能記（記号表現）にあたり、思想あるいは指示はソシュールの概念（記号内容）に相当しよう。指示物は外界に存在する事物ととらえられる。

たとえば「ヤマ」という象徴は、色々な山をカバーする＜やま＞という思想あるいは指示と直接的な関係をもつ。一方、＜やま＞は外界の存在物である山を指し示すことができる。「ヤマ」と外界の存在物である山との間には直接的な関係はなく、三角形の二辺を経ることによってのみ間接的に結びついているのである（図1-9）。

5 ことばと指示物との意図的ずらし

以上のような意味の性質からは、ことばと指示物とが一致しないこともしばしば起こってくる。図1-10は、通常は「岩」と呼ばれる堅い大きな石が「庭石」の場合は「石」と呼ばれることを示したものである。形状や大きさで区別されていたところから、動かせるか否かで区別されるように変わることで、ことばと指示物の対応にずれが

図1-8 オグデン＆リチャーズによる意味の三角形

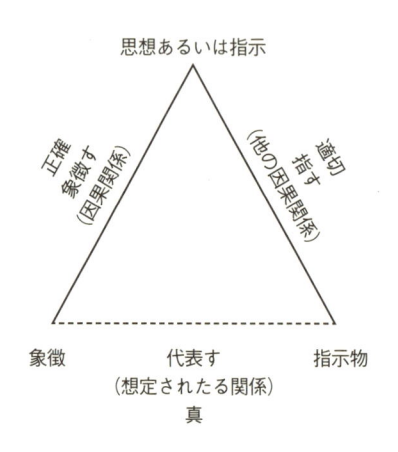

図1-9 意味の伝達図

[出典] C.オグデン／I.リチャーズ共著『意味の意味』石橋幸太郎訳（新泉社、1967）による

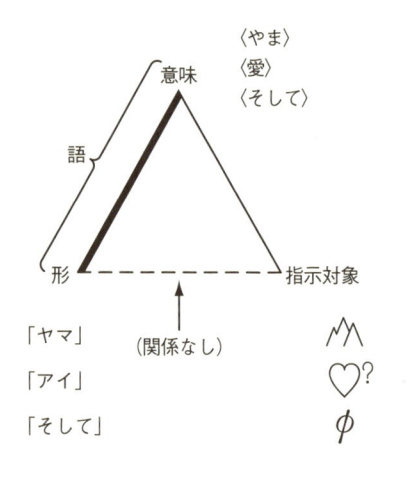

[出典] 国立国語研究所『日本語教育指導参考書13 語彙の研究と教育（下）』（大蔵省印刷局、1985）をもとに作成

生じるのである。

ことばと指示物の不一致をわざと引き起こして特別な表現効果を求める場合がある。優秀な奥さんでも「愚妻」と言ったり、立派に見えない男性を「紳士」と言ったり、粗末な家のことを「レジデンス」と言ったりする場合である。こうした意図的なずらしは「うそ」であるが、それが言葉遣いの工夫やレトリックとして洗練されることによって、人間のコミュニケーションの幅を広げ、人間関係や社会を円滑に保つのに、重要な働きをすることがある。

6 婉曲・皮肉・諷刺

負のイメージをもつ物事について直接には言いにくい場合など、別の意味をもつ語を使って遠回しに言及するのが婉曲である。「死ぬ」と直接言わずに、「なくなる」「没する」などと言う。〈死亡する〉意味を表すことばを避け、〈消える〉〈沈む〉など類似もしくは隣接している意味をもつことばで表現するのである。性・排泄などの不快語、病気・障害・職業・出身地などによる差別語についても、言い換えが必要とされる場合がある。明らかにまずい料理を「うまい」と言ったり、賢くない人を「天才」と言ったりするように、嘲りの意図がある時に、実際の意味とは反対の意味をもつことばを用いるのが皮肉である。負のイメージをもたらす言葉を避ける点で一種の婉曲であるが、賞賛の意味をもつことばで正反対の軽蔑を表すことで、負の意味がかえって強調され、その表現効果は痛烈なものになり時に攻撃的にもなる。皮肉による攻撃対象が第三者とりわけ社会的に力をもった存在に向かうようになったのが諷刺であり、批評すること自体が目的化したものである。

図1-10 意味と指示対象

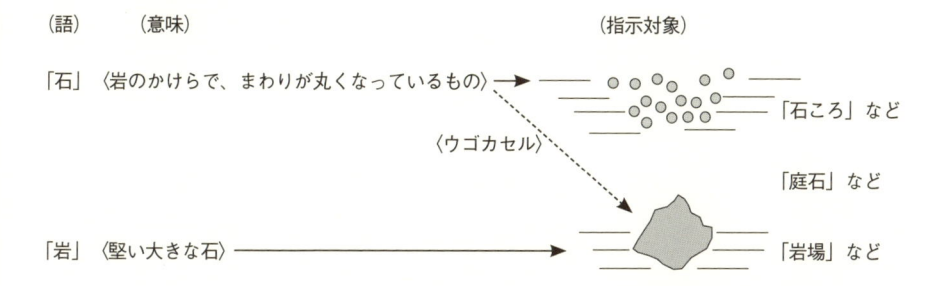

(語)　　(意味)　　　　　　　　　　　　　　　　　(指示対象)

「石」〈岩のかけらで、まわりが丸くなっているもの〉→ ○○○○ ── 「石ころ」など

〈ウゴカセル〉　　　　　　　　　　　　　　　　　　　　 「庭石」など

「岩」〈堅い大きな石〉 ────────────→ ▲ ── 「岩場」など

[出典] 国立国語研究所『日本語教育指導参考書13 語彙の研究と教育（下）』（大蔵省印刷局、1985）による

第3節　語構成

1　語の結合

　意味をもつ基本的な単位である語には、それ以上小さな構成要素に分けられない単独の用法と、他の構成要素と結合した用法とがある。図1-11は、1953～54年に刊行された総合雑誌13種の語彙のうち10回以上使用されている語（延べ語数約8万3千語）において、単独の用法で用いられているか、複数が結合した用法で用いられているかを調査し、品詞と語種の観点から集計したものである。この図によれば、全体の三分の一余りが結合用法で用いられること、結合用法の大半は名詞であること、和語と漢語を比較すると漢語の結合力が圧倒的に強いことがわかる。また、一字の漢語では単独用法はきわめて少なく、二字の漢語は単独用法も結合用法も多いという違いも見られる。

　図1-12、図1-13は、1956年に刊行された一般雑誌90種の語彙調査の結果から無作為に2000語を抽出して、結合用法がどの程度あるかをまとめたものである。図1-12から、結合用法をもつ語の比率は名詞が圧倒的に多いことと、結合用法をもつ語一語あたり

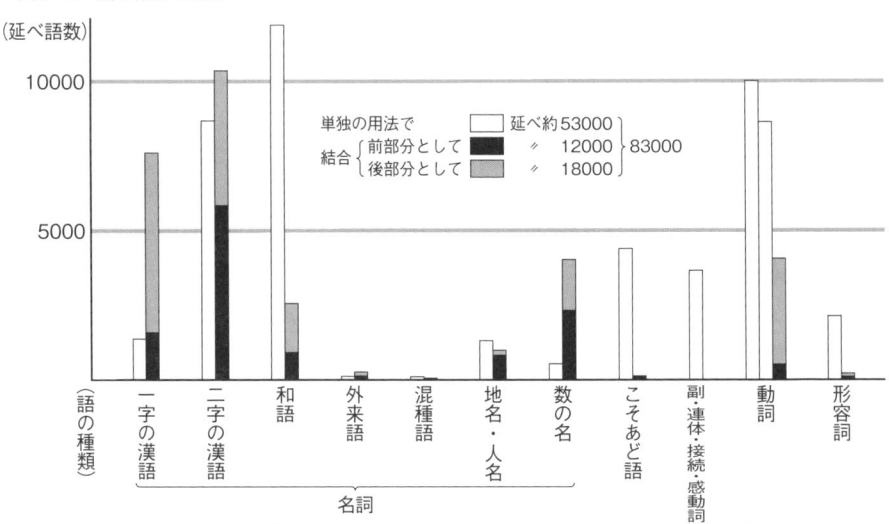

図1-11　語の結合の度合い

(延べ語数)

凡例：
- 単独の用法で　延べ約53000
- 結合 前部分として　〃　12000　}83000
- 結合 後部分として　〃　18000

横軸（語の種類）：
一字の漢語／二字の漢語／和語／外来語／混種語／地名・人名／数の名／こそあど語／副・連体・接続・感動詞／動詞／形容詞
（名詞：和語～数の名）

[出典] 斎賀秀夫「語構成の特質」（『講座現代国語学Ⅱ　ことばの体系』筑摩書房、1957）をもとに作成

が結び付く語数は動詞がきわめて多いことがわかる。また、図1-13から結合用法をもつ語の比率は漢語が最も多く、和語・外来語・混種語はだいたい同じ程度であることと、結合用法をもつ語一語あたりが結び付く語数は漢語が最も多く、和語がこれに次ぎ、外来語・混種語は少ないこともわかる。

2 語構成から見た語の分類

このような語の結合という観点から見た語の作られ方を語構成といい、図1-14のように分類できる。まず、意味と音の両面から見て、それ以上小さい部分に分けることができない単独の用法である単純語と、より小さな語構成要素が結合した用法である合成語とに分けられる。「川」「心」「出す」「暗い」「やっぱり」「高」などは単純語である。合成語はさらに、「川-上」「心-変わり」「走り-出す」「後ろ-暗い」「高-低」のように、それぞれの語構成要素が独立できる複合語と、「小-川」「ぶっ-飛ばす」「友-達」「暑-さ」のように、構成要素の一つ(「小」「ぶっ」「達」「さ」)が独立できない派生語に分けられる。

3 語基と接辞

意味の中心をなし単独でも用いられる語構成要素を語基という。「お-話」「さびし-さ」「大人-びる」などの「話」「さびし」「大人」が語基である。語基は古来日本語にあったものか外国語から借用されたものが多く、新しい語基

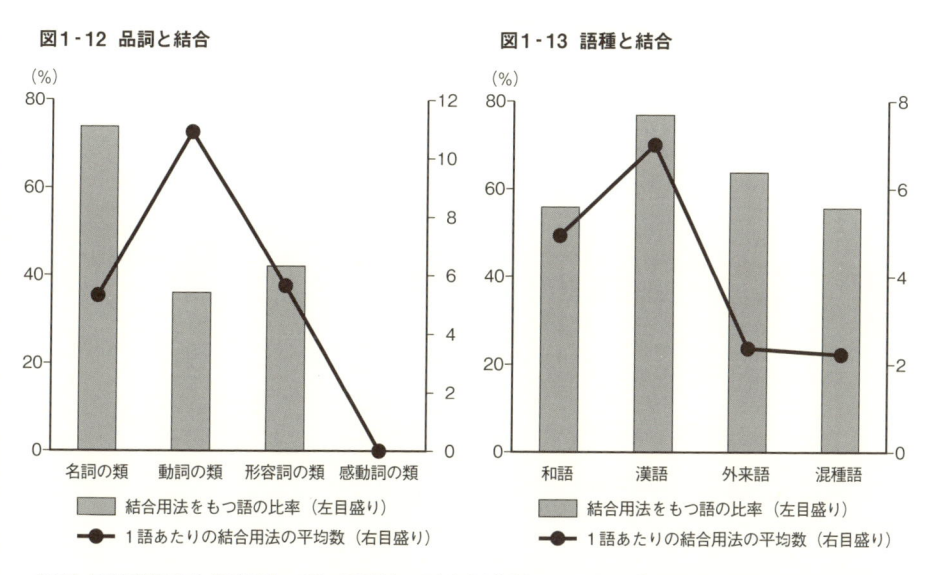

図1-12 品詞と結合

図1-13 語種と結合

[出典] 国立国語研究所『現代雑誌90種の用語用字Ⅲ分析』(秀英出版、1964)の「4 複合語(β結合)」をもとに作成

が現代日本語の中で作られることは稀である。新語は既存の語基を複合させたり、接辞を付加して派生させたりして作られるのが普通である。

先の例で、「お」「さ」「びる」といった、語基の前や後に付いて単独では用いられない要素を接辞といい、前に付くものが接頭辞、後ろにつくものが接尾辞である。接辞の働きには、語基に意味を添えることと、語基の品詞を変えることとがあり、「お」は前者、「さ」は後者、「びる」は両方の働きをもっている。

4 合成語の分類

合成語のうち語基と接辞から構成されるのが派生語、二つ以上の語基からなるのが複合語である。

その区別は原理的には明確であるが、語基と接辞とは現実には連続的であるために、具体的な語においては派生語か複合語か決めにくい場合がある。表1-3は「返す」を含む合成語について、複合語から派生語へと連続するさまを示したものである。単独で用いられる「返す」の意味を明確に含むものほど語基としての性質が強く、その意味が薄まるほど接辞としての性質が強い。

また「学習」「乗車」「朝食」などの二字漢語は、それぞれ一字の単位で独立した意味をもつので二つの語基からなる複合語と扱うことが適切である。ただし、「挨拶」のように二字に分けてもそれぞれが日本語としては意味をもたない場合など単純語と扱うべきものもある。

図1-14 語構成から見た語の分類

```
語─┬─単純語（語基一つ）
   │    火、夢、見る、すごい、いいえ、やはり…
   └─合成語─┬─派生語（語基＋接辞）  ※傍点が接辞
            │    真-昼、すっ-転ぶ、楽し-さ、友-達、安っ-ぽい、…
            └─複合語（語基＋語基）
                 昼-前、転がり-落ちる、火-事、楽-園、安-売り、…
```

表1-3 複合語と派生語の連続相（「返す」を含む語について）

「返す」の語基性・接辞性	分類	例
語基 ↑	複合語	鋤き-返す、（土を）掘り-返す
	複合語とも派生語とも	どなり-返す、笑い-返す、引き-返す、（波が）巻き-返す、照り-返す、跳ね-返す
		追い-返す、送り-返す、奪い-返す、呼び-返す
↓ 接辞	派生語	（答案を）見-返す、読み-返す

［出典］斎藤倫明『現代日本語の語構成論的研究』（ひつじ書房、1992）をもとに作成

5 派生語の性質

　形容詞語幹を語基とする派生語を例に考えてみよう。形容詞「たかい(高)」の語幹である「たか」という語基からは、「高まる」「高める」「高ぶる」という動詞、「高らか」という形容動詞、「高さ」「高み」「高め」という名詞が派生している。図1-15で下線を引いた接尾辞は、それぞれ品詞を変える働きをもっているが、動詞や名詞の派生語は複数にわたっているので、品詞を示す以外にも何らかの意味を表していると考えられる。

　「高まる」は高くなること、「高める」は高くすることである。「高ぶる」は心情や調子が高くなることであろうが、この意味の派生は「ひく(低)」からは起きていない。「高らか」は調子が高く響くような様子を言うが、これにあたる派生も「ひく」からは生じない。これらの意味は＜高＞の方では語の存在が必要な意味であるが、＜低＞の方ではそれが必要とされない意味だと考えられる。

6 複合語の性質

　複合語は、単独でも語になり得るもの同士が組み合わさってできた語である。たとえば「しまうま」は、構成要素となる語「しま」と「うま」の意味の和が、複合語の意味になっているように見える。一方、「やつめうなぎ」のように、構成要素である語の意味を単純に組み合わせるだけでは複合語の意味がわからないものもある。「本箱」「古本」は、構成要素の意味の和で一通りの意味はわかるが、箱の形状はし

図1-15「たか(高)」「ひく(低)」からの派生語

たか(語基)→たか<u>い</u>　(形容詞)
　　　　　→たか<u>まる</u>、たか<u>める</u>、たか<u>ぶる</u>　(動詞)
　　　　　→たか<u>らか</u>　(形容動詞)
　　　　　→たか<u>さ</u>、たか<u>み</u>、たか<u>め</u>　(名詞)

ひく(語基)→ひく<u>い</u>　(形容詞)
　　　　　→ひく<u>まる</u>、ひく<u>める</u>　(動詞)
　　　　　→ひく<u>さ</u>、ひく<u>み</u>、ひく<u>め</u>　(名詞)

図1-16　複合語における意味的なプロセス

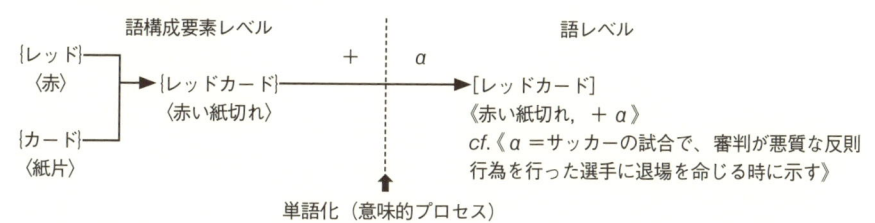

```
                語構成要素レベル              語レベル
{レッド}
〈赤〉    ┐                    +  α
          ├→ {レッドカード} ─────────→ [レッドカード]
{カード}  ┘   〈赤い紙切れ〉              《赤い紙切れ，+ α》
〈紙片〉                                   cf.《α＝サッカーの試合で、審判が悪質な反則
                                              行為を行った選手に退場を命じる時に示す》
                            ↑
                       単語化（意味的プロセス）
```

[出典] 斎藤倫明『語彙論的語構成論』(ひつじ書房、2004) による

ていなくても「本箱」と呼べるものもあり、また古い本のうち何らかの価値が与えられたものが「古本」だと言えそうである。

このように語と語が結合するだけでは新たな語が作られたことにはならず、そこに何らかの意味が付加されることで語が成立するのだと考えられる。斎藤倫明は、「レッドカード」という複合語を例にその意味的なプロセスを図1-16のように表している。

7 漢語の語構成

漢語の語構成を考える場合は、漢字の性質と関係づけることが必要になる。接辞としての性格をもつ一字漢語が語構成にどのように関与しているかは、新聞を対象に調査した野村雅昭によると、前部分にくる場合よりも、後部分にくる場合の方が多いという。

前部分にくる接辞性の漢字一字の語基には、「無」「不」「未」「非」という否定の意味をもつものがいくつも見られ、「不合理」「非合理」のように同じ語に結合する場合がある。否定の接頭辞に用法上の違いがあるかどうかを新聞と雑誌で調べたものが図1-17である。この図によると、「非」は、結合した形が形容動詞にはなりにくいという点で他と異なり、「無」「不」「未」は、結合対象になる語の品詞に、違いが見られることがわかる。

図1-17 否定の接頭辞

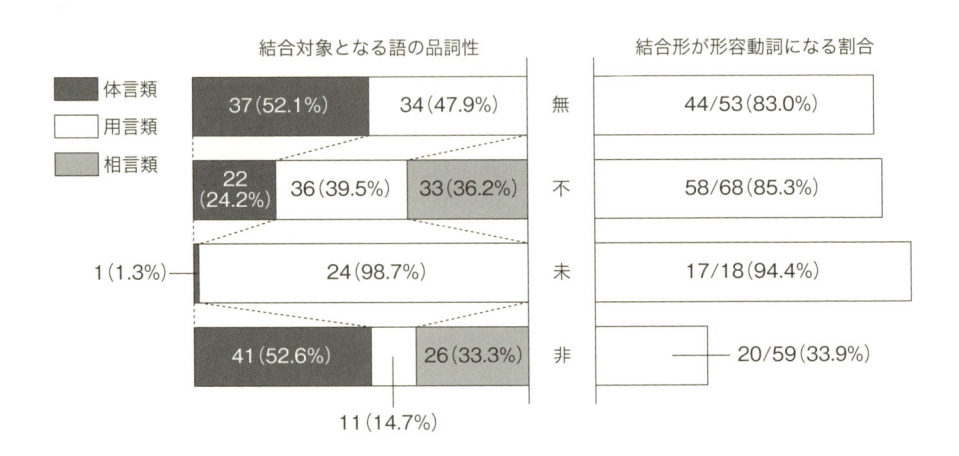

	結合対象となる語の品詞性				結合形が形容動詞になる割合
	体言類	用言類	相言類		
無	37 (52.1%)	34 (47.9%)		無	44/53 (83.0%)
不	22 (24.2%)	36 (39.5%)	33 (36.2%)	不	58/68 (85.3%)
未	1 (1.3%)	24 (98.7%)		未	17/18 (94.4%)
非	41 (52.6%)	11 (14.7%)	26 (33.3%)	非	20/59 (33.9%)

[出典] 林大監修、宮島達夫・野村雅昭・江川清・中野洋・真田信治・佐竹秀雄編『図説日本語』（角川書店、1982）による。原典は野村雅昭「否定の接頭語『無・不・未・非』の用法」（国立国語研究所論集4『ことばの研究4』）

8 連語と慣用句

　語と語が連結したもののうち、「坂を登る」と「恥をかく」とでは、その結合の度合いが異なっている。前者は、「登る」を「歩く」「駆け上がる」などに入れ換えることができるが、後者は「かく」の代わりにたとえば「表す」「見せる」などと言うことはできない。後者のように他の語に入れ換えられない固定した語連結のことを連語と呼ぶ。

　連語のうち、「恥をかく」「将棋を指す」のようなものと、「足を洗う」「顔が広い」のようなものとでは、違いがある。「将棋」と「指す」の意味を組み合わせれば「将棋を指す」の意味になり、「恥をかく」も「汗をかく」「あぐらをかく」などと照らし合わせて「かく」の意味が推定できれば、構成要素の組み合わせから連語の意味を理解することができる。一方、「足」と「洗う」の組み合わせから想定できるどんな意味からも、好ましくない仕事をやめるという意味は生じてこない。汚れた場から足を洗って出ることが比喩的に上記の意味を表すのである。このようなものが慣用句である（表1-4）。

　慣用句には、「足を洗う」「顔が広い」あるいは「羽を伸ばす」「兜を脱ぐ」のように、句全体が比喩になっているタイプのほか、「あっけに取られる」「駄目を押す」における「あっけ」「駄目」といった、現代人には単独ではその語の意味がわからなくなっている語を含むタイプもある。前者には「赤子の手をひねるよう」「わらにもすがる思い」といった、「よう」「思い」などの直喩形式を伴うものもある。

表1-4　慣用句の分類

分類	慣用句の例
身体語彙の慣用句	目が肥える、目から火が出る、目に余る、目を丸くする、口がすべる、口添えをする、口を切る、口を割る、鼻が高い、鼻であしらう、鼻にかける、鼻を折る、首が回らない、首をそろえる、首を長くする、腹が黒い、腹に据えかねる、腹を決める、腹を探る、足が出る、足が棒になる、足をのばす、足を引っ張る
動物語彙の慣用句	猫に小判、猫をかぶる、猫の手も借りたい、猫の子をもらうよう、猫の額、馬が合う、馬の耳に念仏、生き馬の目を抜く、尻馬に乗る、馬の骨、蛇の道は蛇、蛇の生殺し、虫がいい、虫も殺さない、虫の知らせ、虫の息、虫がつく
漢語の慣用句（中国製）	一笑に付す、雲泥の差、歯牙にかける、辛酸をなめる、溜飲をさげる、失笑を買う、頭角を現す、内助の功、平行線をたどる、一翼を担う、一矢を報いる、九死に一生を得る、愁眉を開く、轍を踏む、有終の美を飾る、機先を制す、一石を投じる、一日の長
漢語の慣用句（日本製）	音頭を取る、合点が行く、脚光を浴びる、臆面もなく
外来語の慣用句	イニシアチブを取る、オブラートに包む、スタートを切る、ストップがかかる、タッチの差、鉄のカーテン、ピッチをあげる、ピリオドをうつ、ベールを脱ぐ、メスを入れる、レッテルを貼る

［出典］宮地裕『慣用句の意味と用法』（明治書院、1982）をもとに作成

第4節 語形成

1 動的なしくみ

　前節で述べた語構成と似た概念に語形成がある。語構成が、語の成り立ちを静的に見たときの構造であるのに対して、語形成は、どのようにして語が作られるのかという動的なしくみを言う。新しい語がどのようにして作られるのかという観点から見た語の構造と言ってもよい。造語と言われることもある。

2 新語の形成

　たとえば「一日（ついたち）」という語は、「月（つき）」＋「立（たち）」で、月が立つ日なのだと、漢字表記の下に埋もれている語源に気付いてなるほどと思うことがある。現代人には語源がわからなくなっていたり、ふだんはその成り立ちを気にも留めない語も、古い時代のある時点で既存の語を組み合わせたり省略したりして、作られたもののはずである。

　そのような新語の創造は、現代でも行われる。どこにでも持ち運んで使える電話が発明されたとき、「携帯」という語と「電話」という語が組み合

■漢字に埋もれた語源
蛤（はまぐり）←浜+栗　　獣（けもの）←毛+物　　一日（ついたち）←月+立ち
湖（みずうみ）←水+海　　瞼（まぶた）←ま（目）+蓋　晦日（つごもり）←月+隠り（こもり）
　　　　　　　　　　　　楓（かえで）←蛙+手　　幸（しあわ）せ←し（為）+合わせ

表1-5 カタカナ社名の語形成

	単独	組み合わせ	省略	複雑な成り立ち
和語	ヤマハ←山葉（人名） コマツ←小松（地名） タカラ←宝（地名と一般名詞）	アスクル←明日+来る オルファ←折る+刃		シャチハタ←シャチ（ホコ）・ハタ←鯱旗 ブリヂストン←ストン（stone）・ブリヂ（bridge）←石橋
漢語	コクヨ←国営 カンロ←甘露 ノーリツ←能率 バンダイ←万代	キッコーマン←亀甲+万 コーセー←孝（創業者の名前の一部）+誠（誠実な経営）	エーザイ←衛材←衛生材料 ニッカ←日果←大日本果汁 リコー←理光←理研光学工業	ニコン←ニッコー←日光←日本光学工業
外来語（外国語）	ゼブラ←zebra アキレス←Achilleus クラリオン←clarion	アートネーチャー←art+nature ユニチャーム←uni+charm	グリコ←グリコーゲン（glycogen）	カルビー←カル+ビー←カルシウム（calcium）+ビタミン（vitamin）B1 フマキラー←フマ+キラー←フライ（fly）+マスキート（mosquito）+キラー（killer）

されて、「携帯電話」という新語ができた。「携帯電話」が普及して生活になくてはならないようになると、語形を短くして使いやすくした「携帯」という語でこの電話のことを表すようになった。このような組み合わせ方や略し方は、これまでに作られてきた多くの語で行われてきたものである。そうした、語形成の型というものがあって、その型に従って新しい語も作られるのだと考えられる。

　日本の会社名にはカタカナによるものが多いが、その語源を調べてみると、和語・漢語・外来語（外国語）をもとに、組み合わせや省略を中心に、さまざまなタイプの造語を行っていることに気付く（表1-5）。

3　組み合わせによる語の形成

　既存の語を組み合わせて新しい語を作る場合には、前節で見たような日本語の語構成にのっとってそれが行われる。複合動詞を例に考えてみよう。

　動詞と動詞が結合した複合動詞には、「明け渡す」「当てはめる」「言い表す」のような、国語辞典にも載っているような、一つのできあがった語として認められるものがある。一方、「恐怖が私の魂を押し縮めた」（江戸川乱歩「火星の運河」）、「己の内なる臆病な自尊心を飼い太らせる結果になった」（中島敦「山月記」）の下線部のよ

■作家による複合動詞の創造
　現代作家200人による3500編の小説・随筆から収集した複合動詞のうち、国語辞典に掲載されていず、ひとりの作家にしか使われていない語の例。

…出鼻の塩風に吹き曲げられた一二本の老松の下に…（志賀直哉『暗夜行路』）

ググウと、まるで厚い革でも巻き締めるような声をあげたと思うと、…（里見弴『多情仏心』）

時々爪先に絡まるのは葉の雫の落溜った糸のような流で、…（泉鏡花『高野聖』）

爛漫と咲き溢れている花の華麗。（岡本かの子『河明かり』）

小諸は東西の風をうけるから、南北に向って「ウネ」を造ると、日あたりも好し、又風の為に穂の擦れ落ちる憂いがない、…（島崎藤村『千曲川のスケッチ』）

オレゴン松がすくすくと白波の激しく噛みよせる岸辺まで密生した…（有島武郎『或る女』）

…そのローマ字の文章は、こんなように読みたどることが出来た。（井伏鱒二『本日休診』）

…女は確かに其の感情を偽り売ったのだ。（田山花袋『蒲団』）

ちょうど紀伊国屋書店の前を過ぎる時、エスカレーターの脇に鈴なりになっている待ち人たちを流し見たとたん、胸騒ぎがし

た（原田宗典『どうしても思い出せない約束』）

胸の内を愛が輝き流れています。（倉田百三『出家とその弟子』）

…船は…水の上を、無窮に浮き進んで行く。（岡本かの子『河明り』）

いきなり机に倒れかかると、その上のものを酔った手つきでつかみ散らして、ごくごく水を飲んだ。（川端康成『雪国』）

老木の朽枯れる傍で、若木は茂り栄えて行く。（森鴎外『阿部一族』）

[出典] 石井正彦『現代日本語の複合語形成論』資料2（ひつじ書房、2007）による

うに、その時その時の表現の場で、新たに作り出される語もある。

4 複合動詞の二つのタイプ

　影山太郎は、複合動詞の作られ方を分析して、二つのタイプに分けた。下段のリストに示した、「書き込む」「押し開ける」などのA類の複合動詞と、「歌い始める」「登り切る」などのB類の複合動詞には、表1-6のように、文法的な言い換えが可能かどうかという点で、明確な違いが見られる。

　尊敬表現や受身表現に言い換えることができ、前部分の動詞を繰り返すことができるB類の複合動詞は、二つの動詞の結合のしかたにある共通性があると考えられる。例文で示せば、次のように分析できる。

　　歌手が ¦(アリアを歌い) 始める¦。
　　選手が ¦(坂を登り) 切る¦。

「アリアを歌う」「坂を登る」といった事柄全体に、後部分の動詞である「始める」「切る」が組み合わさっていると解釈され、これらは文法規則に従って作ることができる、文法的な複合動詞であると言える。

　一方、そのような言い換えができないA類の複合動詞は、次のように解釈できる。

　　用紙に ¦氏名を (書き込む)¦。
　　彼女が ¦扉を (押し開ける)¦。

これらは、「書く」と「込む」、「押す」と「開ける」の二つの動詞が意味的に

■ 語彙的な複合動詞と文法的な複合動詞

A類　語彙的な複合動詞
書き込む、押し開ける、飛び上がる、泣き叫ぶ、売り払う、受け継ぐ、解き放す、飛び込む、(隣の人に)話しかける、こびり付く、飲み歩く、歩き回る、踏み荒らす、誉め讃える、語り明かす、聞き返す、震え上がる、呆れ返る、持ち去る、沸き立つ

B類　文法的な複合動詞
歌い始める、登り切る、払い終える、話し終る、しゃべり続ける、食べすぎる、食べそこなう、助け合う、動き出す、食べかける、しゃべりまくる、走りぬく、数え直す、見なれる、登りきる、やりつける、走り込む

[出典] 影山太郎『文法と語形成』(ひつじ書房、1993) をもとに作成

表1-6 語彙的な複合動詞と文法的な複合動詞の違い

分類	尊敬表現	受身表現	繰り返し表現
A類　語彙的な複合動詞	*お書きになり込む お書き込みになる	*(名前が) 書かれ込む (名前が) 書き込まれる	*飛びに飛び上がった
B類　文法的な複合動詞	お歌いになり始める	(アリアが) 歌われ始める	走りに走り込んだ

* は不適切な言い方であることを示す。
※上記のリストのすべての動詞がこの表に当てはまるわけではない。全体として見た場合にこの表のような違いがある。

[出典] 影山太郎『文法と語形成』(ひつじ書房、1993) をもとに作成

強く結び付き切り離せない。この類の複合動詞において結合する動詞間の意味関係は多様で、複合動詞一つ一つが独自の語として存立している、語彙的な複合動詞だと見ることができる。

5 臨時一語

その時その時でその場限りの語が作られるのは、作家による創造的な文学表現だけでなく、さまざまな場面で見られることである。たとえば、「二〇一一年度概算要求」「父さん好みの赤ちょうちん風」などは一つの語であるが、もちろん辞書には掲載されていない。この種の語のことを、臨時一語と言い、石井正彦の調査によれば表1-7のように新聞のリードや科学技術抄録文によく使われ、反対に文学作品や日常談話ではあまり使われない。新聞のリードや抄録は、少ない分量に多くの情報を正確に盛り込む凝縮された文章であり、また新聞には手っ取り早く伝える役割がある。短く早く正確にという文章の性質と臨時一語の性質とが合致するのだと考えられる。

6 略語

語を作り出す型は、既存の語を組み合わせていくのが最も多いが、反対に、既存の語を縮めたり一部を省略したりして作り出す型もある。「就職活動」を「就活」、「携帯電話」を「ケータイ」、「パーソナルコンピューター」を「パソコン」また「ＰＣ」というよ

表1-7 文章のタイプと臨時一語

文章のタイプ	臨時一語を含む文の数と割合		一文あたりの臨時一語数			
			全ての文で		臨時一語を含む文で	
		(%)	平均	標準偏差	平均	標準偏差
リード	153	76.5	1.68	1.57	2.20	1.45
科学技術抄録文	145	72.0	1.46	1.43	2.01	1.30
社会面記事	120	60.0	1.01	1.12	1.68	0.99
高校「世界史」	111	55.5	0.88	1.02	1.58	0.88
社説	107	53.5	0.89	1.07	1.65	0.94
テレビニュース	106	53.0	0.87	1.08	1.64	0.97
雑誌	77	38.5	0.46	0.67	1.20	0.54
番組案内	70	35.0	0.46	0.71	1.30	0.57
中学「歴史」	41	20.5	0.25	0.52	1.20	0.45
高校「物理」	31	15.5	0.21	0.56	1.32	0.74
日常談話	14	7.0	0.08	0.10	1.14	0.52
俳句	8	4.0	0.04	0.20	1.00	0.00
小説・随筆の地の文	7	3.5	0.05	0.28	1.43	0.50

[出典] 石井正彦『現代日本語の複合語形成論』(ひつじ書房、2007) による

うに、縮め方や省略のしかたは多様である。カタカナ略語の語形の省略のしかたは、表1-8にあげたように、語頭を残すもの、語末を残すもの、構成要素それぞれの語頭を残すものなどが多い。

こうした略語が特に多いのは、専門分野の用語と、仲間内での日常談話である。下段に、専門用語に多いアルファベット略語をあげたが、同じ形の語が、異なる分野でたくさん存在していることがわかる。近年の専門用語は英語から取り入れられることが多いが、和語や漢語による意訳は手間がかか

り、カタカナで表記すると語形が長くなって不便があることから、手っ取り早いアルファベット略語が増えているのだと考えられる。北原保雄は2007年頃の若者言葉によく用いられたアルファベット略語を収集したが、下段にその一部を掲げた。こうした仲間内でのアルファベット略語の多用は、短くて便利であることのほかに、仲間意識を高め、遊び感覚を高める効果もあると考えられる。

図1-18、図1-19は、アルファベット略語をどう思うかについての日本人約3000人に対する世論調査の結果で

表1-8 カタカナ略語の語形の略し方

略し方	語 例
語頭を残す	ロケ←ロケーション　　ヘリ←ヘリコプター　　チョコ←チョコレート デフレ←デフレーション　　アニメ←アニメーション　　パンフ←パンフレット アパート←アパートメントハウス　　リハビリ←リハビリテーション リストラ←リストラクチャリング
語末を残す	バイト←アルバイト　　ホーム←プラットホーム
構成要素の語頭を残す	パソコン←パーソナル・コンピューター　　マスコミ←マス・コミュニケーション ワープロ←ワード・プロセッサー　　エアコン←エア・コンディショナー ポケモン←ポケット・モンスター　　ファミレス←ファミリー・レストラン ハイカ←ハイウェー・カード　　フリマ←フリー・マーケット

■**専門分野のアルファベット略語**
CD　コンパクトディスク（compact disc）
　　現金自動支払機（cash dispenser）
　　譲渡性預金（certificate of deposit）
IC　インターチェンジ（interchange）
　　集積回路（integrated circuit）
　　インフォームドコンセント（informed consent）
MR　市場調査（marketing research）
　　購買動機の調査（motivation research）
　　医療情報担当者（medical representative）
RA　関節リウマチ（rheumatoid arthritis）
　　調査助手（research assistant）
　　寮長助手（resident assistant）

■**若者言葉におけるアルファベット略語（2007年ごろに使われたもの）**
KY　空気読めない　　HR　ひとりランチ
AM　後でまたね　　ND　人間としてどうよ
CB　超微妙　　NW　ノリ悪い
HT　話ついていけない　TK　とんだ勘違い
IW　意味わかんない　WH　話題変更
JK　女子高生　　AY　あわよくば
MM　マジむかつく　IN　今のはなかったこと
AKB　アキバ（秋葉原）　DIK　どうしても言えないこと
IKS　いい根性してる　OBM　憶病者

[出典] 北原保雄『KY式日本語』（大修館書店、2008）をもとに作成

ある。全般に好意的に受け止めていることがわかるが、世代による意識の差が大きいことにも注意が必要である。

7 異分析

既存の語を組み合わせたり一部を切り出して他を略したりすることによって新しい語を作っていくわけだが、切り出しと組み合わせの両方を経た複雑な作られかたをする場合もある。

「マンション」という語は英語mansionに由来するが、これを「マン」と「ション」に切り分け、「マン」は「万」、「ション」は集合住宅を指す接尾辞のようにとらえ、ここから類推して、万単位ではなく億単位でないと買えない豪華な集合住宅を指す「億ション」という語が作られた。「マンション」を「万」＋「ション」と解するような、本来の語構成とは異なる分析をしてしまうことを異分析と言い、異分析が発端となって新しい語が生まれることがある。

イカの種類を表す「するめ」が、「する（磨る）」＋「め」と分析され、（金を）すってしまうことが連想されて縁起が悪いので、「する」の部分を縁起のよい「あたり」に入れ換えて「あたりめ」という語ができたのも異分析に基づいている。

科学的な手続きを経ない語源解釈を民間語源と言うが、人々のことばへの豊かな感覚が新語を生む源になっているのである。

図1-18 アルファベット略語をどう思うか（全体） （%）

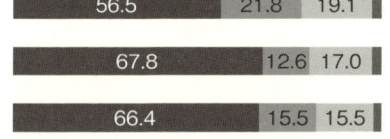

	分かりやすい/便利だ/覚えやすい	分かりにくい/便利でない/覚えにくい	どちらとも言えない	わからない
分かりやすいと思いますか	56.5	21.8	19.1	
便利だと思いますか	67.8	12.6	17.0	
覚えやすいと思いますか	66.4	15.5	15.5	

図1-19 アルファベット略語は分かりやすいか（年齢別）（%）

	分かりやすい	分かりにくい	どちらとも言えない	わからない
20～29歳	81.0	6.2	12.8	
30～39歳	68.1	11.4	20.5	
40～49歳	62.0	16.0	21.7	
50～59歳	54.6	21.1	22.1	
60～69歳	50.2	30.7	16.8	
70歳～	27.5	40.8	20.4	

左の調査の質問文：コマーシャル・メッセージを「CM」、コンパクト・ディスクを「CD」、インフォメーション・テクノロジーを「IT」のように、アルファベットの略語が使われています。このようなアルファベットの略語についてあなたはどう思いますか。（○は1つずつ）

（調査時は2004年10月）

［出典］国立国語研究所「外来語に関する意識調査」をもとに作成
（→http://www.ninjal.ac.jp/products-k/katsudo/seika/genzai/ishiki/166-2.html 参照）

第5節　語源と語史

1　語源

　ある単語が、その形や意味で使われるようになる、もとの形や意味を語源（語原）という。また、音韻と意味が結合した由来に関しても語源ということがある。そのような、語源を研究する学問を語源学（etymology）という。ある語について、何を起源とするのか、あるいは、いつごろ他の言語から借用されたのか、その意味・形態がどのように変化してきたのか、などを探るものである。

　語源学は、言語学の中では必ずしも主要な研究分野ではない。それは個々の語における個別の問題であって、体系的もしくは法則的にはとらえにくいことから、学問的にはあまり重要視されていない。

　ただ、言語の系統を論じる比較言語学では、複数の言語の祖先にあたる語（祖語）を求める中で、これに類するものを扱うことはある。たとえば、〈父〉はサンスクリットではpitár、ギリシア語ではpatérであることから、祖語としてpətérを想定する。これは分化した言語の源としての語形を指す。しかし、日本語は、系統が不明で

■語源と日本語系統論

　「まなこ（眼）」「め（目）」「みる（見）」などから、古く日本語で*mが〈目〉に関する語であることが想定される。アウストロネシア語族マレー・ポリネシア語派で〈目〉の祖形は*mataとされているから、日本語の「め」はその語頭のmaと関係があるのかもしれない。

　同じく身体語彙である「くち（口）」が、上記の語派に属するサモア語でgutuといい、日本語は古く語頭に濁音が立たないこと、また、「くつわ（轡）」という語形もあったことを考慮すると、両者に深い関係が見られるとも言える。

　しかし、比較言語学の立場からは日本語の系統が不明であり、北方や南方からさまざまな影響を被っていると推定されることから、他の言語との間で共通の祖形に遡ることは容易ではない。ただ、借用という立場に立てば、他の言語との関係で共通性を見いだすことも不可能ではない。前記の〈目〉〈口〉などのほか、古代朝鮮の高句麗の言語と数詞などに共通性が見られるという説などもある。

	古代日本語	高句麗語
〈三〉	mi	*mir
〈五〉	itu	*üc
〈七〉	nana	*nanən
〈十〉	towo	*tək
〈谷〉	tani	*tan

李基文『韓国語の歴史』（大修館書店、1975）より

■語源俗解

　学問的手続きを経ない、語源の説明を語源俗解という。科学的な根拠のない、誤った語源解釈である。これを、民俗語源、民間語源、民衆語源、通俗語源などとも呼ぶ。

　たとえば、ちょっと着る服であることから「チョッキ」という、先生が走り回るほど忙しい月であることから「しわす（師走）」という、などの類である。

　一方、「いなづま」を「稲妻」と書くのは一見当て字のように見えるが、これは稲光（いなびかり）が稲の穂を孕ませると古く信じられていたことから、「稲のつま（＝配偶者）」と称するようになったもので、その表記は正真正銘の語源である。

あることから、このような祖語にあたるものを求めることは容易ではない。

2 語史

ある語の起源、語形・意味・用法・表記などの変遷を語史という。語史は語源をも含み、また、語の歴史的な変遷だけを記述する場合にも使われる。

二人称代名詞の「あなた(貴方)」は遠称の指示詞「あなた」(山のあなた〈向こう〉)に由来する語で、もともと〈あちら〉の意を表す方向を指示する語であったが、江戸時代に二人称に用いられるようになったものである。これは「あなた」の多義化によるもので、上記の記述は「『あなた』の語史」と言えるが、これを「『貴方』の語源」とすることもできる。

このように、語源はその語の歴史と切り離して考えることはできない。その場合、もともと日本語に固有の語にさかのぼれることもあれば、他の言語から借用された語に由来する場合もある。たとえば、「内緒にする」「内緒話」の「ないしょ」は漢語「内証(ないしょう)」に由来する語で、もと仏教語で〈自分の心の内で真理を悟ること〉の意であった。それが意味だけでなく、語形も変化して用いられるようになったものである。それに伴って、漢字表記も「内緒」と当て字されるようになった。

3 ことばの由来

今日、普通に用いられていることば

■語源となる外国語

語源となる外国語には、古くは中国語(漢語)、16世紀以降はポルトガル語、オランダ語、英語などがある。そのような主要な言語以外から借用されたものを次に少し示しておく。
　朝鮮語
　　nat〈鎌〉→なた〈鉈〉
　　kas→かさ〈笠〉
　　kabot→かぶと〈甲〉
　梵語(サンスクリット語)
　　kapara→かわら〈瓦〉
　ジャワ語
　　sarasa→さらさ〈更紗〉
弥生時代以降、日本と朝鮮半島との関係が深いことから借用されたり、中国語やポルトガル語などを通して日本に入ってきたりしたものである。

■「はなす」の語史

「話す」は〈口に出す〉の意で、「ことばを口からはなす(離・放)」という「はなす」に由来する。「はなす(離・放)」は『万葉集』東歌の1例を除くと、室町時代以降使用されるようになった語である。それ以前は「はなつ」が用いられていたが、現代では「はなつ」は意味のほとんどを「はなす」に譲り、〈ある地点から別の方向に向かわせる、また、広がるようにする〉のような意でしか用いられない(「刺客／矢・光・火・悪臭をはなつ」)。このことから、「話す」は室町時代以降に「はなす(離・放)」から派生した語であることがわかる。ただし、「はなつ」自体の語源は不明である。

■俳号・ペンネームの由来

・松尾芭蕉
俳号は初め実名の宗房、次いで桃青を名乗った。1681(延宝9)年春38歳の時、江戸深川の草庵に、門人の李下から芭蕉の木を一株贈られ、これが庵号および俳号の由来となった。

・二葉亭四迷
明治の文学者、本名は長谷川辰之介。「くたばってしまえ」の江戸訛「くたばってしめえ」から。父親に文学を志すことを告げたところ、そう言われたとされる。

・江戸川乱歩
大正・昭和の推理小説家、本名は平井太郎。アメリカの作家エドガー・アラン・ポーの名から。

第1章　語の成り立ち

の中には、もともと特殊な分野で用いられていた語が転じて、一般に用いられるようになったものも少なくない。

たとえば、〈事前の相談、下相談〉の意の「打ち合わせ」は動詞「打ち合わせる」の連用形で、「打ち合わせる」は〈楽器などを打って合奏する〉意が原義で、この「うち」が接頭語となり、〈互いにうまく合うようにする〉意でも用いられた。特に、江戸時代には地歌・箏曲で〈三味線などの演奏において、半拍ほどずらして合奏すること〉などの意で用いられる専門用語でもあったが、明治になって今日用いる意で一般語として多用されるようになったものである。

人名・社名・ブランド名・商品名などの固有名詞にもそれぞれ命名の由来があり、さまざまな思いが込められていたり、創意工夫が凝らされていたりする。このような固有名詞に語源がある普通名詞に、たとえば次のようなものがある。

クラクション（製造会社であるクラクソンの名から。もと商標名）
バリカン（製造会社Barriquand et Marreの名から）

4 忌詞

言葉には語形や意味の変化によるのではなく、何らかの理由で言い換えて用いるようになった語もある。不浄な語、不吉な語、マイナスのニュアンスをもつような語などは言い換えられる

■ことばの由来
◎芸能
［歌舞伎・芝居］板に付く・三枚目・とちる・どんでん返し
［邦楽・雅楽］打ち合わせ・甲高い・図に乗る・てんてこ舞い
［能・狂言］立ち回り・中入り
［人形浄瑠璃］首をすげ替える
［詩歌・和歌］あげく・合点がいく
［話芸］おち・とり・まくら
［曲芸・見せ物］綱渡り・手玉に取る
◎商い
［商売・金銭］油を売る・桁がはずれる・棚上げ・帳消し・札付き・棒引き
［職人］相槌をうつ・片棒を担ぐ

◎運動・スポーツ
［相撲］上げ足を取る・押しが利く・出足・胸を借りる・八百長
［剣道・柔道］一本取られる
［競馬・乗馬］追い込み・拍車をかける・ばてる・埒があく
［野球］アウト・滑り込み・ヒット
◎室内遊戯
［囲碁・将棋］打つ手がない・結局・駄目を押す・高飛車・必死・読み
［賭博］一か八か・一点張り・思う壺・出鱈目（でたらめ）・張り合う・目が出る
［カルタ・花札］うんともすんとも・ピンからキリまで・切り札・ぴかいち
［双六］あがり・振り出し

●生活に由来することば
［衣服・履物］裏付け・お裾分け・肩入れ・下駄を履かせる・脱帽・辻褄（つじつま）・濡れ衣
［食事・食物］朝飯前・後味（あとあじ）・一夜漬け・大味・鮨詰め・冷や飯を食う・骨抜き・蒸し返す
［住居・建築］うだつが上がらない・奥様・御曹司・釘を差す・大黒柱・台無し・土台・女房・羽目を外す
●戦いに由来することば
［戦争］一騎打ち・内幕・駆け引き・紅白・先駆け・采配を振る・すっぱ抜く・立ち往生・高をくくる
［武具］一本槍・鎬（しのぎ）を削る・切羽詰まる・太刀打ち・付け焼き刃・矢も楯もたまらない・槍玉に挙げる

ことが多い。こうした忌詞は、現代でも「死」「苦」に通じることから、「四」「九」の使用を避けることなどにも見られる。

● 斎宮忌詞

その起源は言霊信仰にあると考えられ、神に対する恐れや不吉感、不浄感などに起因する禁忌（タブー）から、特定の語を避けて、婉曲に別の語で言い換えられた。伊勢の斎宮という、特定の場および身分階級で用いられた「斎宮忌詞」は『皇太神宮儀式帳』（804年）などに見え、〈仏〉を「中子」、〈経〉を「染紙」、〈塔〉を「あららぎ」、〈死〉を「なほる」、〈病〉を「やすみ」、〈血〉を「汗」などと呼び、仏教関係の語、死・病気などの不浄な語を忌み避けた。

● 武家詞

12世紀以降台頭した武士たちが、負けに結びつく表現を避け、勝ちを連想させる縁起のよい表現を好んで使った。これを「武家詞（武士詞・武者詞）」という。忌詞の一種で、戦いで敗れて退却することを「開く」、「昆布」を「喜ぶ」などと言い、「討たれ」「射られ」などの受身となるべき表現を「討たせ」「射させ」などとその行為を容認し、優越した立場に立つような使役の形で表現した。現代でも、宴会などを終える時に「お開き」というように用いられている。

・・

● 動物に由来することば
- うのめたかのめ
- おしどり夫婦
- 雁字搦め
- 閑古鳥が鳴く
- けんもほろろ
- 毛嫌い
- 互角
- 尻尾を巻く
- 千鳥足
- 目白押し
- 野次馬

● 植物に由来することば
- 雨後のたけのこ
- 瓜実顔
- 遅時き
- 温床
- こき下ろす
- 根回し
- 破竹の勢い

● 人名に由来することば
- いんげんまめ（隠元豆）…明の僧、隠元（1592-1673）が1654年に来日した時に中国から伝えられたと言われることから。
- きんぴらごぼう（金平牛蒡）…江戸時代初期に流行した金平浄瑠璃の主人公、坂田金平が強く勇ましいことに、牛蒡の固くて辛いのをなぞらえたことから。
- たくあん（沢庵）…臨済宗の僧、沢庵（1573-1645）が始めたとも、その墓石が漬物石に似ていることからとも言われる。
- びんちょうずみ（備長炭）…元禄年間（1688-1704）に紀伊国田辺（和歌山県田辺市）の備中屋長右衛門が創製して売り出したことから。

■ 忌詞の例

(1) 言い換えた語例
　（　）内の語を避けた。
　よし（葦）　　　×「悪し」
　卯の花（おから）×「空」
　おひらき（終わり）×「終わる」
　鏡開き（鏡割り）×「割る」
　有りの実（梨）　×「無し」
　あたりめ（するめ）×「掏る」
　むらさき（醤油）×「死」

(2) 避けるべき言葉（現代）
- 受験……落ちる　滑る　転ぶ　散る　重ねる
- 新築・新居、開店・開業……焼ける　燃える　崩れる　流れる　折れる　閉じる　傾く　失う　滅びる　火　灰
- 病気・お見舞い……重ねる　たびたび　再び

第2章 語の分類

第1節 使い方による分類

1 話し言葉と書き言葉

　「話し言葉」は日常的な生活の中で会話に用いられる言語のことで、これを音声言語ともいう。これに対して、「書き言葉」は文字によって書き記す場合に用いられる言語のことで、これを書記言語ともいう。言語の伝達様式の違いに基づく名称である。

　話し言葉では「チョー（まずい）」という語を用いても、書き言葉では用いにくい。また、話し言葉では「はらいた（腹痛）」と言うが、書き言葉では普通「ふくつう」を用いる。このように、話し言葉と書き言葉とでは使用する語に違いが見られるのである。

　また、話し言葉を「口語」、書き言葉を「文語」と呼ぶ場合もあるが、こ

■書き言葉の成立

　話し言葉はすべての自然言語に存在するが、言語によっては書き言葉がないこともある。書き言葉は文字で表記されることで初めて成立するものであるから、文字を持たない言語に書き言葉は成立しない。たとえば、アイヌ語はラテン文字や仮名で記された記録が近代以前にも残っているが、文字体系を有していなかったため、言語の体系的記述は明治以降のことである。

　ただし、書き言葉が全く別の言語体系によって用いられる場合もある。たとえば、中世ヨーロッパにおけるラテン語、近世以前の日本・朝鮮・ベトナムなどの東アジアにおける漢文（中国語）などがそれである。

■書き言葉の規範性

　話し言葉はコミュニケーションの場に依存することが多く、省略や規範からの逸脱なども少なくないことから、ふつう書き言葉が規範性をもつ。日本語の場合、平安時代まではこの両者にほとんど違いがなかったが、鎌倉時代になると、平安時代の言語を規範とする書き言葉（文語）が用いられるようになった。話し言葉が言語の変化を反映するのに対して、書き言葉はその後ほとんど変化せず、その隔たりは時とともに甚だしくなっていった。1887年以降の言文一致運動によって話し言葉に基づく書き言葉が確立されるようになり、次第に口語体がふつうに用いられるようになった。

■ことばとその使い手

　ことばの使われ方はすべての日本語話者において一様ではなく、性・年齢・地域・階級・職業などの違いによって、さまざまな様相を呈する。

　たとえば、性に関しては、女性らしい柔らかな感じを伴う女性語、年齢については、可愛らしさを反映させようとする幼児語、地域の差については、方言などがあげられる。また、職業によっては、その専門性、そして、職場における符牒や、接客上での必要性などによって、独特な表現が用いられることもある。さらに、学生語や隠語など、集団の連帯感や仲間意識に基づくと見られる心理的要因などによるものなどもある。

れは主として言葉遣い、文章のスタイルに基づく場合に用いられるものである。前者は口頭で用いられる言葉遣い、後者は文字で書き記す場合の言葉遣いをさす。ただし、文語は一般に平安時代の言語に基づき、これに多少の修正を加えた書き言葉という意味で用いられ、書き言葉とはいっても近代以前のものを指すことが多い。

2 雅語・俗語

ことばには〈好ましい／厭わしい〉〈新鮮である／古めかしい〉〈親しみやすい／親しみにくい〉〈改まっている／くだけている〉など、さまざまなイメージが伴っているものもある。

江戸時代、国学者や歌人などが平安時代の和文語に用いられた和語（やまとことば）を、風雅なことばとして尊重した。これを「雅言」などと称した。そのような、優雅で洗練されたイメージを伴う語を今日でも「雅語」と呼ぶことがある。その「雅言」に対して、世間で一般に用いられていることばを「俚言（りげん）」と言った。それぞれの土地の訛ったことばの意でも用いられ、「俗言」とも呼ばれた。

日常会話で用いるくだけたことばを「俗語」という。特に、教養のない、品性に欠けた言い方で、文章語や改まった場面では使用を避けるべきものというニュアンスで用いられることが多い。「むかつく」「きれる」「まじ」などの類である。隠語が特定の言語集団

■雅語の例
あゆむ〈歩く〉
あがなう〈買う〉
いざなう〈誘う〉
いつくしむ〈可愛がる・哀れむ〉
さやぐ〈ざわざわと鳴る〉
つどう〈集まる〉
ぬれそぼつ〈びしょ濡れになる〉
はぐくむ〈育てる〉
いとけない〈幼い〉
まばゆい〈眩しい〉
あした〈朝〉
うたげ〈宴会〉
うたかた〈泡〉
しじま〈静寂〉
たまゆら〈暫くの間〉
とわ〈永遠〉
ほむら〈炎〉
みなも〈水面〉
ゆうげ〈夕飯〉

■「俗語」の歴史
　正式な言語とは認められない言語体系は一般に「俗語」と呼ばれた。中世ヨーロッパではラテン語が公用語であったため、話し言葉で日常的に用いる言語、たとえば、イタリア語などは俗語として扱われた。ダンテ（1265〜1321）の『神曲』は当時としては珍しくイタリア語（トスカーナ地方の方言）で著されたもので、俗語を用いた文学作品の先駆けであった。

　日本でも江戸時代まで文語もしくは漢文が公式に用いられたため、話し言葉は「俚言」「俗言」などと称された。明治期においては、「俗語」はふつう〈口語〉の意で用いられる用語であった。

■異なり語数と延べ語数
　ある言語資料の中で、同一の単語が何度用いられていても、これを一語とし、その資料全体で異なる単語がいくつあるかを数えた数を「異なり語数」という。これに対して、言語資料の中で、単語がいくつ用いられているか、重複するものもすべて一つずつ数えた総数のことを「延べ語数」という。

　たとえば、「雨雨降れ降れ」は語に区切ると、「雨／雨／降れ／降れ」となり、「雨」が2度、「降る」が2度用いられていて、延べ語数では4となる。他方、「雨」と「降る」の2語しか使われていないから、異なり語数は2となる。

第2章　語の分類　　33

で用いられる「閉じられた」ものであるのに対して、「俗語」は広く知られている「開かれた」ものである。

3　使用語彙と理解語彙

　話したり書いたりして日常的に使う語彙を「使用語彙」、日常的には使わないけれど、聞いたり読んだりした時に理解できる語彙を「理解語彙」という。理解語彙には古語なども含まれていて、使用語彙よりは量的に多い。また、語彙の数を「語彙量」ということがある。たとえば、一日に使用する語彙の数を「一日の使用語彙量」などという。

　国立国語研究所の調査によると、一日の話し言葉での使用語彙量は異なり語数で、農民2324語、商家の主婦2124語（1949年福島県白河市）、また上級地方公務員1497語、手工業者1282語、商店主919語（1950年山形県鶴岡市）であったという報告もある。

4　名称と呼称

　ある人のことを指して言及したり、呼びかけたりする場合に、日常さまざまなことばを用いている。たとえば、目の前に佐藤美香という人（女性）がいるとして、同一の社会集団に属する年上の男性から呼ぶ場合、単に「佐藤」というように人名で呼んだり、接尾語「さん・君」をつけて「佐藤さん」「佐藤君」などと言ったり、また「きみ」「あなた」という代名詞を用いて言うなど、

■書き言葉の異なり語数

　国立国語研究所が1994年発行の月刊誌70誌を対象に自立語と付属語の異なり語数を調査した結果は次の通りである。

	自立語	付属語
全　　体	59222	175
本　　文	51297	166
広　　告	22525	110

　また、ジャンル別に集計すると、次のようである。

	自立語	付属語
総合・文芸	21514	122
女性・服飾	19881	114
実　　用	13383	94
趣味・娯楽	30240	115
芸術・科学	18671	133

［出典］『現代雑誌の語彙調査―1994年発行70誌―』（国立国語研究所報告121　2005）による

■語彙量の年齢別変化

　阪本一郎の調査によると、年齢別の語彙量は次の通りであるという。

7歳	6700
8歳	7971
9歳	10276
10歳	13878
11歳	19326
12歳	25668
13歳	31240
14歳	36229
15歳	40462
16歳	43919
17歳	46440
18歳	47829
19歳	48267
20歳	48336

［出典］『読みと作文の心理』（牧書店、1955）による

■理解語彙に関する報告

　左の数値は調査方法によってかなりのばらつきがあるようで、他の調査では次のようである。
　小学1年生（満6歳）
　　4089　東京成城小学校
　　5021　千葉鳴浜小学校
　　5230　岡山師範附属小学校
　また、国立国語研究所が高校1年生15人に対して、竹原常太『スタンダード和英辞典』の見出し語（37970語）を調査した結果は次の通りであった。
　　最高　36330語
　　最低　23381語
　　平均　30664語

［出典］森岡健二「義務教育修了者に対する語彙調査の試み」（『国立国語研究所年報2』1951）による

その呼び方は実にさまざまである。

そのように、ある人に呼びかける場合に、社会的な人間関係などによって職業や肩書・地位が用いられることもある（図2-1）。

● **職業**

「看護師」という職業に就いている人に就業中に呼びかける場合、「看護師さん」と呼ぶのが一般的であろう。これに対して、医者・代議士・教師・芸術家などに対しては、「先生」という呼称を用いることが多い。

他方、「警察官」という職業に就いている、たとえば交番に勤務している警察官に向かって呼びかけるときにはふつう「おまわりさん」という呼称を用いる。このほかにも、職業は「僧侶」であっても、同じく「和尚さん」などと呼び、名称としても「オートバイに乗ったお坊さんが…」というように指すのがふつうであろう。

● **肩書・地位**

ある会社に勤めている平社員の人が同じ会社に勤める山田課長に呼びかける場合、「山田課長」もしくは「課長」などと言う場合が見られる（近年は肩書で呼ばず、「さん」を付けて呼ぶことも少なくない）。「社長」「委員長」などと人を呼ぶように、肩書や地位がその呼称として用いられることがある（家族・親族の呼称については、48頁参照）。

図2-1 現代日本語の呼び方

右の図は、鈴木孝夫が、自分自身に言及することば（自称詞）と、話し相手に言及することば（対称詞）について、年齢40歳の小学校の先生を「自己」とした場合を一つのモデルケースとして示したものである。

目上（上位者）と目下（下位者）とで、自称詞と対称詞の使い方がはっきりと分かれていることが注目される。

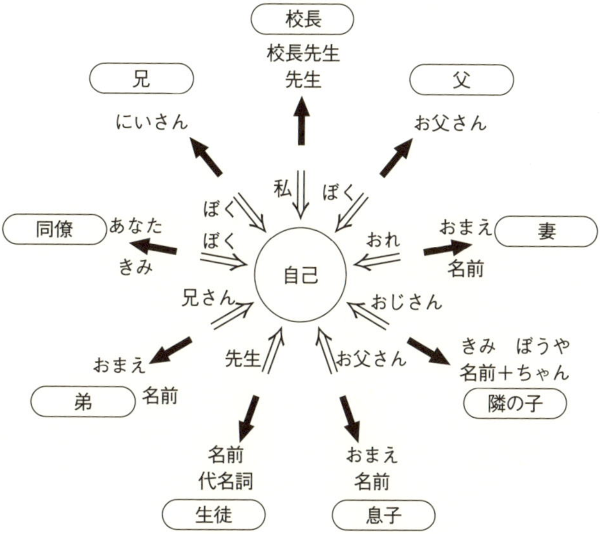

[出典] 鈴木孝夫『ことばと文化 私の言語学 鈴木孝夫著作集1』（岩波書店、1999）による

第2節 文法的機能による分類

1 品詞による分類

　文における働きを中心に、文法的意味の面から、ことばを分類した区分けを「品詞」という。学校文法では、品詞を自立語か付属語か、活用があるかないか、活用するかしないかなどによって、名詞・動詞・形容詞・形容動詞・連体詞・副詞・接続詞・感動詞・助動詞・助詞に分類している。名詞をさらに、代名詞・数詞に分類することもある（図2-2〜2-5）。

2 名詞の分類

　名詞は、その文法的機能・意味・構成などによってさまざまに分類される。その定義や分類基準などによって諸説あるが、ここではその一端を示すことにする。

(1)文法的機能から見た場合
▶代名詞（話し手が聞き手や対象物との関係性を示す名詞）（表2-1）
▶数詞（物事の個数や数量などを表す名詞。数量を表す基数詞、順序を表す序数詞がある）
▶数量詞（数詞と助数詞からなり、助詞を伴わずに連用修飾語にもなる）
▶時詞（時間を表す名詞で、助詞を伴

図2-2　学校文法の品詞分類

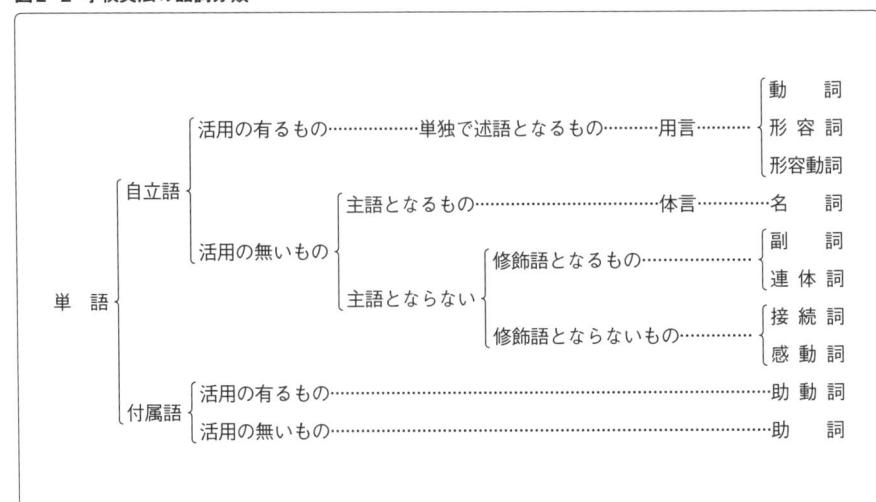

```
                   ┌ 活用の有るもの ……… 単独で述語となるもの ……… 用言 ┬ 動　　詞
                   │                                                     ├ 形 容 詞
                   │                                                     └ 形容動詞
          ┌ 自立語 ┤                   ┌ 主語となるもの ……………………… 体言 ── 名　　詞
          │       │                   │
          │       └ 活用の無いもの ┤             ┌ 修飾語となるもの ┬ 副　　詞
単　語 ┤                           └ 主語とならない ┤                 └ 連 体 詞
          │                                        │                 ┌ 接 続 詞
          │                                        └ 修飾語とならないもの ┤
          │                                                              └ 感 動 詞
          │       ┌ 活用の有るもの ……………………………………………………… 助 動 詞
          └ 付属語 ┤
                   └ 活用の無いもの ……………………………………………………… 助　　詞
```

わずに連用修飾語にもなる）
▶時数詞（数量詞・時詞などをまとめたもの）
▶形式名詞（それ自体には実質的な意味がなく、連体修飾語を受けて名詞としての働きをする。例こと・ため）
▶形容詞性名詞（ナ名詞）（「な」が付いて形容動詞のような働きをする名詞。例健康・不思議）
▶動詞性名詞（動作を表す名詞。「する」をつけるとサ変動詞となる。例勉強・希望・テスト）
(2)意味用法から見た場合
▶普通名詞（同じ類に属するものに共通して用いられる名称を表す）
▶固有名詞（人名・地名など、特定の対象を表し、その名で呼ばれる）

▶抽象名詞（抽象概念を表す。例自由・正義」）
▶具象名詞・具体名詞（有形の物体を表す。例鉛筆・コップ）
▶集合名詞（同一のものに属する人または事物の集まりを表す。例国民・家族）
（英語では、普通名詞・集合名詞・固有名詞・物質名詞・抽象名詞などという分類があり、普通名詞・集合名詞は可算名詞、それ以外を不可算名詞と呼ぶことがある。）
(3)構成・成り立ちから見た場合
▶転成名詞（他の品詞から名詞に変わったもの。例帰り・遠く）
▶派生名詞（他の品詞に接辞が添えられた名詞。例寒け・静かさ）

図2-3 『新選国語辞典　第九版』の一般語の品詞別分類

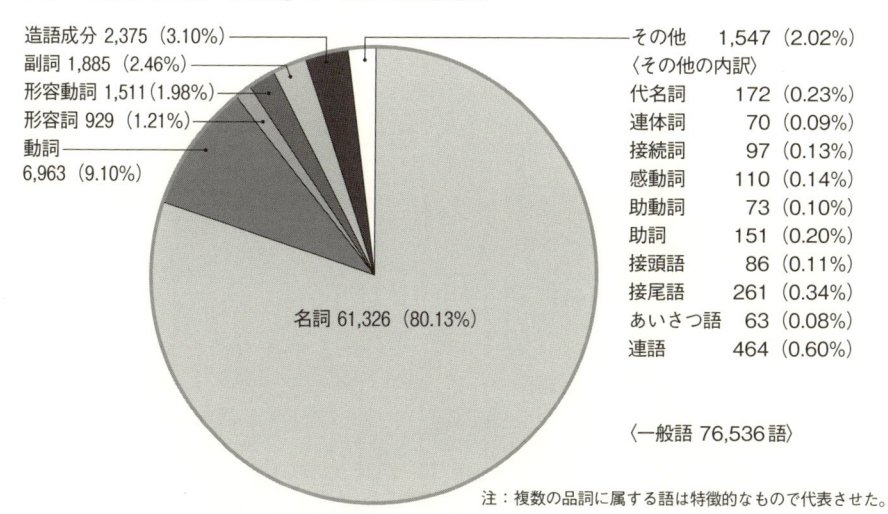

- 造語成分　2,375（3.10%）
- 副詞　1,885（2.46%）
- 形容動詞　1,511（1.98%）
- 形容詞　929（1.21%）
- 動詞　6,963（9.10%）
- 名詞　61,326（80.13%）
- その他　1,547（2.02%）

〈その他の内訳〉
代名詞	172	（0.23%）
連体詞	70	（0.09%）
接続詞	97	（0.13%）
感動詞	110	（0.14%）
助動詞	73	（0.10%）
助詞	151	（0.20%）
接頭語	86	（0.11%）
接尾語	261	（0.34%）
あいさつ語	63	（0.08%）
連語	464	（0.60%）

〈一般語 76,536語〉

注：複数の品詞に属する語は特徴的なもので代表させた。

［出典］野村雅昭ほか編『新選国語辞典　第九版』（小学館、2011）による

第2章　語の分類

▶複合名詞（二つ以上の単語が結びついた名詞。例春風・上り坂）

3 動詞の分類

活用する語で、終止形がウ段の音で終わる語をいい、現代語では活用の種類に五段活用・上一段活用・下一段活用・カ行変格活用・サ行変格活用の五種類がある。

(1)結合価から見た場合

動詞は、主語や目的語をとるという観点から、それがとる項の数によって分類される。
▶自動詞（主語だけをとる。例立つ・落ちる・泣く）
▶他動詞（主語および目的語をとる。例読む・壊す・食べる）

(2)アスペクトの観点から見た場合
▶状態動詞（状態を表す。「ている」を付けて用いられない。例ある・いる・できる）
▶継続動詞（継続する動作・作用を表す。「ている」が付くと、動作・作用の持続を表す。例歩く・読む・食べる）
▶瞬間動詞（瞬間に終わる動作・作用を表す。「ている」がつくと動作・作用の結果の状態を表す。例消える・開く・起きる）
▶第四種の動詞（ある状態を帯びることを表す。必ず「ている」を付けて用いられる。例そびえる・似る・優れる）
（金田一春彦『日本語動詞のアスペクト』による）

(3)意味用法から見た場合

図2-4 話し言葉の品詞（延べ語数）

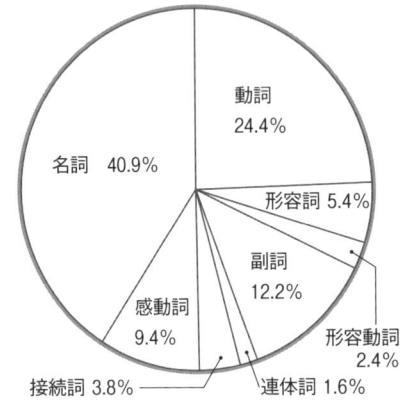

動詞 24.4%
名詞 40.9%
形容詞 5.4%
副詞 12.2%
感動詞 9.4%
形容動詞 2.4%
接続詞 3.8%
連体詞 1.6%

1952～3年の東京での日常談話による（延べ語数83620語）。ただし、助詞・助動詞および融合形を除く。

[出典]『談話語の実態』（国立国語研究所報告8 秀英出版、1955）をもとに作成

図2-5 雑誌用語の品詞別分布

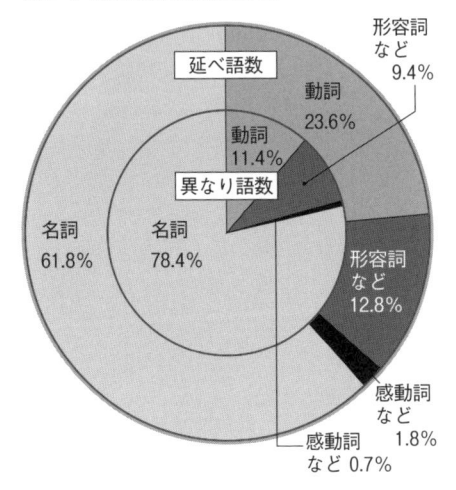

延べ語数
異なり語数

形容詞など 9.4%
動詞 23.6%
動詞 11.4%
名詞 61.8%
名詞 78.4%
形容詞など 12.8%
感動詞など 1.8%
感動詞など 0.7%

[出典]『現代雑誌九十種の用語用字 第三分冊 分析』（国立国語研究所報告25 秀英出版、1964）をもとに作成

▶本動詞（動詞本来の用法をもつもの）
▶補助動詞（本来の意味が失われて、もっぱら付属語的に用いられるもの。例咲いている・読んでおく）

4 形容詞の分類

形容詞は、その意味のあり方から大きく次のように二つに分類される。
▶属性形容詞（その事物の性質・状態を表す。古典文法でク活用となる語に多い。例高い・深い）
▶感情形容詞（人の感情・感覚を表す。古典文法でシク活用となる語に多い。例悲しい・寂しい）

このほか、「よい・悪い」などの評価を表す形容詞の一群を別に分類する説もある。

また、学校文法では、形容詞と形容動詞を別に分類するが、近年はこれをそれぞれイ形容詞・ナ形容詞と称することがある。両者は意味用法の上ではほとんど違いがなく、活用が違うという点に着目して分類したものである。

5 副詞の分類

▶様態副詞（様態の概念を有し、動作・作用・状態などに属する概念を限定する。例こっそり・自ずから）
▶程度副詞（程度の概念を表す。例はなはだ・多少・ながらく）
▶陳述副詞（話し手の気持ちを強調したり付加したりして、何らかの語と呼応する。例きっと・決して・もし）

表2-1 コソアド体系（指示詞）

コ系	これ	ここ	こちら	こんな	この	こう
ソ系	それ	そこ	そちら	そんな	その	そう
ア系	あれ	あそこ	あちら	あんな	あの	ああ
ド系	どれ	どこ	どちら	どんな	どの	どう
	事物	場所	方向	情態	指定	様態

人を表す場合は、「こいつ・そいつ・あいつ・どいつ」となる。古く、コ系を近称、ソ系を中称、ア系を遠称、ド系を不定称と称していた。しかし、コソアは単に話し手からの距離だけを規準にしているのではなく、話し手と聞き手の両者からの位置関係を基準にしているのであり、また、それは物理的な距離だけではなく、心理的なものに基づいている。

■副詞の分類 [補説]
上段の三分類のほかに、次のような分類をすることがある。
・注釈の副詞（注釈対象に先立って、注釈あるいは評価の内容を表す）例：幸い・当然
・限定の副詞（文中の特定の対象を、同じ範列に属する他の語の中からとりたてて、限定的に述べる意を表す）例：ただ・特に・主に
・時にかかわる副詞（物事の起こる時間や頻度、その過程を表す）例：かつて・ずっと
・発言にかかわる副詞（発話を行う態度を表す）例：実は・概して・要は
・意志にかかわる副詞（話し手の意志を示す）例：いちずに・うっかり

第3節 出自による分類

1 語種

　日本語の語彙を、その出自によって分類したものを語種という。日本固有とされる語を和語、中国から借用した語を漢語、16世紀中葉以降外国語から借用した語を外来語という（図2-6〜2-8、表2-2）。
・和語　例 ひと（人・一）　め（目）　はは（母）　うみ（海）
・漢語　例 いっさい（一切）　めんもく（面目）　かいよう（海洋）
・外来語　例 ガラス　カード　マージャン（麻雀）　キムチ

2 和語

　和語（やまとことば）は日本固有の語と考えられるものをいうが、日本語の系統がはっきりしない以上、何が固有であるのかきわめて曖昧である。たとえば、「かみ（紙）」は後漢の蔡倫の発明であって「簡」の字音から、また「てら（寺）」「かま（窯）」などは古代朝鮮語「チョル」「カマ」からと言われている。このように、古くから大陸の異民族と接触し、その文化を摂取してきたのであるから、その語が固有であるか否かを峻別するのはなかなか困

図2-6 現代語の語種分布

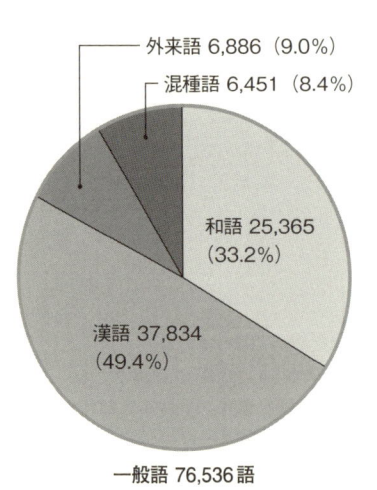

- 外来語 6,886（9.0%）
- 混種語 6,451（8.4%）
- 和語 25,365（33.2%）
- 漢語 37,834（49.4%）
- 一般語 76,536語

[出典] 野村雅昭ほか編『新選国語辞典　第九版』（小学館、2011）による

図2-7 意味分野と語種（雑誌90種の上位約7000語）

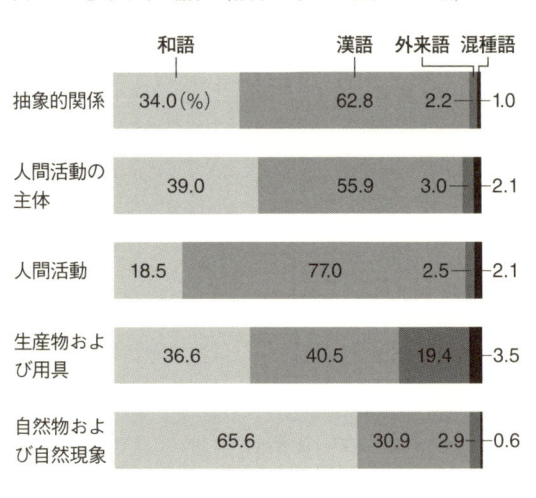

	和語	漢語	外来語	混種語
抽象的関係	34.0(%)	62.8	2.2	1.0
人間活動の主体	39.0	55.9	3.0	2.1
人間活動	18.5	77.0	2.5	2.1
生産物および用具	36.6	40.5	19.4	3.5
自然物および自然現象	65.6	30.9	2.9	0.6

[出典] 宮島達夫「意味分野と語種」（国立国語研究所報告65『研究報告集2』1980）をもとに作成

難である。

したがって、和語は明らかに中国語からの借用語であると認められる漢語と区別する概念にしか過ぎず、相当に古い時代に漢語ではないと意識されたと考えられる語を漠然と指すものということになる。一般には漢字の音と認められるものは字音語つまり漢語と分類することから、たとえば「きく（菊）」「え（絵）」は漢語、「うめ（梅）」「うま（馬）」は音とは認められないため、訓つまり和語ということになる。

3 漢語

中国から借用した語を漢語という。ただ、日本で作られたものも多くあって、それが漢字の字音を用いたものであることから、字音語ともいう。漢語は日本語の内部に深く浸透しているので、そのほかの外国語からの借用語、すなわち外来語とは区別される。

漢字音には呉音・漢音・唐音があるほか、日本だけで独自に用いられる慣用音があって、それらの種類から字音語を分類すると次のようになる。

呉音による語…ニンゲン（人間）
　　　　　　　ナンニョ（男女）
漢音による語…ジンカン（人間）
　　　　　　　ダンジョ（男女）
唐音による語…アンドン（行灯）
　　　　　　　フシン（普請）
慣用音による語…
　チュウリツ（中立）（リフ→リツ）
　チュウゾウ（鋳造）（ジュ→チュウ）

図2-8 語種の異なり語数と延べ語数（雑誌90種）

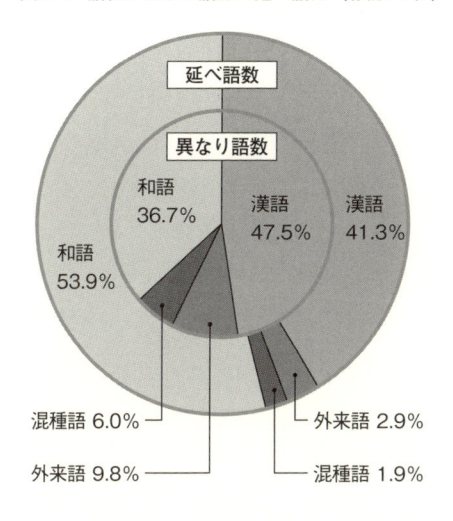

	異なり語数		延べ語数	
	語数	%	語数	%
和語	11,134	36.7	221,875	53.9
漢語	14,407	47.5	170,033	41.3
外来語	2,964	9.8	12,034	2.9
混種語	1,826	6.0	8,030	1.9
計	30,331	100	411,972	100

[出典] 国立国語研究所『語彙の研究と教育（上）』（大蔵省印刷局、1984）をもとに作成

呉漢音による語…ゲンゴ（言語）
（ゴンゴ…呉音　ゲンギョ…漢音）

4　外来語

　外来語は外国語から日本語に入ってきた語である。漢語も中国から入ってきた語であるから、外来語の一種ではあるが、漢字は日本語の中では文字表記にも用いられていて重要な位置を占めている。したがって、漢語は別に扱うのが普通である。

　日本語は古くから固有語以外の単語を使用してきた。朝鮮語から「コホリ（郡）」「ミソ（味噌）」など、アイヌ語から「サケ（鮭）」「エゾ（蝦夷）」、サンスクリット語から「カワラ（瓦）」などを移入した。ただ、狭義での外来語は16世紀中葉以降、主として西洋から移入してきた言葉をいう。

　例　パン（ポルトガル語から）
　　　ビール（オランダ語から）
　　　スポーツ（英語から）
　　　ビフテキ（フランス語から）
　　　アルバイト（ドイツ語から）

5　混種語

　二つ以上の異なる語種の要素が合成されてできている語を混種語と呼ぶ（図2-9）。その中には、動詞、形容詞などとして用いるために文法的な要素が付加されたものもある。

　「＋する」設計する・デザインする
　「＋な（だ）」華麗な・エレガントな

■ 混種語の例
- 和語と漢語
  例 エングみ（縁組）　てホン（手本）　読書する　四角い
- 漢語と外来語
  例 リズム感　食パン　都バス　合格ライン
- 和語と外来語
  例 シャボン玉　アルバイトする　デリケートな
- 和語と漢語と外来語
  例 パン食い競争　折れ線グラフ

漢語と和語からなる語についてみると、「縁組」「座敷」は音と訓、「手本」「身分」は訓と音からなる語で、音と訓が一語中に混在するという構成である。前者の類を「重箱読み」、後者の類を「湯桶読み」と称する。

図2-9　混種語の内訳

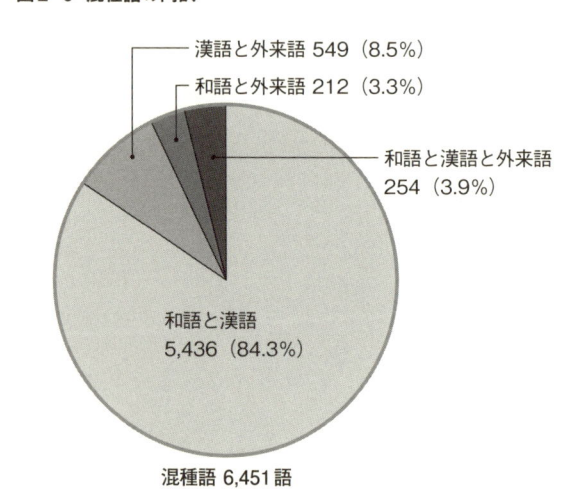

- 漢語と外来語　549（8.5%）
- 和語と外来語　212（3.3%）
- 和語と漢語と外来語　254（3.9%）
- 和語と漢語　5,436（84.3%）

混種語　6,451語

［出典］野村雅昭ほか編『新選国語辞典　第九版』（小学館、2011）による

表2-2 語種と他の徴標との関わり

徴標＼語種	和語	漢語	外来語	混種語	徴標＼語種	和語	漢語	外来語	混種語
語頭濁音	稀	多	多		造語力		強		
語頭半濁音	極稀	なし			複合成分位置	後項		前項	
語頭ラ行音	(極稀)				機能	自立的	付属的		
拗音		多	多		表記	平仮名中心	漢字	片仮名のみ	混ぜがき
長音		多	多		文字意識	なし	高	(低)	
語形の長さ		短	長	長	同音語	少	多	少	(極少)
語形変化 連濁	多	《音訓》(少)	なし		品詞	全	名詞中心	名詞中心	名詞動詞形動
〃 活用	多	なし	なし		自立語付属語	両	自立語のみ	自立語のみ	自立語のみ
〃 連声	稀	(極稀)	なし		多義性	大	(小)	小	
語構成	多様複雑	複雑	単純並列のみ	多様複雑	命名法		限定的具体的		
語構成意識	透明	半透明	不透明	半透明	アクセント	多岐	単純	単純	
使用頻度	高		低		略語化	弱	強		
使用範囲	広		狭		基本度	大		小	小
意味・抽象度	高		低		音象徴語	多	稀		
語感	親近卑俗	硬質佶屈	疎遠洗練		難易	易	易	難	
結合力		強			文章語・口頭語	両	文章語的	口頭語的	口頭語的

[出典] 国立国語研究所『語彙の研究と教育（上）』（大蔵省印刷局、1984）をもとに作成

第3章 さまざまな語彙

第1節 ことばの体系

1 語彙体系

　語彙は語が集合したものであるが、その集合の中では個々の語がばらばらに存在しているのではない。ある語と別の語とが一定の関係で張り合って集合を構成している。この張り合い関係のことを語彙体系という。語彙体系のとらえ方は規模の大小に応じていくつかの考え方がある。

2 語彙の総体をとらえる体系

　日本語の語彙の総体をとらえる語彙体系は、語彙を意味によって分類したシソーラス（thesaurus　意味分類体辞書）を作ってとらえるのが一般的である。日本語のシソーラスの代表的なもののひとつに、国立国語研究所編『分

表3-1　国立国語研究所編『分類語彙表―増補改訂版―』の分類項目

1 体の類	2 用の類	3 相の類
1.1 抽象的関係	2.1 抽象的関係	3.1 抽象的関係
1.10　事柄	2.10　真偽	3.10　真偽
1.1000　事柄		
1.1010　こそあど・他	2.1010　こそあど・他	3.1010　こそあど・他
1.1030　真偽・是非	2.1030　真偽・是非	3.1030　真偽・是非
1.1040　本体・代理		3.1040　本体・代理
1.11　類	2.11　類	3.11　類
1.1100　類・例		
1.1101　等級・系列		3.1101　等級・系列
1.1110　関係	2.1110　関係	3.1110　関係
1.1111　元末	2.1111　本末	
1.1112　因果	2.1112　因果	3.1112　因果
（以下略）	（以下略）	（以下略）

■国立国語研究所編『分類語彙表―増補改訂版―』の例

・1.1110　関係
01 関係　対等　無関係　ノータッチ　没交渉

02 かかわり　関連　連関　リンク　相関　関与・干与　掛かり合い　連係　連続

・2.1110　関係

01 かかわる　かかわり合う　係る　掛かり合う　関係する　関する　縁がある　関係付ける　関連する　連関する　リンクする　相関する　あずかる　[国政に〜]　かかずらう　関与・干与する　つながる　つなぐ　つなげる　連係する　連なる　連続する　兼ねる

02 ―れる　―られる　―せる・―す　―させる・―さす　―しめる　[言わ〜]　―掛ける　[話し〜・働き〜]

・3.1110　関係

01 無関係　無縁　縁もゆかりもない　没交渉　不仲

02 直接　間接　直接的　間接的　直に　ダイレクト　もろに　直直　直　お構いなし

類語彙表』(1964年初版、2004年増補改訂版)がある(表3-1)。語彙全体をまず、1「体の類」(名詞類)、2「用の類」(動詞類)、3「相の類」(形容詞類)という品詞の観点と、1「抽象的関係」、2「人間活動の主体」、3「人間活動—精神および行為」、4「生産物および用具」、5「自然物および自然現象」という意味分野の観点とで分け、この二つの観点をかけ合わせることで分類枠を設けている。各分類枠の下位に、「1.1 体の類 抽象的関係」であれば、「1.10事柄」「1.11類」「1.12存在」「1.13様相」「1.14力」「1.15作用」「1.16時間」「1.17空間」「1.18形」「1.19量」といった中項目を設け、さらにその中を細分し、たとえば「1.11類」の中に、「1.1100類・例」「1.1101等級・系列」「1.1110関係」などと小分類している。こうして分けられた小分類に、増補改訂版では約8万語が割り振られている。表3-1の下段には「関係」という小分類について、体の類・用の類・相の類それぞれの冒頭を示した。また、増補改訂版で各分類に配分された語数は表3-2、3-3の通りである。

3 語彙の部分をとらえる体系

(1) 上位語・下位語

語彙の一部を取り出して体系をとらえることもできる。この場合は、語同士の意味の関係に着目することになる。たとえば、「いわし」「さば」「たい」

表3-2 国立国語研究所編『分類語彙表—増補改訂版—』の部門別の語数

	1 体の類	2 用の類	3 相の類	4 その他の語類	計
1 抽象的関係	15351	8002	4177	—	27530
2 人間活動の主体	8585	—	—	—	8585
3 人間活動—精神および行為	23941	14070	4025	—	42036
4 生産物および用具	9672	—	—	—	9672
5 自然物および自然現象	9465	1690	1186	—	12341
6 その他の語類	—	—	—	906	906
計	67014	23762	9388	906	101070

表3-3 同書の「.1抽象的関係」の中項目別の語数

	1 体の類	2 用の類	3 相の類	計
10 事柄	430	24	189	643
11 類	1039	377	262	1678
12 存在	739	944	147	1830
13 様相	1323	417	948	2688
14 力	247	33	105	385
15 作用	3670	5764	482	9916
16 時間	2498	288	738	3524
17 空間	1830	77	38	1945
18 形	787	0	135	922
19 量	2788	78	1133	3999
計	15351	8002	4177	27530

[出典] 国立国語研究所編『分類語彙表—増補改訂版—』(書籍)をもとにしたデータベース Ver.1.0による

などは魚の種類を表す語としてひとまとまりをなし、「まいわし」「うるめいわし」「片口いわし」などは、いわしの種類を表す語としてひとまとまりをなしている。これらの体系を図示すると、図3-1のようになる。この語彙体系では、一番上位にある「魚」は、その下位にある語の指すものを含み、「いわし」も、その下位にある語の指すものを含んでいる。この場合の、上位にある語のことを上位語といい、下位にある語のことを下位語という。「いわし」は「まいわし」「うるめいわし」「片口いわし」などの上位語であり、「魚」の下位語である。「いわし」「さば」「たい」のように同じレベルにある語のことを同位語という場合もある。図3-2は、固有名も加えた体系の例である。

(2)意味の共通点と相違点

二語の間の体系が最も明確にとらえられるのは、対義語においてである。対義語はある意味を共有しながら、ある意味において対立する語の対である。たとえば、「父」と「母」は、＜一世代上の直系親族＞という意味で共通し、＜男性＞か＜女性＞かという意味で対立している。

類義語の場合も、共通する意味をもちながら相違する意味をもつ関係をなしている。たとえば、「父」と「おやじ」は＜一世代上の直系親族＞＜男性＞という意味を共通にもっており、「おやじ」の方に＜親しみをこめた言い方＞という特徴が加わるというところで違いを見せる。

三つ以上の語が類義関係をなす場合

図3-1 魚の語彙体系

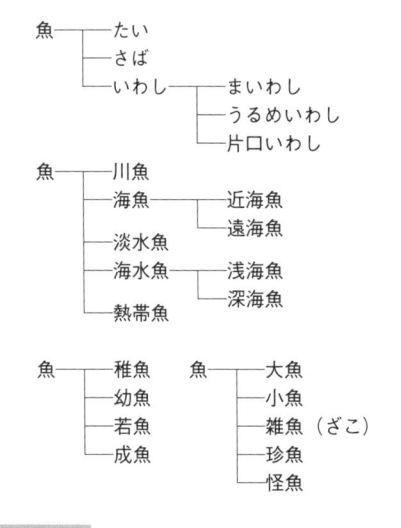

```
魚─┬─たい
   ├─さば
   └─いわし─┬─まいわし
            ├─うるめいわし
            └─片口いわし

魚─┬─川魚
   ├─海魚─┬─近海魚
   │      └─遠海魚
   ├─淡水魚
   └─海水魚─┬─浅海魚
            └─深海魚
   └─熱帯魚

魚─┬─稚魚      魚─┬─大魚
   ├─幼魚         ├─小魚
   ├─若魚         ├─雑魚（ざこ）
   └─成魚         ├─珍魚
                  └─怪魚
```

図3-2 語彙体系と名の体系

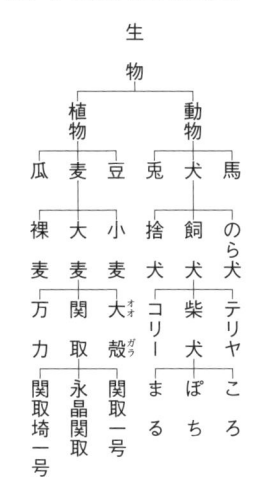

```
              生物
           ┌───┴───┐
          植物      動物
       ┌─┬─┐    ┌─┬─┐
       瓜 麦 豆   兎 犬 馬
          │        │
       ┌──┼──┐  ┌──┼──┐
      裸  大  小 捨  飼  のら犬
      麦  麦 麦 犬  犬
       │  │       │  │
       万 関 大オオ  コ 柴  テリヤ
       カ 取 殻ガラ  リ 犬
          │         │    │
       関 永 関     関   ぽち  ころ
       取 晶 取     取
       埼 関 一     一
       一 取 号     号
       号
```

[出典] 森岡健二・山口仲美『命名の言語学』（東海大学出版会、1985）による

も、意味の共通部分と相違部分を見きわめることで、体系をとらえることができる。対義語や類義語における語彙体系の例をいくつか示すと図3-3、3-4のようになる。

4 語彙体系と世界のとらえ方

　語彙体系をとらえることは、その言語が世界をどのように言い分けているかという、言語による世界認識をとらえることにつながっていく。魚に関する語彙（図3-1）をさらに見ていくと、「川魚」「海魚」のように漁獲できる場所によって名付けられた語があるが、湖でとれる魚を「湖魚」と言うことはないし、「熱帯魚」は生息する場所によって名付けられた語だが、「寒帯魚」とは普通言わない。湖で獲れる魚や寒帯に棲む魚はいるのにそれを表す語が存在しないのは、それを言い分けることが日本では必要とされなかったからにほかならない。「稚魚」「幼魚」「若魚」「成魚」は魚の成長に着眼して名付けられた体系であり、「せいご」「すずき」のように同じ種類でも成長するにつれて異なる名前で呼ばれる場合もある。

　魚の語彙体系が成長段階に応じて言い分けられるほど豊かであるのは、日本が魚食文化や漁業を発達させてきたからだと考えられる。通常、食の対象とならない虫の場合は、成長段階に応じた語彙体系は、大きく姿を変える「幼虫」と「成虫」の二語だけで構成される。一方、蜂の幼虫を食べる文化がある中部地方には蜂の幼虫を指す「すがり」という語がある。このように、語彙体系には、言語で世界をどうとらえているのかが反映しているといえる。

図3-3 温度形容詞の対応

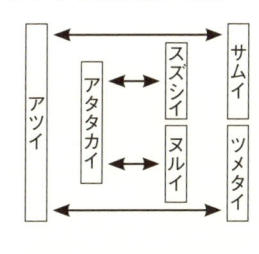

アツイ ／ アタタカイ ↔ スズシイ ／ ヌルイ ／ サムイ ／ ツメタイ

[出典] 田中章夫「語彙研究の諸相」（『朝倉日本語講座4　語彙・意味』朝倉書店、2002）をもとに作成

図3-4 〈だます〉意味の動詞の類義語

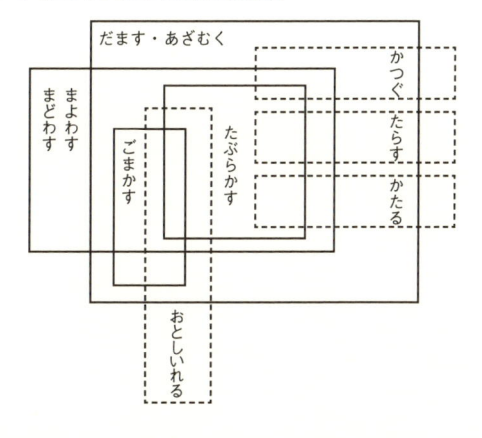

だます・あざむく／まよわす　まどわす／ごまかす／たぶらかす／おとしいれる／かつぐ／たらす／かたる

[出典] 樺島忠夫『日本語はどう変わるか』（岩波書店、1981）による

第3章　さまざまな語彙

第2節　親族語彙

1　親族呼称と親族名称

　現代の日本語の親族語彙の主なものは図3-5の通りである。脇に〔　〕に入れて示したものは、その人に呼びかける時に用いる親族呼称であり、それ以外はその人について言及する時に使う親族名称であり、これらは呼びかけには使えない。

　英語の親族名称brother、sisterは年長か年少かで区別しないが、日本語では、「アニ」「オトウト」、「アネ」「イモウト」と区別している。一方、「オジ」「オバ」はその区別がなく、「イトコ」は年齢の上下だけでなく男女による区別もない。これを区別したい場合は、書き言葉の場合であれば、漢字で「伯父」（自分の親より年長のオジ）と「叔父」（年少のオジ）、「従兄」（自分より年長の男のイトコ）、「従弟」（年少の男のイトコ）のように書き分ける。

図3-5　現代の親族語彙

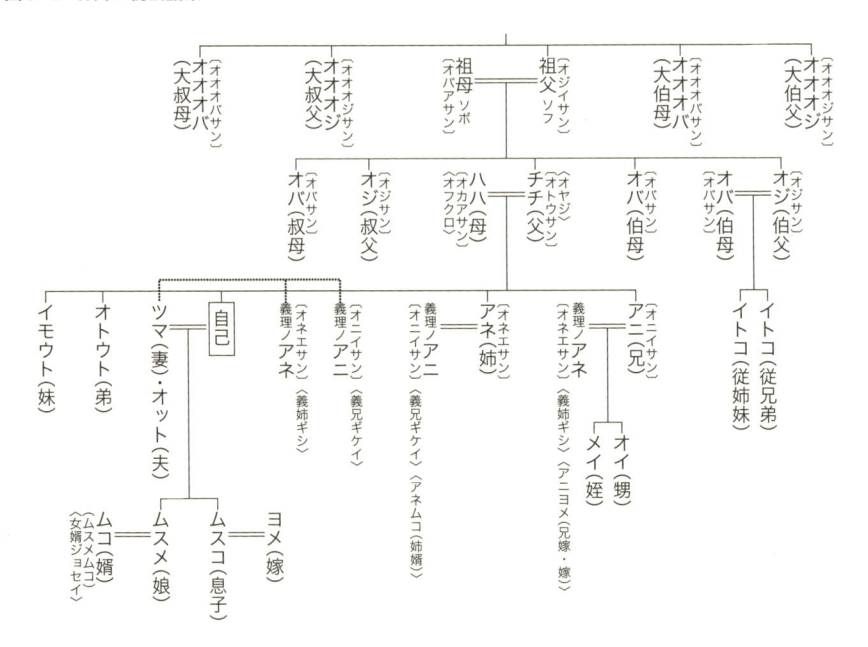

（オオオジサン／オオオジ）大叔父、〔オオオバサン／オオオバ〕大叔母、〔オオジサン／オオジ〕大叔父、〔オオバサン／オオバ〕大叔母、〔オジイサン〕祖父／ソフ、〔オバアサン〕祖母／ソボ、〔オオバサン／オオバ〕大伯母、〔オオジサン／オオジ〕大伯父

〔オバサン〕オバ（叔母）、〔オジサン〕オジ（叔父）、〔ハハ・オカアサン〕ハハ（母）／オフクロ、〔チチ・オヤジサン〕チチ（父）、〔オバサン〕オバ（伯母）、〔オバサン〕オバ、〔オジサン〕オジ（伯父）

〔イモウト〕妹、〔オトウト〕弟、〔ツマ〕ツマ（妻）・オット（夫）、〔自己〕、〔義理ノアネ／オネエサン〕義理ノアネ〈義姉ギシ〉、〔義理ノアニ／オニイサン〕義理ノアニ〈義兄ギケイ〉、〔オニイサン〕義理ノアニ〈義兄ギケイ〉〈アネムコ（姉婿）〉、〔オネエサン〕アネ（姉）、〔義理ノアネ／オネエサン〕義理ノアネ〈義姉ギシ〉〈アニヨメ（兄嫁・嫁）〉、〔オニイサン〕アニ（兄）、イトコ（従姉妹）、イトコ（従兄弟）

〔ムコ〕ムスメ（娘）〈ムコ（婿）〉〈ムスメムコ・女婿ジョセイ〉、〔ムスコ〕ムスコ（息子）、〔ヨメ〕ヨメ（嫁）、オイ（甥）、メイ（姪）

［出典］松村明編『大辞林　第三版』（三省堂、2006）による

2 親族内での呼び方

鈴木孝夫が明らかにしたように、図3-6の中央に引いた分割線（点線）の上の人に対して呼びかける時、普通は親族名称を使い、人称代名詞（「あなた」「きみ」など）やその人の名前を使うことはできない。一方、分割線の下の人に対して呼びかける場合は、普通は親族名称を使うことはせず、人称代名詞や名前を使う。さらに、自分のことを親族名称で呼ぶことは、話す相手が分割線より下の人の場合は可能であるが、分割線より上の人の場合は不可能である。

3 親族名称の歴史

以上のような日本語の親族名称のありようも、歴史をさかのぼるとずいぶん異なったものであった。たとえば、兄弟姉妹について平安文学作品での使われ方を見ると、男性から見た姉妹の場合、年長か年少かに区別なく「いもうと」という語が用いられ、女性から見た兄弟の場合は、兄にも弟にも「せうと」が用いられた。一方、同性の兄弟姉妹を表す場合は、年長の男性には「あに」、女性には「あね」がそれぞれ用いられたほか、男女にかかわらず「このかみ」が使われ、年少の者には、男女とも「おとうと」が使われるのが一般的だった。平安時代語と現代語の語彙体系を対比して示すと、図3-7のようになる。

図3-6 親族内での呼び方

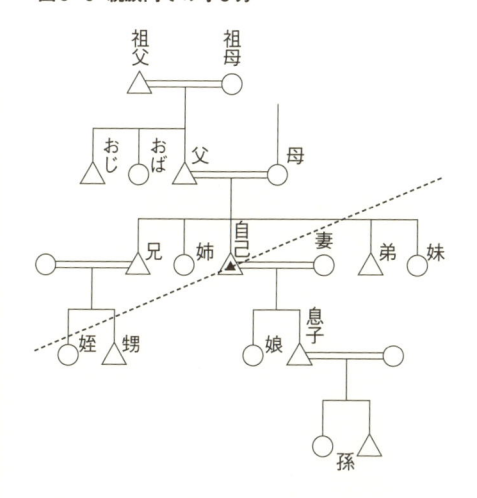

［出典］鈴木孝夫『ことばと文化　私の言語学　鈴木孝夫著作集1』（岩波書店、1999）による

図3-7 兄弟姉妹の語彙体系

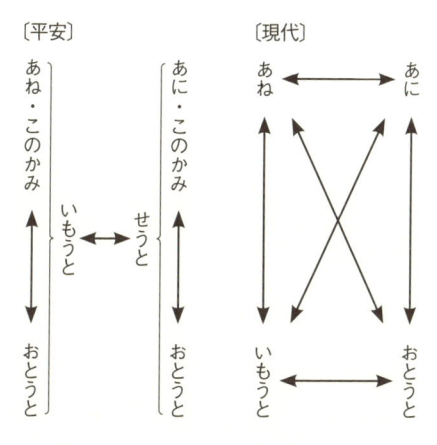

［出典］平安時代については、宮地敦子『身心語彙の史的研究』（明治書院、1979）などをもとに作成

第3節　色彩語彙

1 基本色彩語

　現代の日本語では「青」と「緑」は別の色名だが、緑色に光る信号を「青信号」というように、物理的な色彩が名称と合致しない場合もある。また、世界の言語における色の基礎名を調査したポール・ケイ（Paul Kay）らによると、「青」と「緑」を名前として区別しない言語の方が、それを区別する言語よりも多いが、中には日本語の「青」や「緑」が指す範囲をさらに細かい名前で言い分けている言語もあることがわかった。

　一方、「白」と「黒」はどの言語にも必ず備わっており、色名が三つの言語はこれに「赤」が加わることなどが、この調査によって確かめられている。

2 日本語の色彩語

　日本語における色の名前には、「赤」「青」のようにそれ自体が本来色を表すものから、「藍色」「茶色」のように色の名以外のものを色名に転用したもの、「黄緑」「青緑」のように色の名前を組み合わせたもの、「ピンク」「オレンジ」のように外来語で表すものなど、さまざまなタイプのものがある。もともと色の名を表していたのは、「白」「黒」「赤」「青」の四つだけである。「緑」は新芽を指すところからその色を指す語に転じ、「紫」も植物名であったがその根から取る色の名になった。「黄」も語源は未詳であるが、「黄色」と「色」

■世界の言語の色名
1. すべての言語に白（white）と黒（black）がある。
2. 色名が3つなら赤（red）がある。
3. 色名が4つなら緑（green）か黄（yellow）がある（その両方はない）。
4. 色名が5つなら緑（green）と黄（yellow）がともにある。
5. 色名が6つなら青（blue）がある。
6. 色名が7つなら茶色（brown）がある
7. 色名が8つ以上なら、紫（purple）、ピンク（pink）、オレンジ（orange）、灰（gray）か、それらのうちどれかを組み合わせた色がある。

[出典] Brent Berlin And Paul Kay, Basic Color Terms, Their Universality and Evolution. Univ.of California Press. 1969,1991 による

図3-8 古代の色彩語

あか（赤） ―	あかし（赤・明）	
くろ（黒） ―	くろし（黒）	くらし（暗）
しろ（白） ―	しろし（白）	しるし（著）
あを（青） ―	あをし（青）	あわし（淡）

の語を付けて色彩名になっていることから考えると、もともとは色彩名ではなかったであろう。

3 古代の色彩語

古代日本語の基本色名は、図3-8のような体系をなし、いずれも形容詞と対応している。

赤い様子を表す「あかし」は、明るい様子も表した。一方、黒い様子を表す「くろし」は、暗い様子を表す「くらし」と密接な関係をもっていた。「赤」と「黒」は明暗の対比に基づいた色彩だったと考えられる。「白」には「しろし」（白）、はっきりしている様子を表す「しるし」が対応し、「青」は「あをし」（青）と、色がない様子を表す「あわし」（淡）とに対応している。「白」と「青」は、はっきりしているかぼんやりしているかの対比に基づく色彩だったと考えられる。

4 色彩語のイメージ

「青」は、本来ぼんやりしている様子を表す形容詞と対応していたことから推測されるように、この語で表される色彩はよい印象でとらえられておらず、平安文学の描写からは、沈んだ気持ちや不気味な感じなどを伴っていたことが読み取れる。しかし、次第に新鮮さや清涼感を伴う、美しい印象でとらえられることも多くなり、現代では表3-4のように悪いイメージと良いイメージの両方が共存している。

■ 青のイメージ（古代）
- 松の色はあをく、磯の波は雪のごとくに（土佐日記）
〔松の色は青く、磯の波は雪のようで（寒々とした海辺の情景）〕
- うち捨てて水草がちに荒れ、あをみたる絶え間絶え間より、月影ばかりは白々と映りてみえたるなどよ（枕草子）
〔ほったらかしにして水草が生え放題という風に荒れ、青ずんで見える隙間の水面から、月の光だけが白々と映って見えている情景などは〕

表3-4 青のイメージ（現代）

	イメージ	語彙	表現
悪いイメージ	暗い。ぼんやりしている。	青白い	青い夜霧。
	血の気がない。	青ざめる　青筋　青息吐息	青くなる。青い顔色。
	未熟である。	青臭い　青二才　青田買い	青い季節。
良いイメージ	新鮮である。若々しい。	青葉　青物市場	青い山脈。目には青葉。
	清涼感がある。さわやか。		青い海と白い砂。澄み切った青空。
	安全である。落ち着いている。	青信号	青く落ち着いた空気。

第3章　さまざまな語彙

第4節　身体語彙

1　日本語の身体語彙

現代の日本語で人間の身体部位を表す一般的な語彙は、図3-9の通りである。「アタマ」「ドウ」「テ」「アシ」の四つの部分（大区分）に分かれ、たとえば「アタマ」は「アタマ」「カオ」「クビ」に細かく分けられ（中区分）、その「アタマ」はさらに「ヒタイ」「カミ」（小区分）に分けられる。身体語彙にも上位語・下位語の関係（45頁参照）を基本とする語彙体系が認められるのである。

図3-9　現代の身体語彙

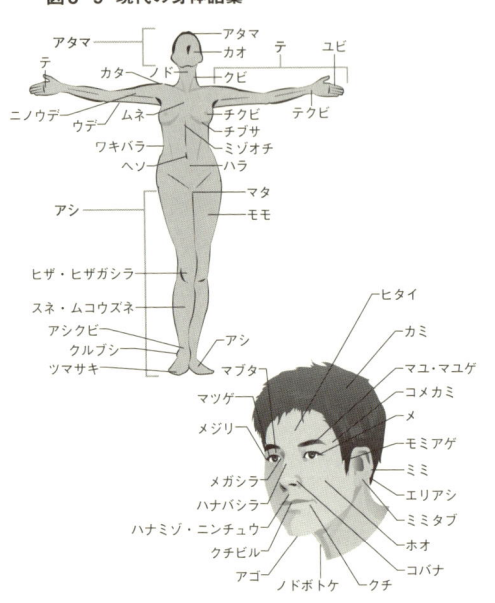

2　身体語彙の歴史

人間の身体部位は時代を通じてほとんど変化がないと思われるのに、それを指し示す語には、時代的な変化が見られるものも多い。表3-5は現代語の「アタマ」に相当する語の変遷をまとめたものである。古代には、「カシラ」が頭髪や脳なども含んだ頭部を広く指す語として最もよく用いられ、「カウベ」は頭の上部を指すことが多く頭髪などを指すことはなかった。中世になると、古代では骨がまだ接合していない幼児の頭頂のやわらかい部分を指す小区分に位置づく語であった「アタマ」が頭の上部を指す語に移行し、さらに現代までに「アタマ」の意味はいっそう拡大し、頭全体を指すようになった。

3　西洋医学の導入による新しい語彙

近世後期以後、日本語の身体語彙が

表3-5　頭部を表す語彙の変遷

	（大区分）	（中区分）	（小区分）
	頭の全体	頭の上部	幼児の頭頂
古代	カシラ	カウベ	アタマ
中世	カシラ	アタマ	アタマ
現代	アタマ	アタマ	アタマ

［出典］宮地敦子『身心語彙の史的研究』（明治書院、1979）、柳田征司『室町時代語資料による基本語詞の研究』（武蔵野書院、1991）をもとに作成

急増したのは、西洋医学の導入によって人の身体を解剖学的に見るようになり、科学に基づく分析的で専門的な用語がたくさん作られ、その一部が一般にも普及していったからである。こうした医学用語としての身体語彙の創出をはじめて行ったのが杉田玄白で、「神経」「十二指腸」「盲腸」「軟骨」「気管」「臼歯」といった、現在でも一般によく使われる多くの語を作った（図3-10）。医学だけでなく、同様の苦心が多くの分野で行われ、近代科学に基づいた新概念を表す語が、少しずつ日本語の中に場を得ていった。

図3-10 杉田玄白『解体新書』

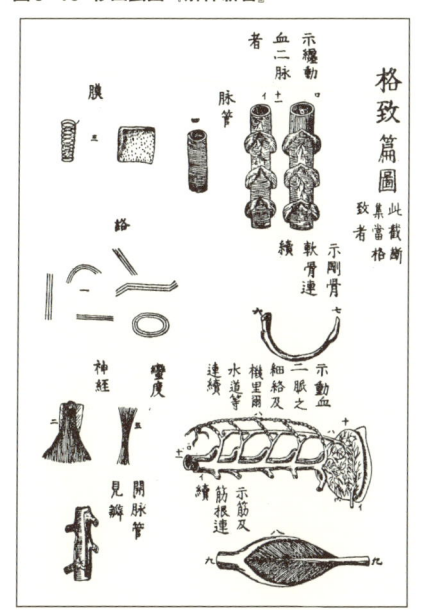

[出典] 日本思想大系65『洋学下』（岩波書店、1972）による

4 身体語彙に見る専門語と日常語

このような科学に基づく新しい語のすべてが一般語になっていったわけではない。図3-11は、主な消化管の名前になっている医学用語を示したものである。このうち、「横行結腸」「上行結腸」「下行結腸」「空腸」「S状結腸」などは、一般の人は知らない専門語にとどまっており、日常語ではこれらの部位を区別しないで、ひとまとめに「腸」という語で済ませている。「鼻腔」「口腔」「咽頭・喉頭」などは、理解できる人の多い語彙ではあるが、ふだん使用することはなく、やはり専門語の範囲に入り、日常語としては「鼻」「口」「のど」という語で表す。

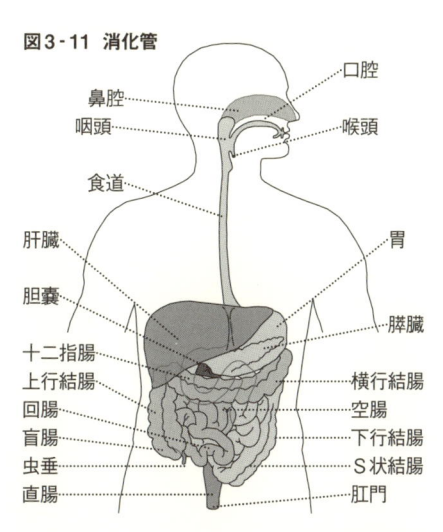

図3-11 消化管

[出典] http://www.oralstudio.net/ による患者教育用のイラストをもとに作成
http://www.oralstudio.net/education/illust/ill002_001.php

第3章　さまざまな語彙　53

第5節　感情語彙

1　感情語彙とは

人の感情を表す語彙には、「安心」「心配」といった名詞のほか、「喜ぶ」（動詞）、「うれしい」（形容詞）などのように述語になるものもあれば、「あいにく」（副詞）、「ああ」（感動詞）、「〜のに」（助詞）などのように、主語・述語などとは別に添えられるものもある。

2　形容詞表現と動詞表現

感情語彙のうち、述語になるものについて見てみよう。日本語の述語のタイプにおける、感情表現の位置づけは、図3-12の通りである。まず、動詞表現と形容詞表現の二つに大きく分かれ、動詞には、感情を引き起こす誘因を「〜に」という形で表す「驚く」のようなタイプと、感情の向かう対象を「〜を」で表す「悲しむ」のようなタイプがある。一方、形容詞は、（蛇が）「怖い」のような感情を直接表すタイプと、（サソリというものは）「恐ろしい」のような感情をもとに対象の性質を判断するタイプとがある。第1のタイプは、外面的に観察可能である点で、「する」など具体的な動きを表す多くの動詞表現と連続し、第2のタイプは、対象がどういう性質をもつのかを述べる「丸い」のような属性を表す多くの形容詞と連続する。

3　感情語彙の歴史

感情表現における形容詞と動詞は、平安時代までは和歌や和文では形容詞表現が中心だったが、現代では、形容詞表現と動詞表現とが併用されるよう

図3-12　述語における感情表現

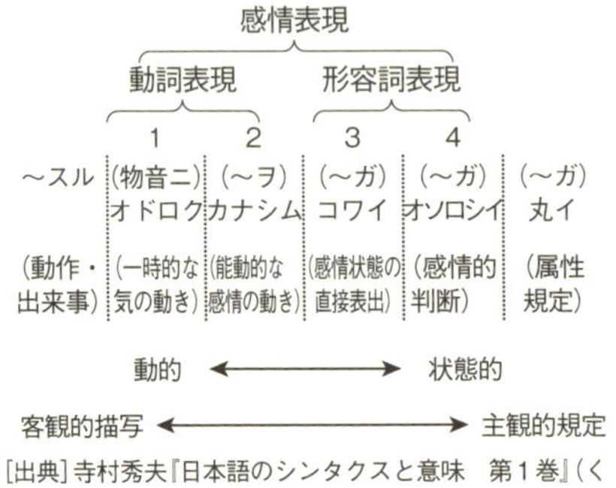

```
                感情表現
         ┌────────┴────────┐
       動詞表現          形容詞表現
      ┌──┴──┐         ┌──┴──┐
      1    2          3    4
 〜スル (物音ニ)(〜ヲ) (〜ガ)(〜ガ)  (〜ガ)
      オドロク カナシム コワイ オソロシイ 丸イ
 (動作・(一時的な)(能動的な)(感情状態の)(感情的 (属性
  出来事)気の動き)感情の動き)直接表出) 判断) 規定)

      動的　　　　　　　　　状態的
      ←──────────────→
      客観的描写　　　　　　主観的規定
      ←──────────────→
```

[出典] 寺村秀夫『日本語のシンタクスと意味　第1巻』（くろしお出版、1982）による

表3-6　和製漢語の感情表現

『日本国語大辞典（第2版）』初出世紀	和製漢語の感情表現
11世紀以前	案外、勘弁、得心、用心、遠慮
12〜14世紀	懸命、立腹、*未練、存外、*大儀、覚悟
15〜16世紀	本気、*大丈夫、存分、納得、*承知、頓着、*料簡
17〜18世紀	心配、平気、懸命、辛抱

*は、感情の意味以外ではより古い時代からある。　[出典]金田一春彦『日本語(上)』（岩波書店、1988）をもとに作成

に変わってきている。

　感情語彙をとらえる観点は、ほかにも色々と考えられる。表3-6は、和製漢語と言われるもののうち感情語彙に属する主なものが、いつ頃から使い始められたかをまとめたものである。和語の感情語彙に名詞は少なかったが、それを補うように多くの漢語が作られていったことがわかる。

　図3-13は、快・不快の観点から、感情の形容詞語彙の語数を時代別にまとめてみたものである。時代を通じて、快の語彙よりも不快の語彙の方が圧倒的に多い。これは、快よりも不快な感情の方が気になるためにさまざまな語彙で言い分けているのだと考えられる。特に、貴族社会を背景としている平安時代にその傾向が顕著である。

4　感情語の意味変化

　図3-13では、感情語彙に歴史的に大きな変化はないように見えるかもしれないが、実はそうではない。各時代のそれぞれの枠に分類される語彙の中身は大きく変わっているのである。本来は状態を表す形容詞であったものが感情を表すように変わったもの（「ありがたい」など）、その逆に感情から状態を表すように変わったもの（「うつくしい」など）、そして、どのような感情を表すかが変わったもの（「かわいい」など）などがある。

図3-13　時代別の快の感情語彙と不快の感情語彙（数字は語数）

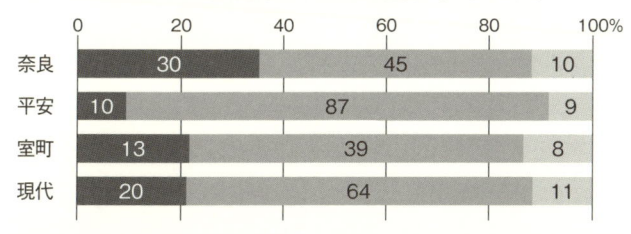

時代	快と認められる感情	不快と認められる感情	快・不快を決められない感情
奈良	30	45	10
平安	10	87	9
室町	13	39	8
現代	20	64	11

[出典]　山口仲美「感覚・感情語彙の歴史」（『講座日本語学4　語彙史』明治書院、1982）をもとに作成

■ク活用形容詞・シク活用形容詞と意味分類

	属性形容詞	感情形容詞
ク活用	赤し、青し、暗し、多し、少なし、強し、弱し、高し、短し、広し、狭し、清し、近し、遠し、細し、太し、繁し、遅し、古し、…	愛し、憎し、つらし、うたてし、妬し、…
シク活用	いちじるし、さがし、はげし、…	怪し、嬉し、悲し、寂し、恐ろし、悔し、恋し、恨めし、楽し、侘し、いとほし、惜し、苦し、すさまじ、あさまし、ものし、…

■感情形容詞の意味変化

- 属性形容詞→感情形容詞
　さばかり世にありがたき御ありさまかたちを（源氏物語）
　エヽ、ありがたい忝い。天道のお助け、命拾うた。（近松門左衛門・長町女腹切）
- 感情形容詞→属性形容詞
　二つ三つばかりなるちごの、（中略）いと小さき塵のありけるを、目ざとに見つけて、いとをかしげなる指にとらへて、大人ごとに見せたる、いとうつくし（枕草子）
　二十歳ぐらいの美しい娘が白いワンピースでやって来た。（赤川次郎「三毛猫ホームズのびっくり猫」）

第6節　数詞と助数詞

1　数詞とは

　事物の数や量、順序を表す語句を数詞（数量詞）という。「本を3冊買った」の「3冊」は本の数を表し、「体重が1キロ増えた」の「1キロ」は増えた体重の量を表している。このように、数詞は、数字の部分とその数の性質や単位を表す部分から成り、数字の部分を「本数詞（数詞）」、性質や単位を表す部分を「助数詞」という。

　数詞を動詞・名詞などと同様に独立した一つの品詞とする立場もあるが、一般には名詞の一種として扱われることが多く、「数量名詞」と呼ばれることもある。

　数詞（数量詞）の中に「たくさん、すべて、大勢、多く、多少、少数、いくらか、大部分、半分、全部」のような数量を表す副詞や名詞、「これほど・このくらい」のような「指示表現＋ほど・くらい」、「いくつ、いくら、何人」のような不定の数量を表すもの（不定数詞）も含み、全体を量化詞（quantifier）と呼ぶこともある。

2　本数詞の2種類

　数量詞の数字の部分である本数詞には、和語系と漢語系の2種類がある。和語系は現在よく使われるのは一から十までで、それに二十を表す特別な語句「二十歳（はたち）」「二十日（はつか）」などがある。それに対して漢語系の数詞は、もっと大きな数から、0、

■「数詞」の範囲

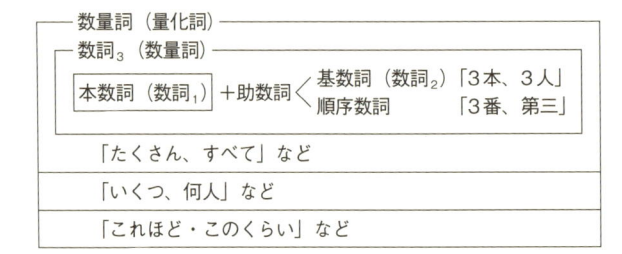

```
┌ 数量詞（量化詞）─────────────────
│ ┌ 数詞₃（数量詞）──────────────
│ │ ┌────────────┐     ┌ 基数詞（数詞₂）「3本、3人」
│ │ │ 本数詞（数詞₁）│＋助数詞 ┤
│ │ └────────────┘     └ 順序数詞　　　「3番、第三」
│ │ 「たくさん、すべて」など
│ │ 「いくつ、何人」など
│ │ 「これほど・このくらい」など
```

　数詞の範囲は研究書によりさまざまである。最も狭義には本数詞のみ、つまり「3枚」の「3」のみを指す（数詞₁）。「3本」のような基数詞のみを「数詞」と呼び、「3番」のような順序数詞を含まない場合もある（数詞₂）。最も広義には基数詞と順序数詞の両方を合わせて数詞と呼ぶ（数詞₃）。

■数の数え方

　現代は10進法が中心だが、時間・時刻・月・ダース・十二支、英語のeleven・twelve（-teenを用いない）などは12進法である。またフランス語で80を 4×20（quatre-vingts）と表す方法や、日本語の「二十歳（はたち）」「二十日（はつか）」などは20進法の名残とも言える。10進法は両手の指、12進法は両手の指と両腕、20進法は両手・両足の指を数え方の手段としたことから生じているとも言われている。

少数・分数や無理数、複素数に至るすべての数を表す時にも使われる。

3 数詞の2種類

数詞には数量を表すもの（基数詞）と順序を表すもの（順序数詞・序数詞・順番数詞）がある。「1冊、2本、3枚、4人」などは基数詞であり、最も狭い意味での数詞は基数詞のみを指す。「第1、2位、3番、4人目」などは順序数詞である。英語には数詞に基数詞 cardinarl number（one, two, three, four）と序数詞 ordinal number（first, second, third, fourth）があるが、日本語では助数詞によって表す。

4 数量詞の使い方

数量詞のうち、基数詞は、文の色々な位置に現れる。
・3冊の本を買った。
・本3冊を買った。
・本を3冊買った。
このような現象を「数量詞の分離」「数量詞転移」「数量詞遊離」などと呼ぶ。上の最後の例のように数量詞が助詞を伴わずに使われる場合は「数量詞の副詞的用法」とも呼ばれ、数量詞が他の名詞と異なる特徴とされる。

■和語系の本数詞（1）—1から10まで

数詞は「ひ（と）、ふ（た）、み、よ、いつ、む、なな、や、ここの、とお」であるが、これらは次のような倍数関係に音韻対応が見られる。

ひと・ふた	…	h音
み・む	…	m音
よ・や	…	y音
いつ・とお	…	t音

■和語系の本数詞（2）—10より大きい数の表し方

現代語では使われていないが、古代語では、10より大きい数も和語で次のように表す。
11　とお あまり ひとつ
12　とお あまり ふたつ
20　はたち
21　はたち あまり ひとつ
30　みそじ　　40　よそじ
50　いそじ　　60　むそじ
70　ななそじ　80　やそじ
90　ここのそじ　100　もも
200　ふたほ　　300　みほ
1000　ち　　2000　ふたち
3000　みち　4000　よち
10000　よろず
20000　ふたよろず

■現代の命数法

数を呼ぶやり方を命数法という。現代日本語の命数法は漢数字を用いた10進法である。江戸時代の数学書「塵劫記」(1627年刊、吉田光由著）に見られる命数法は現代の解釈で表すと次のようになる。

なお「塵劫記」は改訂版が何度も出され、版により、命数・漢字・桁数などが異なる場合がある。

10	十	じゅう
10^2	百	ひゃく
10^3	千	せん
10^4	万	まん
10^8	億	おく
10^{12}	兆	ちょう
10^{16}	京	けい
10^{20}	垓	がい
10^{24}	秄	じょ
10^{28}	穣	じょう
10^{32}	溝	こう
10^{36}	澗	かん
10^{40}	正	せい
10^{44}	載	さい
10^{48}	極	ごく
10^{52}	恒河沙	ごうがしゃ
10^{56}	阿僧祇	あそうぎ
10^{60}	那由他	なゆた
10^{64}	不可思議	ふかしぎ
10^{68}	無量(大)数	むりょう(たい)すう

第3章　さまざまな語彙

こうした現象は数量詞が表す名詞がガ格・ヲ格である場合に生じる。多くの場合、意味は変わらないが、次のように意味が変わる場合もある。
- 15段の階段を上った。
- 階段を15段上った。
- 階段15段上った。

数量詞遊離が起こるのは基数詞のみであり、順序数詞にはこのような遊離あるいは副詞的用法はない。

5 助数詞とは

本数詞に付いて、物事の性質や単位を表す接辞を助数詞という。日本語には助数詞が600以上あると言われる。
- 1本でも人参　2足でもサンダル　3そう艘でもヨット　4粒でもごま塩　5体でもロケット　6羽でも七面鳥　7匹でも蜂　8頭でも鯨　9杯でもジュース　10個でも苺(「一本でもにんじん」前田利博・作)

この「本、足、艘(そう)、粒…」などは、それぞれ後ろに来る名詞の量を表す。助数詞は、名詞の性質・特徴によって使い分けられるが、逆に助数詞によって名詞が分類できるともいえる。そのため、これらの助数詞は「類別辞(類別詞・類別子・分類辞・classifier)」とも呼ばれる。類別辞はその名詞がどのような性質のものと見るか、日本人の認識や歴史的な事情を反映している。

類別辞に対して、時間・回数・重さ・長さなどを表す基数詞は「単位辞」と呼ばれる。

■ 名詞と助数詞

　一つの名詞が複数の助数詞と対応することがある。「書籍」は典型的には「1冊、2冊」と「冊」を用いるが、「部」や「巻」を用いることもある。「1切れの鮭・1本の鮭・2キロの鮭」や「1粒の米・100グラムの米」のように、数えるべき名詞の形状や数え方によって助数詞は変わる。
　寿司は「1貫」と数えるが、「1貫」を「2つ」と考える人も多く、あえて「1個」を使うことも増えてきたと言われる。回転寿司では「一皿」と数える。

■ いろいろな助数詞

　右の品物を数える時、どのような助数詞を使うだろうか。

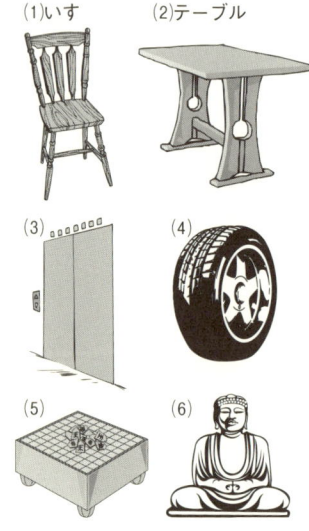

(1)いす　(2)テーブル
(3)　(4)
(5)　(6)

(1)脚(2)卓(3)基(4)本(5)面(6)頭(かしら)

■ 世界の言語の助数詞

　名詞によって多種の助数詞を使い分けることが日本語の特徴と言われることもあるが、助数詞のような「類別辞」は、中国語や韓国語などの東アジアの言語やオセアニア・アフリカの言語にもあり、英語でも一部の名詞(例えば、a sheet of paper / glass, a slice of bread / ham)に見られる。また多くの言語が「単位辞」を使用する。
　助数詞が発達していない言語は一方で、名詞の類別に性や数が発達している傾向が見られ、世界の言語は何らかの方法で名詞を分類しているとも言える。

- 1時間30分の映画
- 5回の実験
- 100グラムのにんじん
- 3メートルのひも

上の数量詞はそれぞれ「映画」「にんじん」「ひも」の数量を表すのではなく、それらの名詞のもつ内的な性質を示している。

助数詞の多くは本数詞に付く接尾辞であるが、順序数詞「第1」の「第」は接頭辞である。

6 助数詞の語種

助数詞の語種には和語・漢語・外来語があるが、「個・人・匹・本・冊・枚」など、よく使用される助数詞の多くは漢語である。和語の助数詞には「(ひと)つ、り、切れ、坪、組」「(ふつ)か」などがあり、外来語には、「センチ、キロ、リットル」やスポーツなどで使われる単位辞に多い。

7 新しい助数詞

ある名詞に対してどのような助数詞を使うかは、使用頻度や時代、専門分野によって変化し、たとえば何でも「個」で数えるなど、全体的な傾向としては、使用される助数詞の種類は減少の傾向にある。動物のウサギは伝統的には「1羽、2羽」と数えられたが、現在では「1匹、2匹」が一般的である。またコンピュータ・電子通信技術の発達により「バイト、パケット」のような新しい助数詞が出現している。

■本数詞と助数詞の音変化

本数詞と助数詞は、組み合わせによって音変化する場合がある。本数詞のうち「2、5」は変化せず、「4(よん、よ)、7(シチ、なな)、9(キュウ、ク)」は2つの読み方をもつ。その他の数は、次のように音変化を起こすことがある。

本数詞		助数詞		
		ハ行(杯、泊、本など)	カ行(回、個、キロなど)・パ行(ポンド、ページなど)	サ行(冊、才など)・タ行(頭、卓など)
	1、8、10、100	本数詞は促音化し、助数詞は半濁音化する。	本数詞は促音化することがあるが、助数詞は変化しない。	
	6		本数詞は促音化することがあるが、助数詞は変化しない。	
	3、1000、10000	本数詞は変わらないが助数詞は濁音化または半濁音化する。		本数詞は変わらず、助数詞も原則として音変化しないが、サ行・カ行で始まる助数詞に連濁が起こることがある。

1本	(イッ ポン)
1回	(イッ カイ)
1冊	(イッ サツ)
6本	(ロッ ポン)
6回	(ロッ カイ)
6冊	(ロク サツ)
3本	(サン ボン)
3泊	(サン パク)
3回	(サン カイ)
3階	(サン ガイ)
3足	(サン ゾク)

また、こうした音変化も、起こらない場合と起こる場合の両方が使われるものもある。
例：8回・8階(ハチカイ、ハッカイ)、8分(ハチフン・ハップン)
　　3階(サンガイ、サンカイ)、3足(サンゾク、サンソク)

第3章　さまざまな語彙

第7節　オノマトペ（擬音語・擬態語）

1　オノマトペとは

「雨がザーザー降る」の「ザーザー」は、雨が地面などにあたる音を写し取ったものである。このように聴覚刺激を言語化した表現を「擬音語」という。それに対して、「雨がしとしと降る」の「しとしと」は、音を写し取ったのではなく、雨の降る様子を表したものである。このように視覚・触覚などの聴覚以外の刺激を言語化し、音に写しかえた表現を「擬態語」という。

擬音語と擬態語をあわせて「オノマトペ（onomatopée：フランス語、onomatopeia：英語）」という。

一般に、擬音語はカタカナで、擬態語はひらがなで書かれることが多い。

擬音語と擬態語は明確に分けられるものではなく、「どきどきする」のように、どちらとも解釈できるものや、次の「かんかん」のように同じ表現がどちらにも使われる場合もある。

・鐘がカンカンと鳴っている。
・日がかんかんに照っている。

2　オノマトペの分類

日本語はオノマトペが豊富な言語であると言われる。オノマトペのうち、

■オノマトペと言語の恣意性
　言語の特徴として、音と意味の間が無関係であるという性質をあげたのはソシュールであり、これを言語の恣意性と呼ぶが、オノマトペはその例外にあたる。また本来の日本語（和語）にはラ行音や濁音・半濁音、拗音で始まる語彙がないことが知られているが、オノマトペはその例外でもある。

■擬音語・擬態語のさまざまな名称
　擬音語は擬声語と呼ばれることもある。擬態語にはさまざまな別名があり、擬容語、描写詞・象徴語、象徴詞、写生詞、音象徴（語）、音画などがある。

■形態的分類
　オノマトペは形態の規則性が特徴である。
(1)一回語形
①「Aい」型：ぷい（と）
②「Aん」型：がん（と）
③「Aっ」型：かっ（と）
④「A―」型：じゅー（と）
⑤「A―ん」型：あーん（と）
⑥「A―っ」型：さーっ（と）
⑦「AB」型：がば、ひし
⑧「ABん」型：がくん
⑨「ABっ」型：がさっ（と）
⑩「ABり」型：からり
⑪「AんB」型：わんさ
⑫「AっB」型：はっし
⑬「AんBり」型：あんぐり
⑭「AっBり」型：あっさり
⑮「AっBら」型：うっすら
⑯「AB―ん」型：うわーん

⑰「AっBん」型：ぞっこん
⑱「AB―っ」型：もわーっ（と）
⑲その他：そそくさ、のほほん、ほんわか
(2)重なり語形
①「AんAん」型：がんがん
②「AっAっ」型：ふっふっ
③「A―A―」型：ぴゅーぴゅー
④「ABAB」型：かさかさ
⑤「ABんABん」型など：からんからん、うつらうつら
⑥「AっBAっB」型など：あっぷあっぷ、ばったばった
⑦その他「ABCB」型など：あたふた、うろちょろ、じたばた、てきぱき、やきもき、かさこそ、ぬらりくらり、ずんぐりむっくり

[出典] 松村明編『大辞林　第三版』（三省堂、2006）による

擬音語には生き物の声（狭義の擬声語）や、生物・無生物が出す音が含まれ、異なる言語においても類似性が見られるため、言語がもつ特徴である恣意性の例外とも言える。

一方、擬音語と異なり、擬態語は韓国語を除いて、他の言語ではあまり見られず、日本語の特徴の一つとも言われ、日本語を翻訳する際に特に苦労する点の一つと言われる。

擬態語には、生物の動きの様子を表すもの（擬容語）、人の心の様子を表すもの（擬情語）、無生物の動きの様子を表すもの（擬状語）があるが、特に「いらいら」「すっきり」「むしゃくしゃ」「やきもき」のような擬情語が特徴的であると言われている。

- 子供たちがてくてく歩いている。
- いつまでもくよくよ悩むな。
- 星がきらきら輝いている。

「副詞でほえる日本の犬、動詞で泣くイギリス人」（楳垣実）と言われるように、日本語では「ワンワン／エンエン／しくしく＋泣く」など、オノマトペによって動きの様子を表すが、英語では、cry（声を出して泣く）、sob（すすり泣く）、blubber（泣きじゃくる）、whimper（子供がめそめそ泣く）など、動きの様子を既に含んでいる動詞があり、これらを使い分けることによって動きの様子が表現される。

日本語には「シーン」「ソロソロ」のような無音である様子を表す珍しいオノマトペがあることも特筆される。

■ 形態の特徴と意味

清濁音の対立の他に、オノマトペの形態がもつ特徴とその効果には次のようなものがある。(1)促音「っ」：瞬間性・素早さ・一貫性を表す／(2)撥音「ん」：音の響きのよさ、強さ、リズミカルなこと、軽やかさを強調する／(3)引く音「ー」：物音や動作・状態の継続、時間がかかること、続くことを表す／(4)リ音：柔らかさ、滑らかさ、少々ゆっくりした感じを表す／(5)くり返し：物音の繰り返しを表す／(6)音の一部交代：「アタフタ」「ノラリクラリ」など、aとoの交代が多い

[出典] 泉邦寿「擬声語・擬態語の特質」（『日本語講座4　日本語の語彙と表現』大修館書店、1976）による

■ 畳語とオノマトペ

オノマトペとよく似たものに畳語がある。畳語（重なり語）とは、名詞（われわれ、人々、木々、神々、山々）や形容詞語幹（高々、軽々、早々）、動詞連用形（泣き泣き、思い思い、懲り懲り、みるみる、かえすがえす、ゆくゆく）を重ねたものなどがあり、「しわしわ（皺）・すけすけ（透ける）・ひそひそ（密か）・まずまず（副詞：まず）」のように、もとの語が意識されるものは畳語とされる。畳語は「ひろびろ・つねづね」のように連濁が生じることがある。一方、オノマトペの多くはアクセントが頭高型であるが、畳語はそうではない。

■ オノマトペに由来する語彙

- 社会的に広く使われる語彙：とんかち、しゃぶしゃぶ、ぽや、どろん、ぽけ、がた、ペンペン草
- 幼児語：ワンワン、ニャーニャー、ブーブー、ガラガラ、ピーポ、ポンポン
- 虫の名：ゲジゲジ、スイッチョ、ガチャガチャ
- 隠語・専門用語など
  すし屋：ガリ、トロ
  印刷：ベタ、ペラ
  土木：ヘドロ、ハッパ、ズリ

第3章　さまざまな語彙

3 オノマトペの規則的形態

　オノマトペの形態には規則性がある。多く見られるのは「ドキッ・ドキン・ドキリ・ドキドキ」「ニヤッ・ニヤリ・ニヤー・ニヤニヤ」のように、基本となる語根2拍に、「ッ・ン・リ・ー」等を組み合わせたり、同じ要素を繰り返して畳語の形になっていたりするものである。「コロコロ」「ゴロゴロ」、「キラッ」「ギラッ」のように清音と濁音のペアも多く、半濁音をもつハ行では「フリフリ」「ブリブリ」「プリプリ」のようにトリオになっているものもある（表3-7）。

　オノマトペには1拍から8拍まであるが、特に多いのは4拍語である。

4 音と意味の関係

　オノマトペは外界の音や様子をとらえた感覚を表すので、音と意味の間に対応関係がある。たとえばカ行と金属音（カンカン）、サ行と摩擦（さらさら）、タ行と打撃（とんとん）、ナ行と粘着性（ぬるぬる）、ハ行は抵抗感のなさ（ひらひら）、また「トントン・ドンドン」のように清音と濁音とが、軽重・弱強・薄厚・密疎・滑粗などの対立をもつ場合も多い（図3-14）。

5 オノマトペの由来と派生

　オノマトペは和語に由来するものが多く、「どうどう（堂々）と歩く」「こつこつ（矻々）ためる」などの漢語や、

■『源氏物語』のオノマトペ

「あざあざ」色彩が鮮明で目のさめるような派手やかさを表す。紫の上に対してのみ用いられる。『源氏物語』初出の語。／「けざけざ」すっきりと際だつ感じの美しさを表す。玉鬘という美人で賢い女性だけに使用。『源氏物語』初出の語。／「おぼおぼ」ぼんやりしている様子。正体のつかみにくい浮舟という女性にのみ使用。／「つやつや」黒髪の光沢美を表す。女主人公格の女性のみ使用。／「はらはら」黒髪のこぼれかかる美しさを表す。美しいが脇役的な性格をもつ女性に使用。／「ゆらゆら」小さな子どもの髪の美しさを表す。

[出典] 山口仲美『犬は「びよ」と鳴いていた』（光文社、2002）による

■新しいオノマトペの創造

オノマトペの中核となる二音節のうち二音節目が「ラ」の場合は、下の枠で囲んだものがまだ使用されておらず、新しいオノマトペの「もと」になる可能性がある。

ワ行	ラ行	ヤ行	マ行	ハ行	ナ行	タ行	サ行	カ行	ア行
ワラ	ララ	ヤラ	マラ	ハラ	ナラ	タラ	サラ	カラ	アラ
	リラ		ミラ	ヒラ	ニラ	チラ	シラ	キラ	イラ
	ルラ	ユラ	ムラ	フラ	ヌラ	ツラ	スラ	クラ	ウラ
	レラ		メラ	ヘラ	ネラ	テラ	セラ	ケラ	エラ
ヲラ	ロラ	ヨラ	モラ	ホラ	ノラ	トラ	ソラ	コラ	オラ

[出典] 小野正弘『オノマトペがあるから日本語は楽しい』（平凡社、2009）による

「ジグザグ (zigzag)」「チクタク (tic-tac-toe)」など外来語由来のものもあるが、多くはない。

「粘る」と「ねばねば」のように、既存の動詞からオノマトペが作られたり、逆に「むかむか」と「むかつく」、「ふうふう」と「吹く」、「だらだら」と「だらける」のようにオノマトペから動詞が作られたりすることもあり、オノマトペと動詞のペアは多い。

また、「がらがら（赤ちゃんのおもちゃ）」「キリギリス（虫）」のように、オノマトペから名詞が作られることもある。「ピカドン・ピカー・ドカ雪・ギックリ腰・がぶ飲み・汗だく・ザーザー降り・もたつく」などの複合語もさかんに作られる。

6 オノマトペの品詞と使い方

オノマトペは文中で、述語になったり（イライラする）、名詞を修飾したりする（イライラの原因）が、連用修飾語となることが多く、一般に「副詞」に分類される。連用修飾語として使われる場合、オノマトペ単独および「と」を伴う場合は様態副詞、「に」を伴う場合は結果副詞として使われる。両者はアクセントにも違いがあり、様態副詞の場合は頭高型、結果副詞の場合は平板型になる。

- 枯れ葉がカサカサ（と）音を立てる。
- 肌がかさかさに荒れている。
- 時計がコチコチ（と）動いている。
- 池がこちこちに凍っている。

図3-14 「ごろごろ」の意味のネットワーク

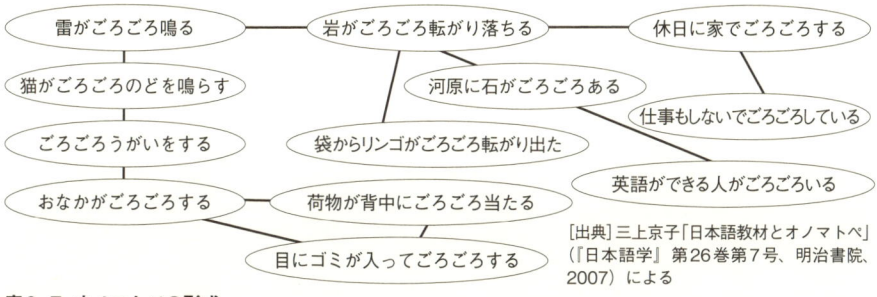

- 雷がごろごろ鳴る
- 猫がごろごろのどを鳴らす
- ごろごろうがいをする
- おなかがごろごろする
- 岩がごろごろ転がり落ちる
- 河原に石がごろごろある
- 袋からリンゴがごろごろ転がり出た
- 荷物が背中にごろごろ当たる
- 目にゴミが入ってごろごろする
- 休日に家でごろごろする
- 仕事もしないでごろごろしている
- 英語ができる人がごろごろいる

[出典] 三上京子「日本語教材とオノマトペ」（『日本語学』第26巻第7号、明治書院、2007）による

表3-7 オノマトペの形式

語根	開始	一般的継続	臨場的継続	余韻的停止	一般的停止	終了
AB	ABT	ABAB	ABABT	ABN	ABR	ABRN
ころ	ころっ	ころころ	ころころっ	ころん	ころり	ころりん
ごろ	ごろっ	ごろごろ	ごろごろっ	ごろん	ごろり	ごろりん
きら	きらっ	きらきら	きらきらっ		きらり	
ぎら	ぎらっ	ぎらぎら	ぎらぎらっ		ぎらり	

ABは語根、Tは促音、Nは撥音、Rは流音プラス母音を示す。

[出典] 小池清治・河原修一『語彙探求法』（朝倉書店、2005）による

第4章 語と意味関係

第1節 ことばの意味

1 意味とは何か

意味とは何かとの問いにはいくつかの答えがある。最も単純な考え方は、意味とは「指示対象」だという考え方である。たとえば「リンゴ」という形式の意味は、この形式が指す物質、すなわちリンゴそのものだという考え方である。この考え方は「幸福・信頼・経済」のような抽象的意味をもつ語や、「そして・だが」「だろう・らしい」などの文法的意味をもつ語では成立しない（図4-1）。

また、意味とは「概念」であるという考え方がある。この場合の「概念」は、哲学や論理学で用いられる「概念」より広い。たとえば日本語には化学記号でいう H_2O を指す「水」「湯」があるが、H_2O という概念を表す単一の語は存在しない（表4-1）。「女」と「女性」、「妻」と「家内」は同じ概念かもしれないが、ことばの意味としては異なる（表4-2）。

意味とは「用法」であるとする考え方もある。一つの言語形式は、文脈や場面により、複数の用法・使い方をもつ。それらの総体がその言語形式の意味であるという考え方である。たとえば「目」という語は多義語であり、物を見る働きをする感覚器官を指すのが最も基本的な意味であるが（目をあけ

図4-1 象の絵

（象は大きな蛇に似ているぞ）
（象って大木のようなものだな）

有名な「群盲象をなでる」の話は、同一の対象（したがって同じことば）についての人々の理解が、いかにくいちがうことがあるかをよく示している。

[出典] 鈴木孝夫『ことばと文化』（岩波書店、1973）による

表4-1 水

	H_2O		
マレー語	air		
英　語	ice	water	
日本語	氷	水	湯

[出典] 鈴木孝夫『ことばと文化』（岩波新書、1973）による

る）、目つき（するどい目）、物を見る能力・視力（目が悪い）、物を判断する能力（目が高い）、外見（見た目）、体験（辛い目にあう）など、多様な意味をもつ。他にも、形状の類似性から「台風の目、網の目、さいころの目、碁盤の目」というような場合にも用いられる。それは身体部位である「目」がさまざまな機能を果たすことから生じた多様性であると考えられる。意味はこうした用法の総体であるというこの考え方は、抽象的な語にも適用できる点で便利である一方、すべての用法を言い尽くせるのかという問題や、新しい用法が出現した場合にその意味が理解できるのはなぜか、ということを説明することができず、それぞれの語には、やはり何か基本的な意味があるのではないかというところに立ち返ることになる。

語の意味とは意味特徴の集合であるという考え方もある。たとえば「父」は＜＋男性＞＜＋一世代上＞＜＋直系＞、「母」は＜－男性＞＜＋一世代上＞＜＋直系＞のように分析できる。このように語の意味を弁別的特徴に分解して意味を抽出する方法を成分分析と呼ぶ。語の意味はこのような弁別的特徴の束としてとらえられ、それを意義素と呼ぶこともある（表4-3）。

2 意味の色々

語の意味は大きく二つに分けられる。語彙的意味（辞書的意味・一般的意味）と文法的意味である。

表4-2 妻の呼び方の世代差

呼び方 \ 年齢	~29	30~39	40~49	50~	不明	計
家内	17	60	82	88	50	70
妻	17	8	7	8	17	9
女房		20	14			12
ワイフ	17	10	4			6
フラウ		5				2
うち・うちの・うちのやつ	33	3	4		33	6
おかあさん・かあさん・おかあちゃん			4	8		3
妻（サイ）				4		1
無記入		5	4			3
被調査者（人）	6	40	28	25	6	105

表は、最下段の欄の被調査者を100として、それに対する％で示してある。100％以上になる箇所があるのは、1人で2つ以上の呼び方をしている回答者がいたため。

[出典] 渡辺友左「家族の呼びかた」（『言語生活』143号 筑摩書房、1963）をもとに作成

表4-3 おじ・おば・おい・めい

語 \ 意味特徴	親族姻族	傍系	3親等	尊属	男性
おじ	＋	＋	＋	＋	＋
おば	＋	＋	＋	＋	－
おい	＋	＋	＋	－	＋
めい	＋	＋	＋	－	－

一匹一匹の「犬」は個別的には異なるが、すべての「犬」には共通する特徴がある。そのような共通の意味、一般的な意味を「犬」の語彙的意味という。名詞・動詞・形容詞など、主に語彙的な意味を担う語を実質語(内容語)という。語彙的意味は指示的意味と呼ばれることもある。

一方、助詞・助動詞・接続詞などは、具体的な事物・事態を指すのではなく、実質語を組み合わせて文を構成する時に必要となる語である。こうした語は機能語と呼ばれ、機能語が表す意味を文法的意味という。文法的意味は機能語だけがもつものではなく、実質語が文の中で使われる時にももつものである。たとえば「よく遊び、よく学んだ」と「色々な遊びを楽しんだ」の「遊び」は、前者が動詞の連用中止形、後者が名詞という文法的な意味が異なる（図4-2）。

語は現場の状況や文脈により、特別な意味をもつことがある。それらを文脈的意味・場面的意味という。たとえば「空気」は「空気を読む」という文脈で「その場の雰囲気」を表す。「電

図4-2 日本語教育における意味の提示方法

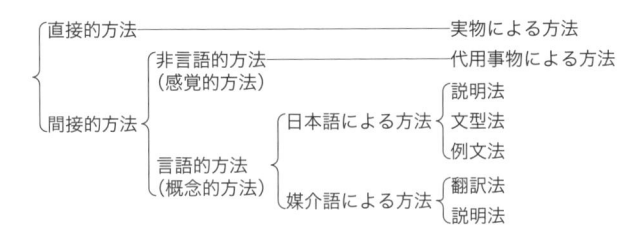

```
           ┌直接的方法─────────────実物による方法
           │        ┌非言語的方法─────────代用事物による方法
           │        │(感覚的方法)
間接的方法 ┤        │              ┌日本語による方法 ┌説明法
           │        │              │                 │文型法
           └        └言語的方法    │                 └例文法
                     (概念的方法) ┤
                                   │                 ┌翻訳法
                                   └媒介語による方法 ┤
                                                     └説明法
```

[出典] 国立国語研究所『日本語教育指導参考書13 語彙の研究と教育（下）』(大蔵省印刷局、1985) による

図4-3 コ・ソ・ア

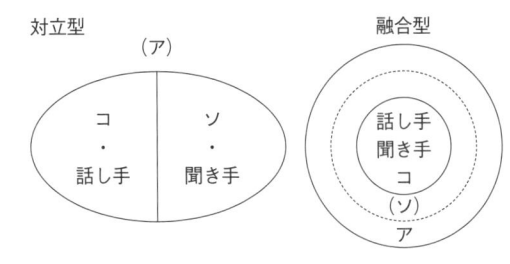

対立型
（ア）
コ・話し手 ｜ ソ・聞き手

融合型
話し手 聞き手 コ （ソ） ア

対立型は、話し手と聞き手がそれぞれの領域をもつ場合で、「コ」と「ソ」の対立が基本である。話し手は、自分の領域内の事物を「コ」で指し、聞き手の領域内の事物を「ソ」で指す。また両者のいずれの領域にも入らない事物を指す場合は「ア」を使用する。

融合型は、話し手と聞き手が一つの主体となり、領域を認識する場合で、「コ」と「ア」の対立が基本である。両者の領域内にあるものを「コ」で指し、両者の領域外にあるものを「ア」で指す。また「コ」と「ソ」の中間的な位置にある事物を指す場合は「ソ」を使用する。

話があったことをお伝え下さい」の「電話」は、物体としての「電話」ではなく、「電話での連絡」の意味である。

語の具体的な意味が発話者を含む場面・文脈に依存して決まる語がある。「私」「これ・ここ」「今・明日」などであり、これらは、ダイクシス（直示）と呼ばれる。人称代名詞や「こ・そ・あ」を伴う指示語によって表される事物・空間・状態や、相対的時間を表す名詞などのほか、「右・左・前・後ろ」など、話者の向いている方向が基準となるものもある（図4-3）。

さらに語には、文体的意味が備わり、話し手・書き手は、聞き手や場面などを意識して語を使い分ける。たとえば「太陽」と「お日様」は、語彙的意味は同じであるが、前者が一般的な語であるのに対し、後者は子ども向けの語である。このような文体的意味はレトリックやことばの位相とも深く関わるものである（表4-4）。

大人に対して「彼は子どもだ」という場合、「子ども」がもつ性質のうち「思慮に欠ける・自分勝手だ」という意味だけが使われている。あるいは「杉原千畝は日本のシンドラーだ」という場合は「シンドラー」という特定の人物がもつ特徴が示されている。このような語の意味を百科辞典的意味と呼ぶ。

一般に、語は複数の意味をもち、その中には中心的な意味（原義）と周辺的な意味（転義）がある。認知言語学では中心的な意味をプロトタイプ的意味といい、周辺的な意味はプロトタイプ的意味から派生する意味、すなわち派生的意味と呼ばれる（図4-4）。

図4-4 プロトタイプ

*プロトタイプ的な鳥とは、「スズメ」のような形状で、空を飛ぶ種類であり、「ペンギン」や「ダチョウ」ではない。
[出典] 谷口一美『学びのエクササイズ 認知言語学』（ひつじ書房、2006）をもとに作成

表4-4 文体的意味

例文	文体的特徴	文体的意味
日（ひ）が出た	和語による表現	書記言語・口頭言語、易しさ
太陽（たいよう）が出た	漢語による表現	書記言語・口頭言語、中立
お日様（ひさま）が出た	幼児語による表現	口頭言語、幼さ、幼児語
お天道さん（てんとさん）が出た	古い幼児語による表現	口頭言語、幼さ、老人語
日輪（にちりん）が出た	雅語による表現	書記言語、文学らしさ、気取り
火輪（かりん）が出た	古い雅語による表現	書記言語、古めかしさ、気取り
オヒサーガアガイヤ	鹿児島方言による表現	口頭言語、親しさ、素朴さ

[出典] 小池清治・河原修一『語彙探究法』（朝倉書店、2005）による

第2節　意味関係

1 意味関係と意味の体系

一つの語が表す意味は、他の語との関係の中で成立し、他の語と対立したり、隣接したり、包含関係にあったりする。たとえば「父」は、「母」と性別の点で対立し、「息子」とは世代という特徴で対立する。「父」と「母」は「親」という意味を二分するものであり、その中に含まれる関係にある。

このように、語はその意味関係において、他の語と体系をなしていると考えられる。語の体系には次のようなものがあり、これらをまとめて関連語と呼ぶ（図4-5, 4-6、表4-5）。

- 同義語（等質関係）
- 類義語（類似関係）
- 反義語・対照語（対義関係）
- 上位語・下位語（階層関係・包含関係）

2 同義語（等質関係）

「ごはん／ライス」「和食／日本食」「靴下／ソックス」「靴箱／下駄箱」のように、指示対象が同じで、いずれを用いても意味に違いが生じない等質関係にある語は同義語と呼ばれる。

だが、たとえば「ごはん」と「ライス」

図4-5 和語と漢語・外来語の包摂関係

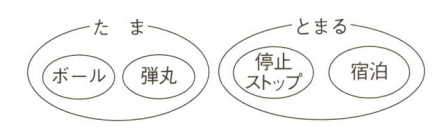

（た　ま）　　　　　（とまる）
ボール　弾丸　　　　停止／ストップ　宿泊

［出典］田中章夫「語彙研究の諸相」（北原保雄監修・斎藤倫明編『朝倉日本語講座4　語彙・意味』朝倉書店、2002）による

図4-6 きもの

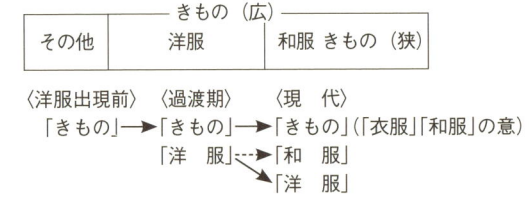

	きもの（広）	
その他	洋服	和服 きもの（狭）

〈洋服出現前〉　〈過渡期〉　〈現 代〉
「きもの」→「きもの」→「きもの」（「衣服」「和服」の意）
　　　　　「洋　服」⇢「和　服」
　　　　　　　　　　「洋　服」

［出典］国立国語研究所『日本語教育指導参考書13　語彙の研究と教育（下）』（大蔵省印刷局、1985）による

表4-5 文芸作品に見られる用例数

作品刊行年	バンド	ベルト
1901〜20	2	0
1921〜30	1	0
1931〜35	7	0
1936〜40	3	1
1941〜45	2	0
1946〜50	4	2
1951〜55	21	0
1956〜60	8	17
1961〜65	3	16
1966〜70	1	17
1971〜75	19	20
1976〜80	2	26
1981〜85	2	18
1986〜90	1	17

［出典］木下哲生「英語と意味のずれがある外来語」（飛田良文・佐藤武義編『現代日本語講座 第4巻 語彙』明治書院、2002）をもとに作成

という複数の語が実際にどちらも使用されている以上、両者には意味のどこかに違いがあるはずであり、完全な同義語はありえないという主張もある。

「ごはん」と「ライス」は、和食における場合か洋食における場合かという場面・文脈的な意味に違いがある。

「和食」と「日本食」については、原則として「和食」は「洋食」との対立において用いられる語であり、「日本食」は「フランス料理・イタリア料理・中華料理…」といった対立において用いられる語であって、両者は他の語との関係に違いがある（図4-7）。

こうした点を考えると、すべての語は他の語と何らかの意味的な違いがあり、完全な同義語は存在しない、といういうことになる。たとえ概念的な意味において違いはないとしても、それ以外の何らかの意味において異なりがあるということは、完全な同義語（等質関係）は存在せず、上のような関係の語は類義語（類似関係）だということになる。

3 類義語（類似関係）

「母／お母さん／ママ／お袋」「明日（みょうにち）／あす／あした」「辞典／辞書／字引」「話す／言う／述べる／語る」「きっと／必ず」のように、中核的な意味は同じであるが、何らかの違いがある語を類義語という。たとえば「母」は話し言葉においては話し手が自身の「母」について使用する語

図4-7 穀物を表す語彙

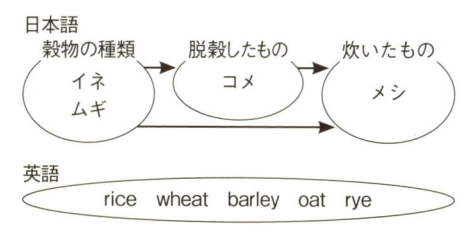

日本語
穀物の種類　　脱穀したもの　　炊いたもの
イネ　　　　　　コメ　　　　　　メシ
ムギ

英語
rice　wheat　barley　oat　rye

＊日本語では、田んぼで作られる穀物「イネ」は脱穀されると「コメ」、水を加えて炊くと「メシ」と呼ばれる。日本語の「コメ」の意味は「ムギ」との関係だけでなく、「イネ」「メシ」との関係も考えなければならない。英語では「イネ」「コメ」「メシ」はすべてriceであり、「ムギ」についてはwheat（コムギ）、barley（オオムギ）、oat（カラスムギ）、rye（ライムギ）に区別される。英語のwheatという単語の意味は、同じ穀物であるrice、barley、oat、ryeとの関係で決まる。

[出典] 町田健・籾山洋介『日本語教師トレーニングマニュアル③　よくわかる言語学入門』（バベル・プレス、1995）による

図4-8 「母」というようになる時期

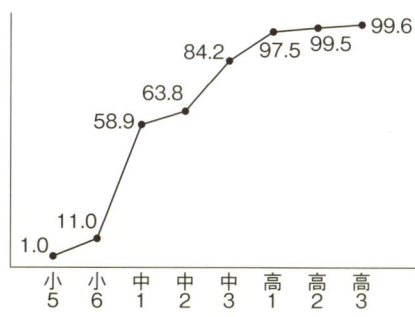

小5: 1.0
小6: 11.0
中1: 58.9
中2: 63.8
中3: 84.2
高1: 97.5
高2: 99.5
高3: 99.6

＊上図は、よその人に自分の母親のことをいうのに、「おかあさん」といわずに「母」というようになるのはいつか、ということを調べた結果である。この図は東京山の手の女子についてのものであるが、東京下町でもほぼ同様の結果が得られている。

[出典] 真田信治「社会言語学・方言学」（『改訂版　日本語要説』ひつじ書房、2009）による

であり、「お母さん」よりフォーマルな語でもある。「ママ」は子どもが使う語、「おふくろ」は成年男性が使用する語、というように、語の使用者のイメージを喚起させるものもある（図4-8）。「作る」に対する「作成する・建設する・調理する・縫製する」も類義語であり、これらは動きの対象によって異なる語が用いられる（表4-6）。

その他、「おはぎ」と「ぼたもち」のように、同じものを時期（春か秋か）によって使い分けるものや、「明日（みょうにち）」のように、文体に偏りがあるもの、古語か新語か（「無職」に対する「ニート」）、一般的な語か俗語か（「告げ口する」に対する「ちくる」）、あるいは雅語か（「さそう」に対する「い

ざなう」）、主に使用される地域の違い、すなわち標準語か方言か（「かぼちゃ」に対する「なんきん」）、など、さまざまなタイプの類義語がある。

4 反義語（対義関係）

共通の意味領域にあり、ある意味特徴において対立する関係にある語を対義語という。

語は複数の意味特徴の集まりだが、反義語はそのすべてで対立するのではなく、そのうちの一つの意味特徴において対立する。たとえば「父」は性別という点で「母」と対立し、「息子」とは世代という点で対立する。よって、反義語は類義語の一種だという考え方もある（図4-9, 表4-7）。

表4-6 飲食動詞

食べる	ご飯、パン、おかず、野菜、肉、魚、果物、菓子、かゆ、汁粉、アイスクリーム
飲む	水、ジュース、茶、コーヒー、酒、スープ、薬、氷水、生卵、スッポンの生血、たばこ、「バリュームを飲んで胃の検査をする」、「蛇が蛙をのむ」
すする	茶、スープ、かゆ、おもゆ、ミルク、味噌汁、アイスクリーム、（鼻汁）
しゃぶる	飴、水飴、氷砂糖、骨、梅干しの種
なめる	飴、杯の酒、「猫が体をなめる」、「猫が小猫をなめる」
噛む	チューインガム、するめ、「犬にかまれる」
吸う	味噌汁、たばこ、シンナー、阿片、空気、ガス、煙

［出典］森田良行『基礎日本語辞典』（角川書店、1989）による

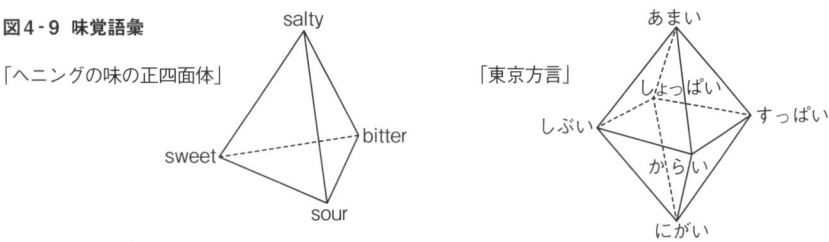

図4-9 味覚語彙

「ヘニングの味の正四面体」 （salty, bitter, sweet, sour）

「東京方言」 （あまい、しょっぱい、すっぱい、しぶい、からい、にがい）

［出典］左図は、国広哲弥『意味論の方法』（大修館書店、1982）、右図は、山田進「現代宮古方言味覚語彙考—東京方言との比較を中心に」（『沖縄文化』39号、1972）による

5 上位語・下位語（階層関係・包含関係）

「動物／ほ乳類／動物／犬／プードル」のように、ある語が別の語と含み含まれるという関係にある場合を、階層関係（包含関係）と呼び、含む語を上位語、含まれる語を下位語と呼ぶ。

上位語は、類概念・総称・集合体・全体を表し、下位語は種概念・個体・部分を表す（図4-10）。

たとえば、「鳥」に対する「スズメ／カラス／ツバメ／ハト」や、「金属」に対する「金／銀／銅／鉄／アルミニウム」、「学校」に対する「大学／高校／中学校／小学校」などがある。

「鳥」に対する下位語の「スズメ」と「カラス」、「作る」に対する下位語「作成する」と「建設する」は、同位語関係にあるといい、同位語どうしは類義語でもある。

「からだ」に対する「頭／首／胸／腹／手／足／指」や、「足」に対する「もも／ひざ／ふくらはぎ／かかと」は上位語・下位語の関係に似ているが、「頭」は「からだ」の一種ではなく一部を構成する部分である。このような関係を部分全体関係と呼ぶ。

表4-7 そば・となり・横

そば	○	○	基準	○	○
隣	×	○		○	×
横	○	○		○	○
そば	基準	○	○	△	△
隣		○	×	×	×
横		○	○	○	○

バスの最後列にAからEの五人が並んで座る場合。○は使える、×は使えない、△は使いにくい。

	そば	隣	横
方向性		△	
距離意識（遠近）	○	△	
間に他の物があるかどうか		○	

[出典] 中川秀太「場所の案内指示ー「〜のそば」「〜の隣」「〜の横」はどう違いますか」（中山緑朗、他『みんなの日本語事典』明治書院、2009）をもとに作成

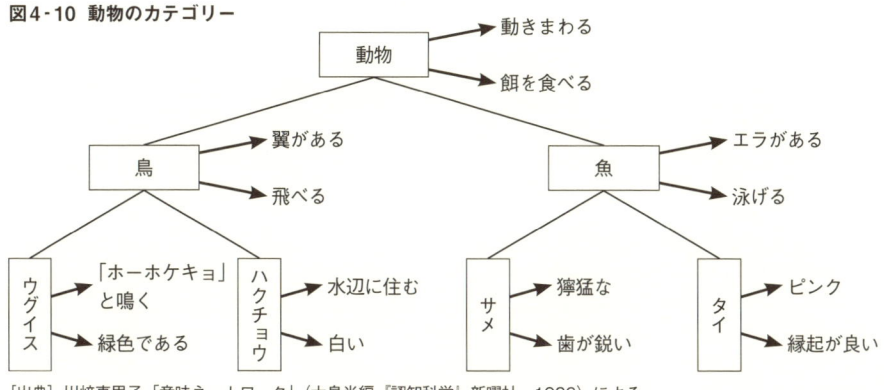

図4-10 動物のカテゴリー

```
          動物 ──→ 動きまわる
         ╱  ╲  ──→ 餌を食べる
        ╱    ╲
       鳥     魚
    ╱  │      │  ╲
 翼がある  エラがある
 飛べる   泳げる
   ╱ ╲      ╱ ╲
ウグイス ハクチョウ  サメ  タイ
│「ホーホケキョ」と鳴く │水辺に住む │獰猛な │ピンク
│緑色である         │白い    │歯が鋭い │縁起が良い
```

[出典] 川崎惠里子「意味ネットワーク」（大島尚編『認知科学』新曜社、1986）による

第3節 類義語

1 類義語とは

意味が類似している語どうしを類義語と呼ぶ。意味が類似している語は、入れ替えられる場合も多いが、入れ替えられない場合もあり、そこに類義語間の違いを見いだすことができる。

たとえば「こわす」と「くずす」は、形が整っている物体を変形させるという点で意味が似ており、「積木で作った城を｛こわす／くずす｝」のようにいずれも使用できる場合もある一方で、「おなかを｛○こわす／×くずす｝」「姿勢を｛×こわす／○くずす｝」のように、片方しか使えない場合もある。

また「お母さん」と「母」は、話し手以外の母親を指せるかという違いのほかに、「お母さん」は呼びかけとして使用できるが、「母」はできないという文法的・機能的な違いもある。

2 類義語の違い

このように、類義語には、どこかに違いが見いだされる。他にも次のような違いがある（図4-11～4-15）。

(1)語種による違い…和語・漢語・外来語・混種語という語種による類義語の違いは、類義語には最も多く見ら

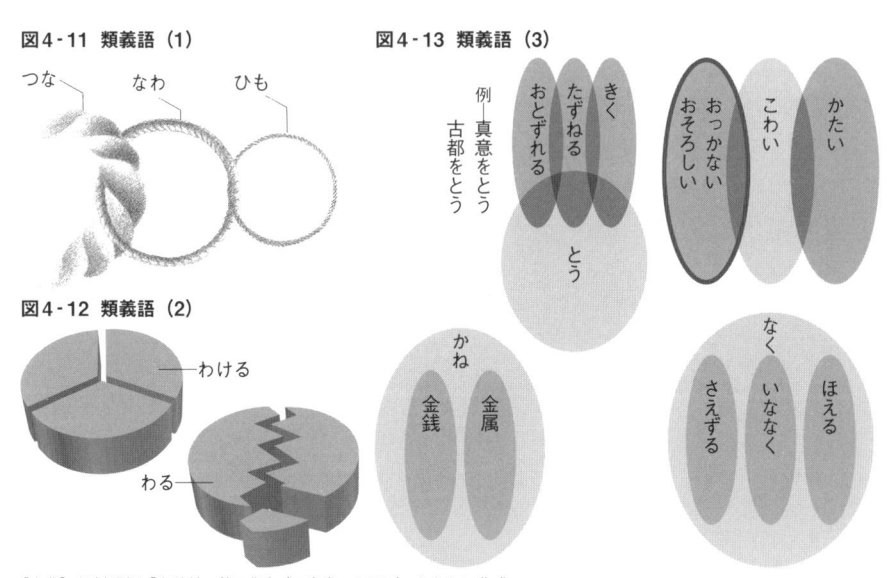

図4-11　類義語（1）

つな　なわ　ひも

図4-12　類義語（2）

わける
わる

図4-13　類義語（3）

例　真意をとう
　　古都をとう

おとずれる　たずねる　きく　とう

おっかない／おそろしい　こわい　かたい

かね　金銭　金属

なく　さえずる　いななく　ほえる

[出典] 松村明編『大辞林　第三版』（三省堂、2006）をもとに作成

れるタイプである。一般に和語は話し言葉的・日常的であり、漢語は改まった表現、外来語は新しい表現、おしゃれな表現というニュアンスの違いがある。
- 靴下／ソックス
- 自家用車／マイカー
- お昼ご飯／昼食／ランチ
- 手紙／書簡／レター

(2)時代による違い…語種の変化とも関わるが、時代の変遷により、同じ事物を指す語が異なることがある。
- さじ／スプーン
- 電子メール／Eメール
- 厨／台所／キッチン

(3)地域による違い（方言）
- かぼちゃ／なんきん
- はしる／とぶ／はねる
- ありがとう／おーきに

(4)文体による違い
- 本／書籍
- うち／いえ／すまい
- ごめん／すみません／申し訳ございません

(5)専門用語かどうかの違い
- 虫垂炎／盲腸炎
- 血／血液
- 論文／ペーパー

図4-14 「ウチ／イエ（家）」の分布

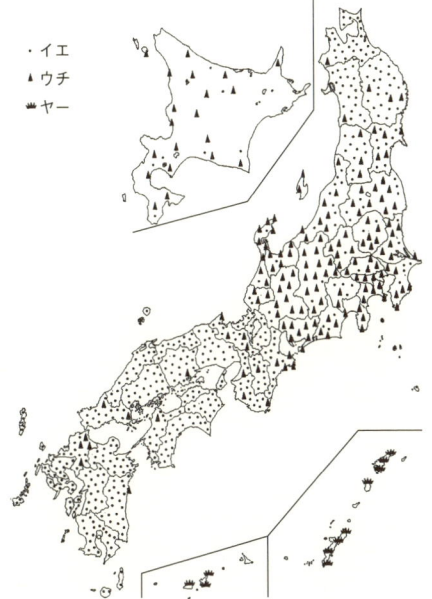

- イエ
- ウチ
- ヤー

図4-15 「イル／オル（居）」の分布

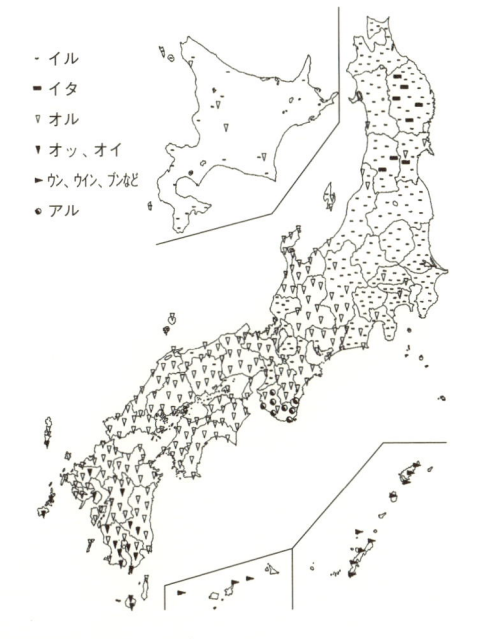

- イル
- イタ
- オル
- オッ、オイ
- ウン、ウイン、ブンなど
- アル

[出典] 徳川宗賢編『日本の方言地図』（中央公論社、1979）による

第4節　反義語・対照語

1　反義語とは

「大きい／小さい」「上／下」「開ける／閉める」のような語を反義語（反対語）と呼ぶ。反義語は、意味が逆のことばであるが、語のもつ意味特徴のすべてにおいて逆なのではなく、そのうちの一つが逆であると考えられる。

たとえば「父」は＜男性＞＜一世代上＞＜直系＞という意味特徴の束であると考えると、その逆は＜女性＞＜一世代下＞＜傍系＞という意味特徴の束となり、それは「姪」を指すことになってしまう。だが「父」と「姪」が反対語であるというのは、おそらく日本語の直感に反するだろう。「父」の反義語は、「男性」を逆にした場合の「母」か、「一世代上」を逆にした「息子」が一般的である。

2　反義語と対照語

反義語は基本的に二語の関係であるが、対照語は三語以上の関係であり、名詞に多い（図4-16, 4-17）。

たとえば方位を表す「東・西・南・北」、季節を表す「春・夏・秋・冬」曜日を表す「月曜日・火曜日・水曜日・木曜日・金曜日・土曜日・日曜日」、

図4-16　反義語・対照語（1）
語と語の間の意味の対立は安定したものではなく、観点によって、さまざまな対立が生じてくることも少なくない。①は「やま」を中心につぎつぎに浮かび上がってくる語彙の結びつきの様子を示したものであり、②は「たつ」を中心に展開される反義語の結びつきを示したものである。さらに、③の「ゆく」をめぐる反義語の結びつきのように、複雑なものもある。

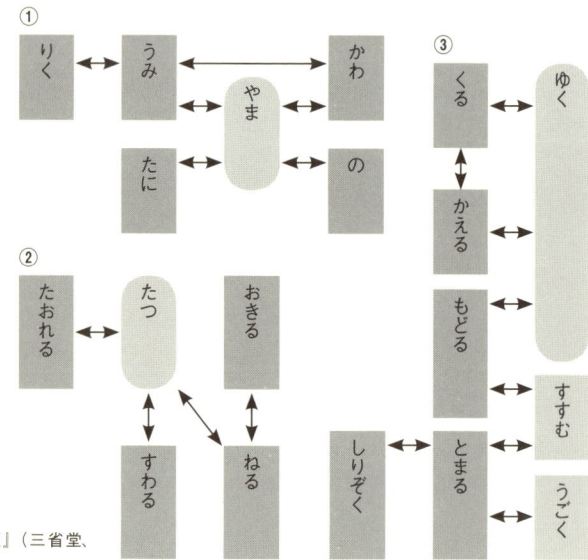

[出典] 松村明編『大辞林　第三版』（三省堂、2006）をもとに作成

感情を表す「喜・怒・哀・楽」などには、対照語の関係がある。

3 形容詞の反義語

形容詞には反義語をもつものが多い。ある基準について、その程度が逆になることを表すペアがあり、両極にある語の間には無限の中間段階が連続的に存在する。

- 高い／安い（値段）
- 高い／低い（高度）
- 暑い／寒い（気温）
- 熱い／冷たい（物質）
- 重い／軽い（重量）
- 遠い／近い（距離）
- 多い／少ない（数量）
- 広い／狭い（面積）

「あつい／さむい」は気温の高低の程度が甚だしく不快であることを表すのに対し、「あたたかい／すずしい」はその程度が穏やかで快適であることを示す。「熱い／冷たい」にも「温かい／ぬるい」という、程度がそれほど甚だしくない段階がある。「あつい」には「暑い・熱い」のほかに「厚い」があり、その反義語は「薄い」である。このように「あつい」は多義語であり、表記において異なる漢字が使われ、反義語もそれぞれ異なる。一方で「早い／遅い（時間）」と「速い／遅い（スピード）」のように、片方の表記のみが異なる場合もある。また「忙しい／暇だ」「きれいだ／きたない」のように、形容詞と形容動詞のペアもある。

図 4-17 反義語・対照語（2）

①のように一対多の対立によるもの、あるいは②のように複数の語のセット同士が対立しあうものなどもある。複雑なものでは③のように、広い意味をもつ語と狭い意味をもつ語とのセットが、互いに対立するものや、④⑤のように、大きな対立の中に、小さな対立を含むものなどもある。

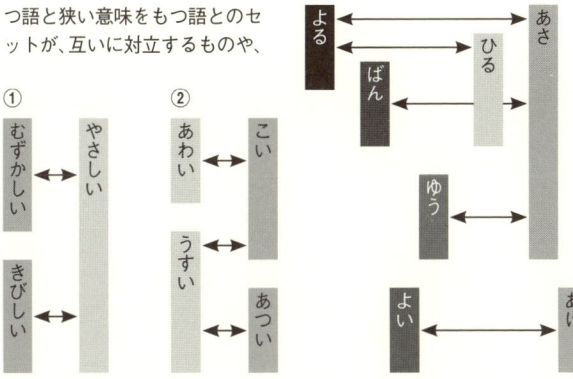

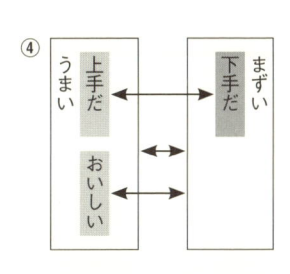

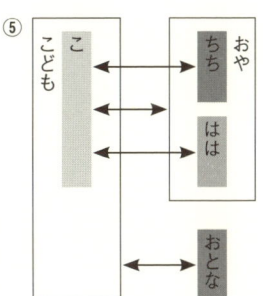

① むずかしい ↔ やさしい
　 きびしい

② あわい ↔ こい
　 うすい ↔ あつい

③ よる ↔ あさ
　 ばん　ひる
　　　　ゆう
　　よい ↔ あけ

④ 上手だ（うまい）↔ 下手だ（まずい）
　 おいしい

⑤ こども ↔ おや（ちち）
　　　　　　 はは
　　　　　　 おとな

[出典] 松村明編『大辞林 第三版』（三省堂、2006）をもとに作成

4 名詞の反義語

名詞にも反義語をもつものがあるが、すべての名詞に反義語があるわけではない。名詞の反義語には次のような人間関係における反義語と、方向・位置関係における反義語が多く見られる。

- 夫／妻
- 親／子
- 男／女
- 上／下
- 右／左
- 前／後ろ

「夫／妻」「親／子」は互いに一方を前提として存在する。「男／女」は相補的関係にあり、一方でなければ他方であるという関係にある。「上／下」「右／左」「前／後ろ」はある基準点に基づく方向性の違いである。

また、「海／山」「山／川」のように、意味特徴の対立ではないが、慣用的に相互に対立するものと認識される関係にある語がある。

基本的な色彩語「赤・青・白・黒」の四語にも、「赤・青」「赤・白」、また「赤・黒」「白・青」などという対立が成立し、また「白」に対しては「紅」もある。これらは「対照語」あるいは「非両立関係」と呼ばれる語群である。成績を表す「優・良・可・不可」、一日の中の時間的区分けを表す「朝・夕」「朝・晩」または「朝・昼・晩」、自衛隊を区分する「陸・海・空」、単なる植物ではなく物事のランク付けを表す「松・竹・梅」などもある（図4-18）。

図4-18 えび・かに

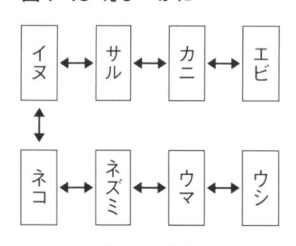

イヌ ↔ サル ↔ カニ ↔ エビ
↕
ネコ ↔ ネズミ ↔ ウマ ↔ ウシ

[出典] 玉村文郎「現代日本語の意味構造」（飛田良文・佐藤武義編『現代日本語講座 第4巻 語彙』明治書院、2002）による

図4-19 着脱動詞

ぼうしをかぶる → → ぼうしをとる
マフラーを巻く → → マフラー・手袋をとる・はずす
上着を着る →
手袋をする →
　　　　　　　　　　→ 上着・靴を脱ぐ
靴を履く →

5 動詞の反義語

動詞の場合もすべてに反義語があるわけではないが、動詞の反義語の典型的な例は方向性をもつ移動動詞である。
- 上がる・上げる／下がる・下げる
- 上る（登る）／下る
- 進む／退く　・入る／出る

また、同じ動きを異なる視点（主語）で描く組み合わせの動詞もある。
- 勝つ／負ける　・売る／買う
- 行く／来る　・預ける／預かる
- あげる・くれる／もらう

動詞「ある」の反義語は形容詞の「ない」であり、「異なる・違う」に「同じ・等しい」が対応するなど、状態性の動詞に形容詞が対応することがある。

6 反義関係の非対称性

日本語には、英語の形容詞「new／old」と対応する「新しい／古い」はあるが、「young(若い)」と対応する「old」に相当する形容詞がなく、「年を取った／老けた」のような表現を用いなければならない。このように反義関係にある単語が欠けていて、語彙体系に穴があいている場合がある（図4-19）。「大波／小波」「大ビン／小ビン」はあるが、「大地震」「大問題」に対して「小地震」「小問題」は存在しない。また、社会的・歴史的な背景により、「女医・女生徒・悪女」のように対応する対義語「男医・男生徒・悪男」が存在しない語彙もある（表4-8）。

表4-8 対義語

	雑90種	中教科	高教科
大きい	.939	4.963	2.342
小さい	.363	.698	.458
長い	.383	.964	1.576
短い	.094	.121	.118
高い	.395	2.003	1.289
低い	.135	.478	.405
安い	.345	.630	.364
深い	.317	.486	.459
浅い	.030	.046	.065
多い	.994	3.104	1.576
少ない	.374	.962	.424
新しい	.406	1.153	.726
古い	.194	.212	.159
太い	.041	.068	.004
細い	.114	.152	.056
遠い	.187	.228	.044
近い	.251	.516	.274

補注：「雑誌90」「中教科」「高教科」は、それぞれ国立国語研究所による「雑誌90種」「中学教科書（社会・理科）」「高校教科書（社会・理科）」の調査結果。数値は、調査対象における使用率（その語の使用度数を全延べ語数で割ったもの）をパーミル‰で表示。1の位の0は省略。

＊対義語のペアはどちらも同じように使われているわけではなく、「大きい」と「小さい」なら「大きい」の方が、「長い」と「短い」なら「長い」の方がより多く使われている。一般に、程度が大きいことを表す単語の方が多く使われていて、偏りがある。「新しい・細い・近い」の方が多く使われていることは、われわれが「古い・太い・遠い」よりも「新しい・細い・近い」方に価値を認めたり注意を注いだりすることが多いためと考えられる。

[出典] 村木新次郎「意味の体系」（北原保雄監修・斎藤倫明編『朝倉日本語講座4　語彙・意味』朝倉書店、2002）による

第5節　多義語

1　多義語とは

　多義語とは、同一の形式に、意味的に関連をもつ二つ以上の意味が結びついている語を指す（図4-20）。

　たとえば「手」という語は多義語であり、人間の体の一部を指すのが最も基本的な意味であるが（手を挙げる、手をたたく）、方法（手がない）、労働者（手が足りない）、方向（行く手）、能力（手にあまる）、策略（次の手）など、さまざまな意味をもつ。それは身体部位である「手」が多くの役割・機能を果たすことから生じたと考えられる（図4-21）。

　一般的に、基本的な語ほど多様に使われ、多義語になりやすい。

2　同音異義語と多義語

　多義語とよく似たものに同音異義語がある。同音異義語とは、同一の形式に、意味的に関連をもたない二つ以上の意味が結びついている語を指す。たとえば、「橋／端／箸」、「髪／紙」、「川／革」「熱い／厚い」「練る／寝る」「切る／着る」は辞書でも別項目として立てられる同音異義語であり、アクセントが異なれば、厳密には形式も異なることになる。

　同音異義語が多く見られるのは漢語である。

- カンショウ：感傷・干渉・観賞・鑑賞・緩衝・完勝・観照

　和語の場合は同訓異字と呼ばれる。

図4-20 「とまる」の多義体系図

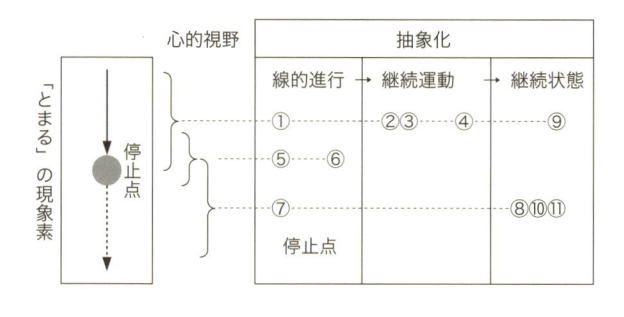

	心的視野	抽象化		
		線的進行 →	継続運動 →	継続状態
「とまる」の現象素　停止点		①	②③　④	⑨
		⑤　⑥		
		⑦		⑧⑩⑪
		停止点		

①電車が駅にとまった／行進は交差点でとまった。
②血がとまった／水道がとまった。
③モーターがとまった／時計がとまった。
④息がとまった／心臓がとまった／わらいがとまらない。
⑤船が港にとまっている。
⑥鳥が木にとまった／かくれんぼするもの、この指とまれ。
⑦ホテルにとまる。
⑧札は釘でとまっている。
⑨痛みがとまらない。
⑩面白い本が目にとまった／美しい曲が耳にとまった／心にとまった逸話。
⑪彼女は美貌を鼻にかけてお高くとまっている。

［出典］国広哲弥『日本語の多義動詞―理想の国語辞典Ⅱ』（大修館書店、2006）による

図 4-21　手の多義構造

「手」の多義構造

物を覆い掴む機能を有し、生物の前肢の末端部分に位置し、指と呼ばれる5本ないしは複数の細長い突起を有する器官

＜機能的派生＞

把握・操作機能を持ったもの

- 行為
  - 作業……手がかかる／手塩にかける／手を焼く／手入れ／手早い
  - 準備……手配する／手ごしらえ
  - 執筆……手書き／手紙／手帳
  - 創作……手作り／手編み／手焼き
  - 修正……手を入れる／手直し
  - 調子……手拍子／合いの手
  - 武力……手を出す／手をあげる／先手必勝／手にかける
    - 被害……手傷／深手を負う／手負いの熊／痛手
  - 労力……人手／働き手／話し手／猫の手も借りたい／手を抜く
- 把握
  - 所有……手付け金／手取り／手持ち／手に入れる／手が届く
  - 管理……手がかかる／手が離れる
  - 領域……手元
    - 規模…手広い／手狭／手乗りインコ／手頃な大きさ
  - 関係……手が早い／奥手／手を切る／手をつける／手を出す
  - 協力……手を結ぶ／手を組む
  - 支配……手なづける／手下／手馴れる
  - 抑止……把っ手／手提げ袋／手すり
  - 感覚……手触り／手応え／手痛い／手強い／手当たり次第
  - 認識……この手のもの／手触り
- 手段
  - 能力……お手上げ／手に負えない／手づまり／手にあまる
  - 技術……手つき／手ぎわ／手口／手さばき／お手並み／手始め
  - 対処……手を打つ／手だて／手を尽くす／手続き
  - 態度……下手に出る／手荒い／派手にやる／手ぬるい／手心
  - 策略……次の手／手の内／奥の手／その手はくわない／手練手管
  - 救済……手伝う／手助け／手当て／手を貸す／手をさしのべる

＜形態的派生＞

形態・位置的に類似するもの

- 形態……熊手／孫の手／手羽先　　　　　── メトニミー的意味拡張
- 位置──全体……袖に手を通す／手を挙げる　……… メタファー的意味拡張
  - 部分……手をたたく／手袋／手相／手のひら
  - 方向……手信号／火の手／手分け／右手・左手／山の手／二手に分かれる

［出典］松中完二「現代の多義語の構造」（『現代日本語講座 第4巻 語彙』明治書院、2002）をもとに作成

- あう：会う・合う・逢う・遭う・遇う

しかし、同音異義語であるか多義語であるのかは、同一の形式がもつ複数の意味に、関連があるかないかの違いであり、曖昧な点もある。

3 多義語の発生過程

多義語の発生には、語の用法の拡大・拡張、用法の縮小、歴史的な理由、また変化に対する俗解（民間語源）によるものなど、さまざまな理由や過程が考えられる（表4-9,4-10）。中でも注目されるのは、比喩（メタファー、メトニミー、シネクドキ）を媒介とした多義語化の過程である（表4-11～4-13）。

●メタファーによる多義語

2つのものの類似性を利用した比喩をメタファー（隠喩）と呼ぶ。

たとえば「耳」は生物の聴覚器官であるが、顔の両端に付いているという外形的な特徴から、「パンの耳・布の耳・なべの耳・針の耳」のように、物体の両端に位置する部分を指す場合にも使われる。その結果、「耳」は意味が拡大し、多義語化する。

●メトニミーによる多義語

2つのものの近接関係・隣接関係に基づく比喩をメトニミー（換喩）と呼び、メトニミーによって語が多義語となることがある。

たとえば、人間の体の一部である

表4-9 「smart」と「スマート」

		smart	スマート	外来語の初出例の年代
人間に使われた場合	①頭の切れる、賢い	○	○	1948
	②服装など外見が洗練されている	○	○	1948
	③動作が機敏でかっこいい	○	○	1960
	④傷の痛みなどが鋭い	○	×	
	⑤体型が細い、太っていない	×	○	1939
物に使われた場合	⑥外見が洗練されている	○	○	1951
	⑦コンピューターで操縦されている	○	○	1972

［出典］木下哲生「英語と意味のずれがある外来語」（飛田良文・佐藤武義編『現代日本語講座　第4巻　語彙』明治書院、2002）をもとに作成

表4-10 「おもい」

物理的	目方	石、鉄、バーベル
	動き	機械の回転、車両の牽引
肉体的	動き、動作	腰、口
生理的	圧迫感	頭、まぶた
	刺激	音、音色
	程度	病気
精神的	動作	足どり
	圧迫感	心、気分、気
	程度	責任、任務

［出典］森田良行『基礎日本語辞典』（角川書店、1989）による

「手」は、「手が足りない」「話し手」においては「（ある行為をする）人」の意味を表すようになる。「夏目漱石を読む」の「夏目漱石」が「夏目漱石の作品」を表したり、「風呂をわかす」が「風呂の水を湧かす」ことを意味したりするのも、文脈と一般的な知識を背景にして語の用法が拡大し、多義語化したものである。こうした拡大を支えているのが、メトニミーという比喩であると考えられている。

・・・・・・・・・・・・・・・・・・・・・・・・・・・・

表4-11　語義のメタファーリンク

Ⅰ．頭：［身体部位としてのかしら、こうべ］

Ⅱ．頭：［あたまに似たもの］
　〈物理的位置〉：物の上部、てっぺん［くぎの―］
　〈社会的位置〉：上に立つ人、首脳、かしら
　　　　　　　　［―＝頭（おかしら）に従う］
　〈量的位置〉：うわまえ［売上げの―をはねる］
　〈抽象的位置〉：最初［―から相手にしない／しかりとばす］

表4-12　慣用的なメトニミーリンク

［容器―中身］のリンク	：ドンブリをたいらげる。
［主体―付属物］のリンク	：赤帽が荷物を運ぶ。
［主体―手段］のリンク	：白バイがやって来る。
［作者―作品］のリンク	：鷗外を読む。
［材料―製品］のリンク	：アルコールを飲む。

［出典］山梨正明「第9章　認知言語学」（『日本語要説』ひつじ書房、1993）をもとに作成

● シネクドキによる多義語

「花見」の「花」は、ひまわりやチューリップを指さず、桜を指す。「飲みに行く」の場合、飲むのはコーヒーやジュースではなく、酒類である。このように、全体と部分という近接関係に基づいた比喩をシネクドキ（提喩）と呼ぶ。シネクドキによって「花」には「桜」、「飲む」には「酒類を飲む」という意味が加わることになる。

「花」や「飲む」は全体を表す語によってそれが表す意味の一部を表す例であるが、逆に一部を表す語が全体を表す場合もある。たとえば「ホチキス」「バンドエイド」「宅急便」は特定の会社の製品やサービス名であるが、類似の商品全体に対しても用いられる。

・・・・・・・・・・・・・・・・・・・・・・・・・・・・

表4-13　シネクドキのタイプ

［類から種への意味の転用］
　タマゴ買ってきて。
　Aさんは親戚の方に不幸があったそうだ。
　Bさんはおめでただそうだ。
　頭に白いものが目立ってきた。
　熱がありますので、休ませていただきます。
　ゴールまでにはまだ距離がある。
　明日天気になるといいね。
［種から類への意味の転用］
　ちょっとお茶飲みに行かない？
　人はパンのみにて生きるにあらず。
　知らせを聞いて飛んで来ました。

［出典］籾山洋介『認知意味論のしくみ』（研究社、2002）をもとに作成

第4章　語と意味関係

第5章 ことばの変化

第1節　意味変化

1　意味変化と多義語

語の意味は歴史的に変化しないものもあるが、本来の意味から派生して別の意味を生じることもある。これを「意味変化」という。

意味が変化した結果、新しい意味だけで用いられることもあるが、古くからの意味に加えて、新しい意味でも用いられると、語の意味が広がり多義語となる（図5-1, 5-2）。

2　なぜ意味変化が起こるか

「うまい」は〈美味である〉という味覚を表す語であるが、これが「歌がうまい」「うまい具合に」というように用いられるのは、味覚に関しての満足感が別の対象に向けられたことによ

■語史と語彙史

語の歴史（語史）を個別に記述する場合、語は音声形式と意味との結合したものであるから、音声面、すなわち語の形態に即して、その語形がどのように変化してきたかを考察する立場と、ある語の意味がどのように変化したかを考察する立場がある。さらに、ある意味を表すことばとして、歴史的にどのような語が用いられたかを考察する立場もある。

また、語彙史では、ある意味分野にはどのような語彙があり、それが歴史的にどのように変化してきたか、それぞれの時代にどのような特徴があるかということなどを扱う。

■意味変化の一要因

意味は使用範囲の拡大（縮小）による場合のほかにもさまざまなケースが考えられる。

たとえば、「おおげさ（大袈裟）」が〈誇張しているさま〉の意となるのは「おおけなし（おほけなし）」の語幹「おおけ」に接尾語「さ」が付いたものに由来する。「おおけなし」は〈身分・能力などから見て、態度や振る舞いが出過ぎているさま〉を表し、この「おおけなさ」と「おおきさ（大袈裟）」との音や意味の類似によって「大袈裟な」が生じたのであろう。

このように、同音・類音の語や、意味が類似している語を介在させる場合にも意味の変化が起こりやすい。

■語義の「ゆれ」

文化庁では2008年3月に「国語に関する世論調査」を実施し、1975名から回答を得た。その中に「ことばの意味」に関する項目があり、「さわり」「煮詰まる」「憮然」などのことばを取りあげている。

本来の意味は、「さわり」は（ア）、「煮詰まる」は（イ）、「憮然」は（ア）である。

図5-2（84頁下段）を見ると、「煮詰まる」は年輩者に比べると、若い世代では本来の意味とは別の意味で解釈されていることがわかる。これは「煮詰まる」という語の意味が変化する兆しを示していると言える。

る。つまり〈味がうまい〉から〈歌がうまい〉〈事態がうまい〉というように、〈うまい〉と感じる対象を広げて用いることが定着し、それによって、〈上手だ〉〈都合がいい〉という意味でも用いられて、多義化することになる。その使用範囲が本来の領域を逸脱して拡大（もしくは縮小）する際に意味変化が生じると言える。

　ただ、意味が拡大したという意識はその当初において明確にあるわけではなく、使える範囲が広がったというだけである。しかし、同じような意味で、「上手だ」「好都合だ」など別の語が出現すると、対となる類義関係の語との間で、同一の語の内部で意味用法との異同が意識され、別の意味で用いるという自覚が生じることになる。

　また、「おいしい」ということばが新語として使われだすと、「うまい」との関係で「おいしい」が上品で丁寧なことばであると感じられるようになり、主として女性が用いることになった。すなわち、対となる存在によって初めて、ことばの意味が限定されてくるという性質をもっているのである。概念的な意味だけではなく、語感やニュアンスなども意味の変化には含まれる。

3　意味変化のパターン

　意味変化の主な類型を次に示す。
①転移（ある事物に関して、その内在的性質や関係の及んだ事物などの意に転じて用いられる）
　「手」〈手に持つもの〉→〈手札〉
　　〈手で書いたもの〉→〈筆跡・書風〉
②意味の類似（比喩的転用）
(1)形態の類似

図5-1「さわり」「煮詰まる」「憮然」　　　　　　　　　　　　　　　総数（1,795）

	（ア）話などの要点のこと	（イ）話などの最初の部分のこと	アとイの両方	分からない
さわり	35.1	55.0	2.7	7.0

ア、イとは全く別の意味 0.2

	（ア）（議論が行き詰まってしまって）結論が出せない状態になること	（イ）（議論や意見が十分に出尽くして）結論の出る状態になること	アとイの両方	分からない
煮詰まる	37.3	56.7	1.2	4.6

ア、イとは全く別の意味 0.2

	（ア）失望してぼんやりとしている様子	（イ）腹を立てている様子	アとイの両方	分からない
憮然	17.1	70.8	2.0	9.5

ア、イとは全く別の意味 0.7

[出典]『平成19年度国語に関する世論調査』（文化庁、2008）をもとに作成

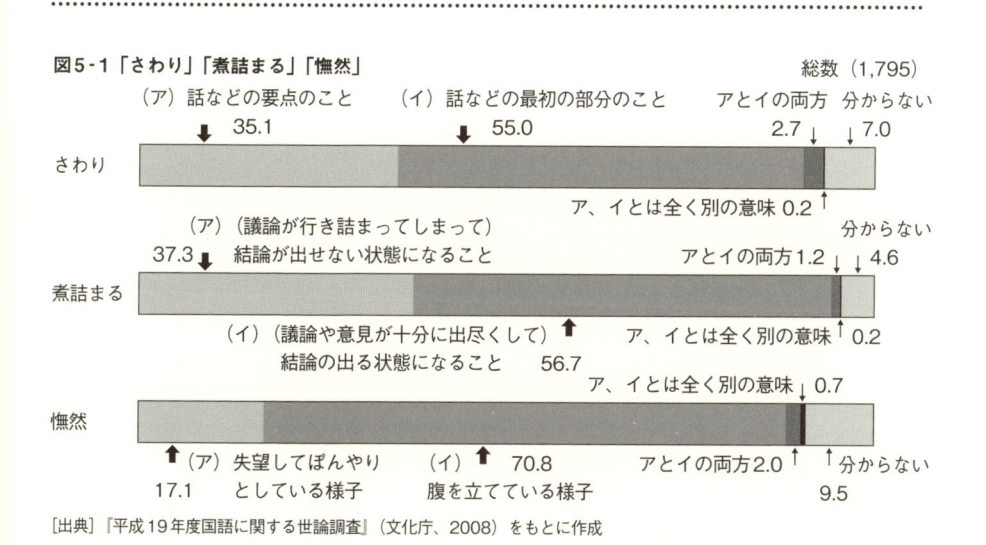

「目」〈光の刺激を受ける感覚器官〉→〈点状のもの〉「さいころの目」、〈縦横の線で囲まれた部分〉「網の目」

(2)状況の類似

「太刀打ち」〈太刀で打ち合って戦う意〉→〈正面から立ち向かう意〉

(3)機能の類似

「足」〈歩行や身体を支えるのに用いる身体部位〉→〈交通手段〉「足の便」

③意味の近接性（換喩的転用）

「芝居」〈芝の生えている所〉→〈芸能などの見物席〉→〈演劇・演技〉

④拡大的転用

(1)一般化

「一点張り」〈賭博で、同じ所ばかりに賭ける意〉→〈一事に没頭する意〉

(2)一部で全体を表す

「頭（あたま）」〈前頭部中央の骨と骨のすきま、ひよめき〉→〈頭頂、頭部全体〉

(3)種概念で類概念を表す

「玄関」〈玄妙な道に入る関門の意〉〈(禅寺で)寺の門〉→〈家屋の入り口〉

⑤縮小的転用

(1)特殊化

「紅一点」〈多くのものの中で異彩を放つもの〉→〈大勢の男性の中に混じっているただ一人の女性〉

(2)全体で一部を表す

「さかな」〈酒を飲む時に食べる魚貝・肉類などのおかず〉→〈食用の魚〉

(3)類概念で種概念を表す

「はな」〈花一般〉→〈桜〉

図5-2「煮詰まる」の年齢別表

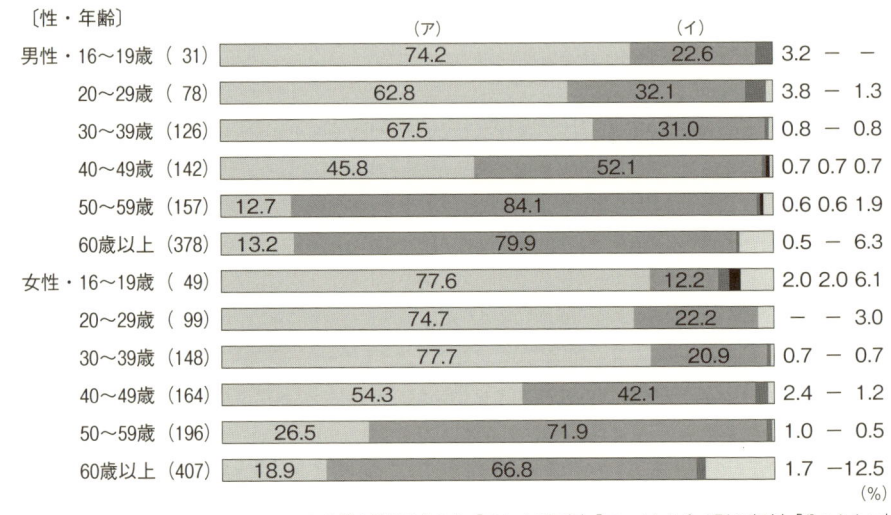

[性・年齢]	(ア)	(イ)	アとイの両方	ア、イとは全く別の意味	分からない
男性・16〜19歳（31）	74.2	22.6	3.2	—	—
20〜29歳（78）	62.8	32.1	3.8	—	1.3
30〜39歳（126）	67.5	31.0	0.8	—	0.8
40〜49歳（142）	45.8	52.1	0.7	0.7	0.7
50〜59歳（157）	12.7	84.1	0.6	0.6	1.9
60歳以上（378）	13.2	79.9	0.5	—	6.3
女性・16〜19歳（49）	77.6	12.2	2.0	2.0	6.1
20〜29歳（99）	74.7	22.2	—	—	3.0
30〜39歳（148）	77.7	20.9	0.7	—	0.7
40〜49歳（164）	54.3	42.1	2.4	—	1.2
50〜59歳（196）	26.5	71.9	1.0	—	0.5
60歳以上（407）	18.9	66.8	1.7	—	12.5

(％)

※右側の数値は左から「アとイの両方」「ア、イとは全く別の意味」「分からない」

[出典]『平成19年度国語に関する世論調査』（文化庁、2008）をもとに作成

「榊」(「栄木」の意)〈神事などに用いる常緑樹〉→〈ツバキ科の木の名〉

⑥評価のプラス・マイナス
「乙」〈邦楽で、低く静かな調子の意〉→〈通常とは異なるさま〉→〈奇妙だ〉(江戸時代:マイナス評価)→〈変わっていて気がきいているさま〉(近代:プラス評価)「乙な味」
「しあわせ」〈めぐりあわせ、なりゆき〉(よい、悪い、いずれの場合にも用いる)→〈よいめぐりあわせ(18世紀以降)〉(評価の固定化)

⑦意味の下落
「きみ」〈天皇、またお仕えする主人〉→〈貴人を指す呼称〉→〈同輩以下に対する二人称代名詞〉(奈良時代は女性から男性を呼ぶ場合にも用いられ、平安時代以降は親愛の気持ちを込めて用いられた)

⑧指示物の進歩的交替
「くるま」〈車輪を取り付けた運搬具〉→〈牛車＞人力車＞自動車〉

⑨他の語義との混同
「お仕着せ」〈時候に合わせて主人が奉公人に与える衣服〉→「押し着せ」との混同→〈一方的に決められる意〉
「ちがう」〈交差する意〉→(「たがふ」との語形上の類似)→〈違う意〉

意味・語形ともに変化した語も少なくない。「ひがし」は「日向風」が語源で、語形ではヒムカシ＞ヒンガシ＞ヒガシと変化し、語義では東風の意から東の方角を表すようになった。

■「かわいい」と「かわいそう」
・「かわいい」の語源
〈顔が赤らむようだ〉〈恥ずかしい〉という意を表す「顔映ゆし」からカハハユシを経て、カハユイが生じた。
かはゆくし難く思へども、(今昔物語集・26・5)
・「かわいい」の意味変化
〈恥ずかしくて、まもとに見ていられない〉の意から、鎌倉時代に〈かわいそうだ〉〈気の毒だ〉の意に変化した。さらに、室町時代には弱者や小さな者をいじらしく思う気持ちから〈愛らしい〉の意も生じた。
・「かわゆい」「かわいい」
カハユイ(文語形カハユシ)からカワユイを経て、室町時代にカワイイと変化した。カワユイ・カワイイは江戸時代でも上記の意で用いられたが、カワイ・カアイ、またカアイイなどいう形でも用いられた。
・「かわいらしい」の派生
江戸時代前期には、〈愛らしい〉の意で、接尾語ラシイが付いたカワユラシイ・カワイラシイという形も生じた。
ひとつは物越程可愛はなし(好色一代女 一・国主の艶妄)
・「かわいそう」の派生
この形容詞語幹カアイもしくはカワイに、接尾語ソウが付いたカアイソウ・カワイソウが〈気の毒だ〉の意で18世紀頃から用いられるようになった。
かあひそうに、又おれほどの謡もない(軽口頓作)
・「可哀そう」の表記
カアイソウ(カワイソウ)は、江戸時代後期には広く用いられるようになり、「可哀そう」「可哀想」などの当て字も用いられた。
可哀さうなものはあの婆さんさ。(浮世風呂 二・下)
・「可愛い」の表記
カワイソウの「可哀そう」に対して、カワイイ・カアイイには「可愛い」という当て字が次第に定着していった。
可愛可愛と引きよせて(歌舞伎・鳴神)
カワソウとカワイイは意味が分化し、表記も異なるようになったため、別語という意識が定着するようになった。

第2節　語形変化

1 語形変化とその要因

　語のかたちが時代の移り変わりとともに、変化していくことがある。それには、発音上の負担を軽減させたり、前代とは違う語形が好まれたり、また、他の語、特に意味の類似した語との関係で類推や異化などの作用が働いたり、さまざまな要因が考えられる。

　たとえば、「あらたし（新）」は「あたらし（可惜）」と混同されて、アラタシ＞アタラシ（新）というように語形が変わり、また、「しのふ（偲）」は「シノブ（忍）」と混同されて、シノフ＞シノブというように、濁音化したものである。

　また、語源意識に影響されて、アヲニヒセ（青新背）＞アオニサイ（青二歳）となったり、「おほけなさ＞おおげさな」などと変化したりすることもあった。

　多くは主として、ある単音（もしくは音素）が隣接する単音（もしくは音素）に変化したり、脱落・添加したりして起こる。音節が脱落・添加する場合もある。また、二つの母音が別の一つの母音に変化することもある。このような語形変化を類型的にとらえるこ

■母音交替

　「あまごもり（雨籠）」と「あめ」、「ふなのり（船乗り）」と「ふね（船）」のように、二重の語形をもつ語が現代でもいくつか確認できる。これはアとエという母音が交替する現象としてとらえ、「母音交替」と呼ばれている。ほかに、「こかげ（木陰）」と「き（木）」のようなオとイ、「つくよ（月夜）」と「つき（月）」のようなウとイの間にも認められる。

　この両者について、それぞれ前者は常に他の語に接して用いられる形（非独立形）であって被覆形と名付けられ、後者はそれ自体で独立して用いられるもので、露出形と名付けられている。

■母音交替の由来

　上代特殊仮名遣いから見ると、母音交替の関係はアマとアメ$_z$（雨）、コ$_z$とキ$_z$（木）、ツクとツキ$_z$（月）であり、被覆形に * i $_甲$（単語として独立化させる接辞）が付いて露出形となったものと考えられる（*は仮想の要素であることを示す）。

　ama＋*i$_甲$→ame$_z$
　ko$_z$＋*i$_甲$→ki$_z$
　tuku＋*i$_甲$→tuki$_z$

　被覆形と露出形は、語形が歴史的に変化したというよりも、切れ続きという文法的現象である。非独立形と独立形というような、いわば名詞の活用とも言うべきもので、母音交替は日本語における活用の起源と深く結びついている。

■母音音素の対応

　母音音素が対等に位置している一対のものも見られる。

　Φi$_甲$to$_z$（一）　Φuta（二）
　mi$_甲$（三）　mu（六）
　yo$_z$（四）　ya（八）
　asa（浅）　usu（薄）　oso$_z$（遅）
　aburu（溢）　oboru（溺）
　niga（苦）　nigo$_z$［ru］（濁）
　ata［taka］（暖か）　atu（熱）
　susuku（濯）　so$_甲$so$_甲$ku（注）

　たとえば、ヒトとフタを例にすると、「Φ_t」という同じ音環境において、母音が対等の関係で入れ替わることによって、それぞれの語が有縁的な、相異なる意味を担っているのである。このような現象は、古く日本語に存在した「母音調和」と関係するものである。

ともできる。

2 音の変化

①音位転倒

　サンサカ（山茶花）＞ザザンカ

②音素の変化

(1)子音の交代

〔多く、調音点の近い音素間で変化する〕

〔b＞m〕ケブリ＞ケムリ（煙）

〔m＞n〕ミナ＞ニナ（蜷）

〔r＞d〕シンロウ（心労）＞シンドウ

〔s＞t〕シジム＞チヂム（縮）

〔有声化〕ユルカセ（忽）＞ユルガセ

　　　　カカヤク（輝）＞カガヤク

〔無声化〕アワヅ＞アワツ（周章）

(2)母音の変化

〔順行同化〕シヘタク＞シヒタグ（虐）

〔逆行同化〕スグロク＞スゴロク（双六）

　カギロヒ（蜻蛉）＞カゲロフ

　ホソ（臍）＞ヘソ

(3)撥音化

　アキビト（商人）＞アキンド

　メイヨ（名誉）＞メンヨウ（面妖）

(4)促音化

　ウルタフ（訴）＞ウッタフ

　ヨイホド（好程）＞ヨッポド（余程）

3 音の脱落

①音節の脱落

〔狭母音を含む音節が脱落しやすい〕

　ハチス＞ハス（蓮）

　ワタクシ＞ワタシ（私）

　ナスビ＞ナス（茄子）

■語頭の濁音

　奈良時代以前には、語頭には濁音が立たないという規則があった（擬態語「びしびし」が唯一の例外）。しかし、平安時代以降、次第に語頭に濁音が立つことが多くなっていった。

・語頭の母音音節の脱落

　イダク→ダク（抱く）

　イダス→ダス（出す）

　イヅレ→イドレ→ドレ（何れ）

　イヅコ→イドコ→ドコ（何処）

　ウバフ→バウ（奪）

・有声化

　タレ→ダレ（誰）

　ホクーボク（耄）

　ハチ→バチ（撥）

　フチ→ブチ（斑）

・破裂音化

　ムチ→ブチ（鞭）

■連濁

　複合語を構成する場合、後続する語の語頭が清音から濁音になる現象を「連濁」という。本来、濁音は語頭には立たないことから、後続の語が濁音になるということは、それは語中（または語尾）であるという位置を示すことになる。

　たとえば「あか（赤）」と「かね（金）」が結合して「あかがね（銅）」になると、「あか・かね」という二語の組み合わせではなく、「あかがね」という一語になったということが明示されたことになる。二語の連続ではなく、一語化しているということ、すなわち、それが複合語であることを裏付けるのが連濁である。

■連声

　撥音m・n、入声tに続くアヤワ行音がそれぞれマ行・ナ行・タ行になる現象を「連声」という。

　「三位」「陰陽師」の例があるところから、撥音のmとnが区別されていた平安時代以降に連声が起こったと見られる。そして、院政時代になると、「因縁」「観音」「感応」「安穏」など現代でも用いられる漢語に見られるようになる。室町時代には「オンナルジ（御主人）」「ニンゲンナ（人間は）」「ムザンニャ（無漸や）」、また「コンニッタ（今日は）」「ジセット（時節を）」「ネンブット（念仏を）」なども現れ、漢語だけでなく和語でも一時期盛んに用いられた。

〔同一または類似の音節連続の場合に脱落しやすい〕
　カハハラ＞カハラ（河原）
　ツキコモリ＞ツゴモリ（晦）
　キギシ＞キジ（雉）
②母音音節の脱落
(語頭)〔狭母音が脱落しやすい〕
　イマダ（未）＞マダ
　ウダク（イダク）＞ダク（抱）
(語頭以外)〔同じ母音の連続する場合〕
　シカアリ＞シカリ（然有）
③母音の脱落
(1)音節内部の母音脱落
　ヰヤ＞ウヤ（礼）〔w i ＞w＝u〕
　アヤニク＞アイニク（生憎）
　　　　　　　〔y a ＞y＝i〕
(2)母音連続における母音脱落

〔母音連続で先行母音が脱落する〕
　クレノアキ＞クレナキ（紅）
　トコイハ＞トキハ（常磐）
　カハウチ＞カフチ（河内）
〔母音連続で後続母音が脱落する〕
　カドイデ＞カドデ（門出）
　エオト＞エト（干支）
④子音の脱落
　カナタ＞アナタ（彼方）
⑤撥音の脱落
　ワランベ＞ワラベ（童）
⑥促音の脱落
　メヲット＞メヲト（夫婦）

4　音の添加

(1)連声
　ハンオウ＞ハンノウ（反応）

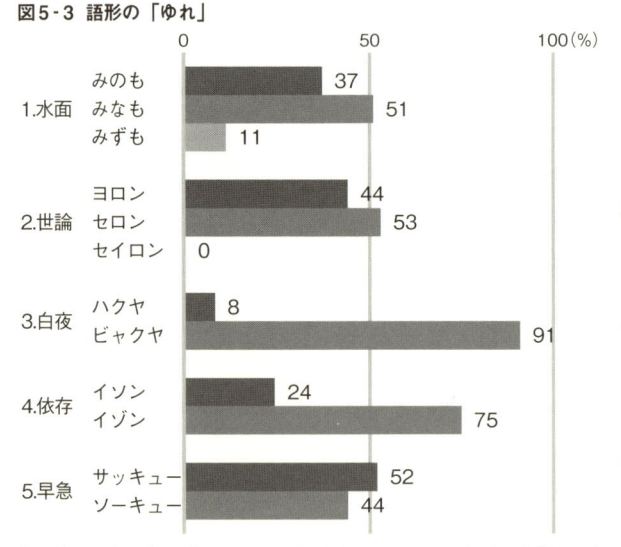

図5-3　語形の「ゆれ」

		0	50	100(%)
1.水面	みのも	37		
	みなも	51		
	みずも	11		
2.世論	ヨロン	44		
	セロン	53		
	セイロン	0		
3.白夜	ハクヤ	8		
	ビャクヤ	91		
4.依存	イソン	24		
	イゾン	75		
5.早急	サッキュー	52		
	ソーキュー	44		

左の図はNHKの放送用語委員会決定の語のうち、読みにゆれがあるものについて「どちらが標準的か」をアンケートによって調べたものである。

アンケートの対象は、無作為抽出された200名であり、そのうち136名から回答が得られた（国語関係25、新聞関係12、その他89名）。なお、調査は1980年3〜4月になされた。

それぞれの上段の語形が当時NHKで採用していた言い方である。このうち、「白夜」については、1981年に再審議し、「ビャクヤ」を第一の読みとし、「ハクヤ」も第二の読みとして認めることになった。

〔出典〕石野博史「"ゆれ"のあることば—有識者アンケートの結果報告」（『NHK文研月報』30-12、1980）をもとに作成

(2) 撥音の添加
　カナ＞カンナ（鉋）
(3) 促音の添加
　モハラ＞モッパラ（専）
(4) 引き音の添加〔長音化〕
　シカ＞シイカ（詩歌）
　フフ＞フウフ（夫婦）
(5) 半母音の添加
　ミアゲ＞ミヤゲ（土産）
　意味の区別を保つために同音衝突を避けて、コ（子・粉・蚕・籠）＞コドモ・コナ・カイコ・カゴのように、別の形態素を添加することもあった。

5　音の融合（相互同化）

〔ai＞e〕ナガイキ（長息）＞ナゲキ（嘆）
〔oi＞e〕トノイリ（殿入）＞トネリ（舎人）

6　その他

　漢字表記を介して、「けはひ」から転じた「ケワイ」が「気配」という表記に従って「ケハイ」と発音したり、「水面」を「ミナモ・ミズモ」などと言ったりする場合がある。また、その漢字の読みが字音体系の間で交代するものもある（図5-3）。
〔呉音読みから漢音読みへ〕
　希望　　ケモウ＞キボウ
　女性　　ニョショウ＞ジョセイ
　言語　　ゴンゴ＞ゲンゴ
〔漢音読みから呉音読みへ〕
　省略　　セイリャク＞ショウリャク
　音信　　インシン＞オンシン
　東京　　トウケイ＞トウキョウ

■ **さまざまな語形変化**

あかんべい
　アカメ（赤目）→アカンベー→アカンベイ
あかぎれ（皸）
　アカカガリ→アカガリ→アカギリ→アカギレ
こより（紙縒）
　カミヨリ（紙撚）→カウヨリ→コーヨリ→コヨリ
どんぐり（団栗）
　ツムグリ→ヅムグリ→ドングリ
わらじ（草鞋）
　ワラグツ（藁沓）→ワラウヅ→ワラヅ→ワラヂ（ワラジ）
くしゃみ（嚔）
　クソハメ→クサメ→クシャミ
とばっちり
　トバシリ（迸）→トバッチリ

おもちゃ（玩具）〈オは接頭語〉
　モテアソビモノ→モテアソビ→モチャソビ→モチャ
もんじゃやき（もんじゃ焼き）
　モジヤキ（文字焼）→モンジャヤキ
おとうさん
　チチ（父）→テテ→トト
　オトトサマ→オトーサン
ぼっちゃま
　ボウサマ（坊様）→ボッチャマ→ボッチャマ
じたんだ
　ヂタタラ（地踏鞴）→ジタンダ
あじけない（味気ない）
　アヅキナシ→アヂキナシ→アヂケナイ（アジケナイ）
まぶしい（眩しい）
　マボソイ（目細）→マボシイ→マブシイ

みっともない
　ミタクモナイ→ミタウモナイ→ミトーモナイ→ミトモナイ→ミットモナイ
です〈助動詞〉（主な語形のみ）
　デゴザリマス→デゴザイマス→デゴザンス→デアンス→デス→デス
ます〈助動詞〉（主な語形のみ）
　マヰラス→マイラスル→マラスル→マッスル→マス
だ〈助動詞〉
　ニテアリ→デアリ→デアル→デア→ヂャ→ダ（ヤ〈上方語〉）
よう〈助動詞〉（例：見＋ヨウ）
　ミム→ミン→ミウ→ミュー→ミョー→ミヨー
みたいな〈助動詞〉
　ミタヨウナ→ミタヨナ→ミタイナ

第3節　語の交代

1　言い換え

　ある概念、または指示物を表す語は、その概念・指示物自体に変化がない場合にも、別の語で言い換えられることがある。それは古い言い方に代えて、新しい言い方がその言語社会に受け入れられ、次第に定着していくということである。

　ある意味を表す語を意図的に言い換えようとすることもよく見受けられる。古い言い方を新しい言い方に代えて、新鮮な、別のイメージを与えようとするのである。「ズボン」は新たに「スラックス」と言い換えられたが、最近では「パンツ」という語が広く用いられている。「活動写真→映画」「字引→辞書・辞典」「音楽会・演奏会→コンサート」などもその一例である。

　近年は外来語が氾濫し、その意味がよくわからずに社会生活で用いられている語も少なくない。そこで、特に公共性の高い場で使われている、意味のわかりにくい外来語について、国立国語研究所「外来語」委員会は、言い方を工夫して別の語で言い換えることを提案するというケースも生じている（表5-1）。

■言い換えによる新語
アベック→カップル
さじ→スプーン
こよみ（暦）→カレンダー
ちり紙・はながみ→ティッシュ
ジャンパー→ブルゾン
ジーパン→ジーンズ・デニム
チャック→ファスナー
チョッキ→.ベスト
とっくり襟→タートルネック
ランニング→タンクトップ
トレパン→ジャージ
寝巻→パジャマ
バンド→ベルト
突っかけ→サンダル
運動靴・ズック→スニーカー
前掛け→エプロン
特に、服飾関係に多く見られるようである。

■ことばのイメージと言い換え
　そのことばを口にすることがはばかられるような意味の語は、多用されるに従って、陳腐で薄汚れたようなイメージを帯び、そのことばを発することを避けるようになる。そして、より間接的に、別の新しいことばで言い換えることがよく見られる。
　たとえば、古くは「せっちん（雪隠）」「かわや（厠）」「御不浄」「はばかり」などと呼ばれていたが、「便所」「W.C.」「トイレ」「お手洗い」などと言われるようになり、さらに婉曲的に「化粧室」とも呼ばれる。場合によっては「レストルーム」が使われることもある。
　反社会的差別的な語の場合にもこれと同様のことがある。

■異なる語種間の言い換え
　語種が異なる語の間で交替する場合も多く、その一端を次に示しておく。
・外来語→漢語
シャボン→石鹸
シャッポ→帽子
ベースボール→野球
・漢語→外来語
接吻→キス　天然色→カラー
複写→コピー
・和語→外来語
貸付（金）→ローン
贈り物→プレゼント
買い物→ショッピング
このほか、「じょう（錠）→かぎ（鍵）」のように漢語から和語になったり、「婚礼→結婚式」のように同じ漢語で言い換えたりしたものもある。

表5-1 わかりにくい外来語の言い換えの提案

　国立国語研究所「外来語」委員会は、公共性の高い場で使われているわかりにくい「外来語」について、言葉遣いを工夫し提案することを目的として、2006年に次のような言い換えを提案した。

アーカイブ ⇨ 保存記録　記録保存館
アイデンティティー ⇨ 独自性　自己認識
アウトソーシング ⇨ 外部委託
アカウンタビリティー ⇨ 説明責任
アクションプログラム ⇨ 実行計画
アクセシビリティー ⇨ 利用しやすさ
アジェンダ ⇨ 検討課題
アセスメント ⇨ 影響評価
アミューズメント ⇨ 娯楽
アメニティー ⇨ 快適環境　快適さ
イニシアチブ ⇨ 主導・発議
イノベーション ⇨ 技術革新
インサイダー ⇨ 内部関係者
インセンティブ ⇨ 意欲刺激
インターンシップ ⇨ 就業体験
インフォームドコンセント ⇨ 納得診療
インフラ ⇨ 社会基盤
オーガナイザー ⇨ まとめ役
オブザーバー ⇨ 陪席者・監視員
オンデマンド ⇨ 注文対応
ガイドライン ⇨ 指針
カスタムメード ⇨ 特注生産
ガバナンス ⇨ 統治
キャピタルゲイン ⇨ 資産益
クライアント ⇨ 顧客
グランドデザイン ⇨ 全体構想
グローバル ⇨ 地球規模
ケーススタディー ⇨ 事例研究
コア ⇨ 中核
コミット ⇨ かかわる・確約する
コミュニティー ⇨ 地域社会　共同体
コラボレーション ⇨ 共同制作
コンセプト ⇨ 基本概念
コンセンサス ⇨ 合意
コンソーシアム ⇨ 共同事業体
コンテンツ ⇨ 情報内容
サーベイランス ⇨ 調査監視
シフト ⇨ 移行

シミュレーション ⇨ 模擬実験
スキーム ⇨ 計画
スケールメリット ⇨ 規模効果
スタンス ⇨ 立場
セーフガード ⇨ 緊急輸入制限
セーフティーネット ⇨ 安全網
セキュリティー ⇨ 安全
ソフトランディング ⇨ 軟着陸
タスク ⇨ 作業課題
デフォルト ⇨ 債務不履行・初期設定
デポジット ⇨ 預かり金
ドナー ⇨ 臓器提供者・資金提供国
ノーマライゼーション ⇨ 等生化
バーチャル ⇨ 仮想
ハイブリッド ⇨ 複合型
ハザードマップ ⇨ 災害予測地図
パブリックコメント ⇨ 意見公募
バリアフリー ⇨ 障壁なし
フィルタリング ⇨ 選別
フォローアップ ⇨ 追跡調査
フリーランス ⇨ 自由契約
プレゼンテーション ⇨ 発表
プロトタイプ ⇨ 原型
フロンティア ⇨ 新分野
ボーダーレス ⇨ 無境界　脱境界
マーケティング ⇨ 市場戦略
マスタープラン ⇨ 基本計画
ミッション ⇨ 使節団　使命
モニタリング ⇨ 継続監視
モビリティー ⇨ 移動性
モラトリアム ⇨ 猶予
モラルハザード ⇨ 倫理崩壊
ライフサイクル ⇨ 生涯過程
リテラシー ⇨ 読み書き能力　活用能力
リリース ⇨ 発表
ログイン ⇨ 接続開始
ワークショップ ⇨ 研究集会

2 語彙の史的変遷

　ある指示物が不変的に存在している限り、奈良時代もしくはそれ以前から現代に至るまで文献を通してその史的変遷を描くこともできる。

　前田富祺（1967）は指の呼び方について、その変遷を次のようにまとめている（図5-4）。12世紀を境として〈指〉の呼び名が「オヨビ」から「ユビ」に、また13、4世紀頃に「〜ノユビ」から「〜ユビ」に変化した。このため、「コユビ」は12世紀頃から、「ヒトサシユビ」は15世紀頃から一般化した。「オヤユビ」は17世紀末に出現し、19世紀末には一般的な言い方となった。「ナカユビ」も、「タケタカユビ」「タカタカユビ」などに代わって19世紀末頃から用いられた。

　〈薬指〉は変化が最も激しく、漢語「無名指」の読みに由来する「ナナシノオヨビ」が12世紀頃から「ナナシノユビ」「ナナシユビ」などとなる一方、薬師如来の印相が薬指を曲げていることから、13世紀前半に「クスシノユビ」、15世紀には「クスシユビ」が生じた。さらに「薬指」の表記から16世紀末に「クスリユビ」が現れ、江戸などで用いられた。一方、この指で女性が紅をつけることから、17世紀初めには「ベニサシユビ」が出現し、上方を中心に使われたが、紅を指でつけることが少なくなるに従って、次第に用いられなくなった（図5-5）。

図5-4　指の呼び名の変遷

小指	薬指	中指	人差指	親指	
コオヨビ	ナナシノオヨビ	ナカノオヨビ	ヒトサシノオヨビ	オホオヨビ	800
					1,000
コオユビ	ナンシノオヨビ / ナナシノユビ / ナナシユビ	ナカノユビ	ヒトサシノユビ	オホユビ	1,200
コユビ	クスシノユビ / クスシユビ	タケタカユビ / タカタカユビ / クスリユビ	ヒトサシ / ヒトサシユビ	オホユビ / オヤユビ	1,400
	ベニサシユビ	ナカユビ	ヒトサシ		1,600
ショウシ	コビ			ダイシ / オヤユビ	1,800

［出典］前田富祺「指の呼び方について」（『文芸研究』56、1967）による

■ 薬指の分布

　『日本言語地図』は、国立国語研究所が1957〜65年に日本各地の2400カ所で直接に聞き取る方法で行った方言調査に基づいて作成された。全6冊の第3分冊に「くすりゆび」の図（93ページの図5-5はこれを略図化したもの）が掲載されている。以下、その解説から抄出する。

◎分布の傾向
　　クスリ類　……　東日本
　　ベニサシ類……　西日本
　　ナナシ類　……　琉球列島
◎クスユビ・クソユビはクスリユビのリが脱落した形から。
◎イシャ（ボーズ）ユビはクスシユビの言い換えか。
◎ベニユビはベニサシユビまたはベニツケユビのサシ・ツビを省略した語。
◎琉球列島以外のナナシ類は岩手の三陸、三宅島、岐阜、紀伊半島山地、山口などに分布する。
◎ウイビはオヨビから変形して残存した語。

図5-5 薬指の言語地図

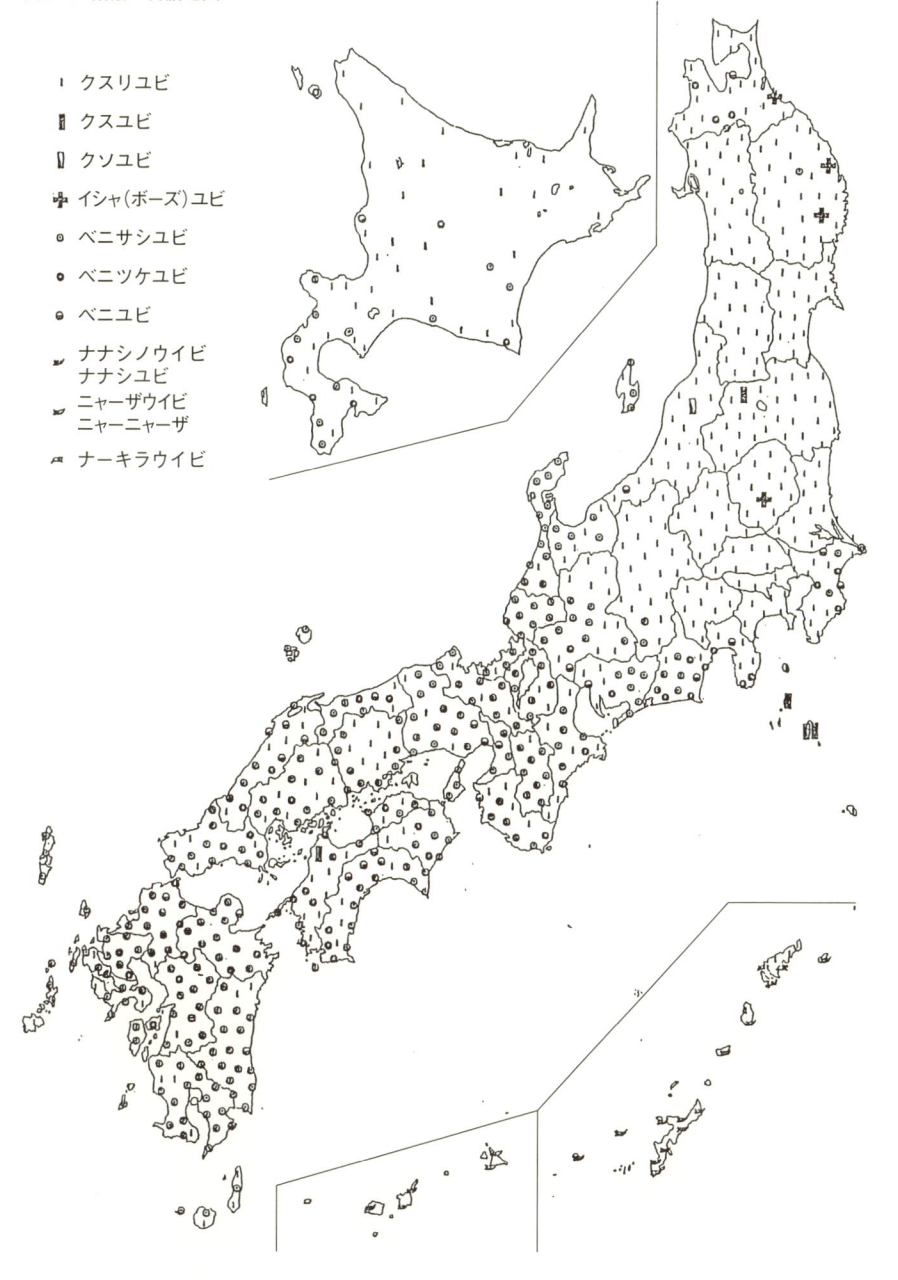

ǀ	クスリユビ
▌	クスユビ
▐	クソユビ
✚	イシャ(ボーズ)ユビ
◎	ベニサシユビ
◉	ベニツケユビ
●	ベニユビ
～	ナナシノウイビ　ナナシユビ
～	ニャーザウイビ　ニャーニャーザ
～	ナーキラウイビ

[出典] 徳川宗賢編『日本の方言地図』(中央公論社、1979) による

第5章　ことばの変化　93

第6章 ことばの変遷

第1節　語種の変遷

1　日本語の構成

　古代日本語がどのような言語であったかについては、いまだにはっきりとしたことはわからない。今日における考古学や人類学の研究成果によって、日本人は基本的に、南から来た縄文人と、北から来た弥生人とが合わさって形成されてきたということが確実視されている。このような混成という点に着目すると、言語の面でも同様のことが言えそうである。

　固有の語（和語）は、開音節であるという点で、南太平洋のアウストロネシア語族と共通する特徴をもつ一方、文法的には自立語が先行し、付属語が後置される膠着語であるという点において、大陸のモンゴル語や朝鮮語など

表6-1　日本語の系統

	安本美典説	大野晋説
第一層	古極東アジア語の層（朝鮮語・アイヌ語・日本語）文法的・音韻的骨格	タミル語（南まわり）
第二層	インドネシア・カンボジア語の層（基礎語彙）	タミル語（北まわり）
第三層	ビルマ系江南語の層（身体語、数詞、代名詞、植物名）列島の言語的統一	漢語の層
第四層	中国語の層（文化的語彙）	印欧語の層

［出典］安本美典『日本語の成立』（講談社、1978）、大野晋『日本語の起源』（岩波書店、1957）をもとに作成

■日本固有語の音韻的特徴
　日本語は時代とともに変化してきたが、日本固有の語（和語）の本来的な特徴を音韻の面からあげると、次のとおりである。
(1)和語の音節構造は、一つの子音と一つの母音からなる。
(2)開音節で、音節の末尾に子音は位置しない。
(3)拗音・撥音・促音・長音がない。
(4)音便がない。
(5)母音だけの音節は語頭にしか位置しない。すなわち、母音が連接した場合は、一方が脱落するか、または、別の一つの母音に変化する。
(6)語頭にラ行音および濁音は位置しない。
(7)語の内部で濁音は連続しない。
(8)和語の名詞は、多く1、2音節からなる。3音節以上のものは、「こころ（心）・ここの（九）」など数少ない。

とも関連しているようである。このことから見ると、日本語は南北の異なる由来を取り合わせた「接ぎ木」のような性格を持っているものと想定することができる。ただ、表6-1のように、どの層が基層であるのかという点については、諸説は必ずしも一致していない。音韻上の特質が最も古い時代に定着したもののようにも想定されるが、現段階では不明である。

語彙の面でいうと、和語が最も古い時代に日本語の内部で形成され、それに漢語が借用されるようになり、さらに16世紀中葉以降、さまざまな外国語から借用された外来語が用いられるようになったということは確かである。

2 語種の推移

日本語は、前記した和語・漢語・外来語と、これらを二種以上合成した混種語によって構成されるが、歴史的に見ると、時代によって語種の使用には偏りが見られる（表6-2, 図6-1）。

奈良時代以前は和語が中心であるが、平安時代以降漢語が増加し始め、相対的に和語の割合が減少してくる。そして、室町時代後期以降、外来語が用いられるようになり次第に増えていくが、明治期でもまだその割合は低い。

奈良時代から室町時代にかけての古典文学作品を対象として語種別の語彙量を調査したデータがあり、これから語種の推移の具体的状況を知ることが

表6-2 現代語彙高頻度上位1000語の語種別出現数

	和語	漢語	外来語	混種語
万葉集 (780頃)	326 100.0	0 0	0 0	0 0
源氏物語 (1000頃)	420 94.2	23 5.2	0 0	0 0
日葡辞書 (1603)	515 78.7	134 20.5	0 0	5 0.8
和英語林 (1867)	562 73.9	190 25.0	1 0.1	8 1.1
新訳和英 (1909)	567 59.6	368 38.7	3 0.3	13 1.4
新和英 (1931)	580 58.5	382 38.5	16 1.6	14 1.4
全体	584	383	17	16

上段は1000語中の語数、下段は各作品における割合（％）

図6-1 語種の推移

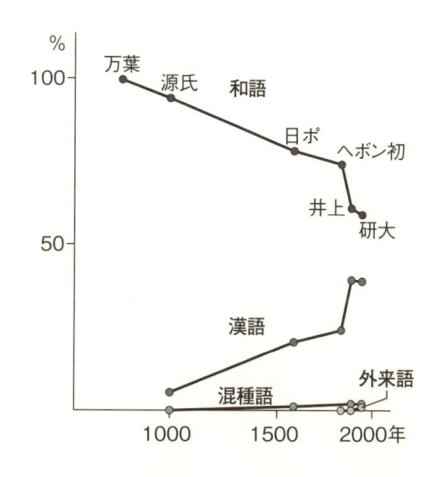

[出典] 宮島達夫「現代語いの形成」（『国立国語研究所論集3 ことばの研究』秀英出版、1967）をもとに作成

第6章 ことばの変遷

できる（表6-3）。

『万葉集』における和語の占める比率は99.6％で、この時点では漢語の使用は微々たるものであった。『古今集』『後撰集』もそれぞれ和語の占める率が99.8％、99.6％に達していることから、韻文においては純粋な和語が追求され、より洗練された表現に高められたと考えられる。

これに対して、散文では漢文優位の時代でもあったから、漢語の使用が次第に広まり、『竹取物語』の6.7％から、『枕草子』では10％を超え、『大鏡』では27.6％にも達する。そして、和漢混淆文の『平家物語』になると、漢語が半分近くを占めるようにもなっている。

3 近代以降の語種分布

『和英語林集成』（1867年刊）から『新訳和英辞典』（1909年刊）に至る40年間の漢語の占める割合の増加率（13.7％）は、『源氏物語』から『和英語林集成』に至る800年間の増加（15.3％）に近づいており、その急増ぶりが如実に反映されている。

田中牧郎（2010）が雑誌コーパスを利用して明治・大正期の語種比率を調査した結果によると、漢語の比率は異なり語数において、明治期では70％を超えていたが、大正期に入ると60％台に減った（図6-2）。ただし、延べ語数の場合、和語がほぼ半分を占めていて、依然として漢語と拮抗して

表6-3 古典作品の語種

	万葉集	竹取物語	伊勢物語	古今和歌集	土佐日記	後撰和歌集	蜻蛉日記	枕草子	源氏物語	紫式部日記	更級日記	大鏡	方丈記	徒然草	平家物語
和語	6478 99.6	1202 91.7	1586 93.7	1991 99.8	926 94.1	1916 99.6	3279 91.1	4415 84.1	9953 87.1	2104 85.3	1770 90.8	3259 67.6	896 78.0	2909 68.6	4042 47.4
漢語	20 0.3	88 6.7	89 5.3	2 0.1	44 4.5	6 0.3	236 6.6	641 12.1	1008 8.8	277 11.2	146 7.5	1330 27.6	231 20.1	1191 28.1	4216 49.4
混種語	7 0.1	21 1.6	17 1.0	1 0.1	14 1.4	1 0.1	83 2.3	191 3.6	462 4.0	87 3.5	34 1.7	230 4.8	21 1.8	142 3.3	278 3.3
計	6505	1311	1692	1994	984	1923	3598	5247	11423	2468	1950	4819	1148	4242	8536

上段は語数、下段はその割合（％）

[出典] 宮島達夫『古典対照語い表』（笠間書院、1971）、『平家物語』のみ白井清子（1981）による

昭和期に入っても、その傾向が続いたが、1956年の大規模な語彙調査（新聞3紙と雑誌90種）によって、漢語の異なり語数の占める割合が47.5％であることが示される一方、延べ語数では和語の53.9％に対して41.3％にとどまっている（41頁参照）。このことは徐々にではあるが、やはり外来語と混種語が増えていくこととも関連している。

　外来語についてみると、1994年の雑誌70種の語彙調査によって、外来語が異なり語数において、1956年の9.8％から30.7％へと急激に増加していることがわかる（図6-3）。外来語が和語を超え、さらに漢語に迫る勢いを持つようになったということは、和語・漢語・外来語のそれぞれの特質や役割などを如実に示すものである。和語が基礎的であり、日本語の骨格をなすものであるのに対して、新しい概念として借用される語彙が、古くは漢語からであったのが、近年は外来語に取って代わられることが多くなっていることがわかる。

図6-2　近代雑誌コーパスにおける語種比率（異なり語数）

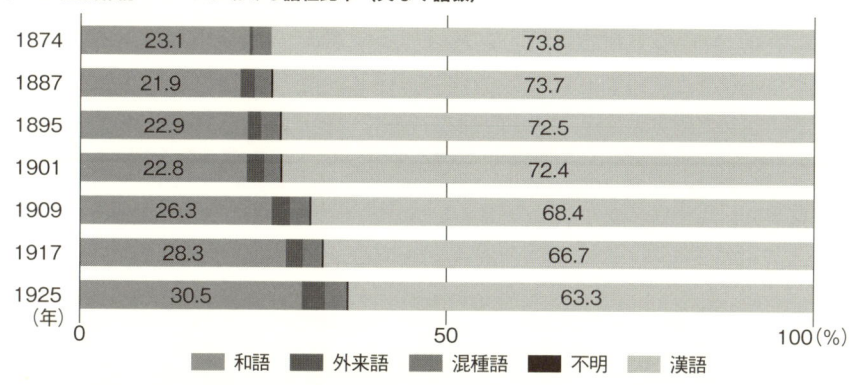

年	和語	外来語	混種語	不明	漢語
1874	23.1				73.8
1887	21.9				73.7
1895	22.9				72.5
1901	22.8				72.4
1909	26.3				68.4
1917	28.3				66.7
1925	30.5				63.3

図6-3　現代雑誌における語種比率（異なり語数）

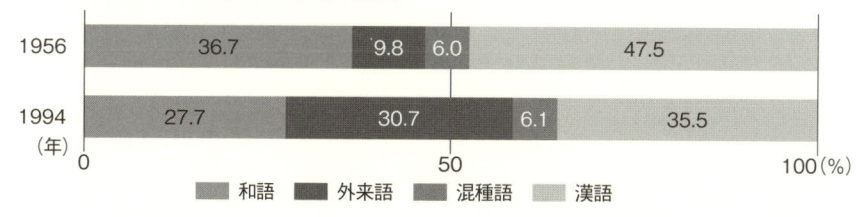

年	和語	外来語	混種語	漢語
1956	36.7	9.8	6.0	47.5
1994	27.7	30.7	6.1	35.5

［出典］図6-2は田中牧郎「雑誌コーパスでとらえる明治・大正期の漢語の変動」（『国際学術研究集会　漢字漢語研究の新次元　予稿集』国立国語研究所、2010）をもとに作成

第2節　和語の変遷

1　和語の増加

　和語（やまとことば）に関する最古の記録は、3世紀の中国の史書『魏書』東夷伝倭人条（「魏志倭人伝」と通称される）に残っており、「卑狗（ひこ）」「卑弥呼（ひみこ）」「耶馬台（やまと）」など、官名や人名を表す日本語を漢字で音訳しているのが知られる。
　このような、漢字の意味を捨象して音だけを借りて和語を表記することは日本にも伝わり、「万葉仮名」として広く行なわれるようになった。
　『万葉集』における和語は異なり語数で6478語であるが、『源氏物語』においては10000語弱にまで達している（表6-3）。しかし、その後、和語は大幅に増えることがなかったようである。1000年ほど経った1994年の雑誌70種調査で和語は11530語というように、微増にとどまっている。ただし、そこにはさまざまな質的な変化が見られるのである。

2　語形の変化

　古代日本語から現代に至って、多くの語形変化を伴って語の数が増えてきた。そこで、そのいくつかの重要なも

■ 3世紀の和語と見られる語

　『魏書』東夷伝倭人条に見える官職名を次にあげておく。ただし、読み方はいまだ定まっていない（カッコ内は仮の読み）。
　卑狗（ひこ）〈長官〉
　卑奴母離（ひなもり）〈副官〉
　爾支（にき）〈長官〉
　泄謨觚（しもこ）〈副官〉
　柄渠觚（ひここ）〈副官〉
　兕馬觚（しまこ）〈長官〉
　多模（たま）〈長官〉
　弥弥（みみ）〈長官〉
　弥弥那利（みみなり）〈副官〉
　伊支馬（いきま）〈長官〉
　弥馬升（みまと）〈次官〉
　弥馬獲支（みまわき）〈三等官〉
　奴佳鞮（なかて）〈四等官〉
　狗古智卑狗（くくちひこ）〈官名〉

■ 5世紀の人名

　『稲荷山古墳鉄剣銘』に記された「辛亥年」は471年と考えられている。そこに記された人名および地名を次にあげる。
　乎獲居（をわけ）
　意富比垝（おほひこ）
　多加利足尼（たかりすくね）
　弖已加利獲居（てよかりわけ）
　多加披次獲居（たかはしわけ）
　多沙鬼獲居（たさきわけ）
　半弖比（はでひ）
　加差披余（かさはや）
　獲加多支鹵（わかたける）
　斯鬼（しき）
　『魏書』東夷伝倭人条に見える「ひこ」は第2例「おほひこ」（大彦）にも見える。語源は「日子」で、高い位にある男性を指すのであろう。

■ エ段音で始まる語

　奈良時代以前の和語において、エ段音で始まる単純語のうち、2音節名詞をあげると、次の語ぐらいである（合成語および動詞連用形の名詞を除く）。
　えび（植物名）　けさ（今朝）
　けた（桁）　　　けふ（今日）
　せみ（蝉）　　　せり（芹）
　ねぶ（合歓木）　へみ（蛇）
　へら（鋤）　　　めが（茗荷）
　ゑぐ（黒クワイ）
　すなわち、語尾には、母音の相互同化によってエ段音が少なくないが、語頭音節には非常に少ない〈てら（寺）は朝鮮語起源、ねこ（猫）はネコマ（寝駒）の略〉。このことは、古く日本語にはエ段の母音がなかったことを意味しよう。

のをあげておこう。

●単音節語から複音節語へ

　純粋な和語のうち、奈良時代以前では単音節の語の存在が目立つ。阪倉篤義（1993）によれば、古代語で148の単音節語があったが、時代とともに減り続け、現代語ではその三分の一にあたる48語しか残っていないという（表6-4）。

　単音節語から複音節語へ移行した要因については、音節数の少なさに起因する同音衝突を回避しようとする原理が働いているとも考えられる。本来、甲乙二類に分かれている発音がその混同に伴って同音異義語が増加したことから、語義を区別するために語形を差別化して、接辞を付けたり何らかの表現を添加したりした。たとえば、「た（田）」は「たんぼ（田圃）」、「は（葉）」は「はっぱ」というように、二音節以上に語形が拡張したのである。一方で、現代語においても「足立」「織枝」「吾妻」など単音節のことばが化石的に残存している。

　こうした複音節化によって、従来の曖昧さに代わる、より安定した語形となり、また、語としてのアイデンティティを確立しようとするものであったと言えよう。

●音韻変化によるもの

　語形変化は一般に母音交代、子音交代、音便などを伴うものが多い。

表6-4 奈良時代以前の単音節語

（○は上代特殊仮名遣いの甲類、●は乙類を示す。ただし、「え」では○はア行のエ、●はヤ行のエを示す。）
［出典］阪倉篤義（1993）による

■複音節へ移行する方法

1. 接頭語をつける。
　か→しか　と→あと　ち→みち
　ね→みね　ま→ひま　と→かど

2. 接尾語をつける
　あ→あし　は→はし　か→かみ
　ゆ→ゆみ　ひ→ひる　え→えだ

3. 説明的要素を語の後に添える
　う→うさぎ　と→とびら　せ→せなか　か→かをり　き→きば　ね→ねずみ　ゐ→ゐのしし

4. 説明的要素を修飾的に語の前に添える
　え→いりえ　き→ひつき　こ→かひこ　ひ→ともしび　ゐ→おほゐ

5. 語形を拡張する
　ち→ちち　ま→うま　と→とを　ち→ちい　ひ→ひい　か→かあ

第6章　ことばの変遷

たとえば、代名詞「これ」「それ」「あれ」が感動詞として「こら」「そら」「あら」となり、「とし（年）」は助数詞で「とせ（歳）」ともなる。また、〈へそ（臍）〉の意は古く「ほそ」という語で表されていて、のちに「ほぞ」と音変化して「ほぞをかむ」（悔やむ）のような慣用句で残る一方、別途「へそ」と音変化した語形がふつうに用いられるようになっている。

「ゆく（行）」が「いく」に変化するのは奈良時代に遡るが、「ゆく」が改まった場面で用いられるのに対して、「いく」は助動詞「た」「て」に続く場合「いった」「いって」となるなど、広く用いられる語形となっている。「よい（古語「よし」）」も「えし→えい」「いし→いい」という形をも派生させている。

このように、発音が変化することで、意味・用法の変化が生じ、さらに語彙も増加していくという一面がある。

表6-5 平安時代日記類の「もの」の複合形容詞

形容詞＼作品名	枕草子	土佐日記	かげろふ日記	和泉式部日記	紫式部日記	更級日記	讃岐典侍日記	合計
ものぐるほし	8		6	1	1	2		18
ものし	1		10					11
ものうし	2		2	1	3			8
ものはかなし			5	1	1	1		8
ものさわがし			2		2	3		7
ものものし	2				4			6
ものがなし			3	1				4
ものむつかし			1		1	1		3
ものおそろし				1		1		2
もの心ぼそし				2				2
ものはしたなし	1			1				2
もの深し	1					1		2
ものおもはし			1					1
ものきよし				1				1
ものたのもし						1		1
ものつつまし			1					1
ものなげかし	1							1
ものゆかし							1	1
合計	16		30	8	14	10	1	
全形容詞との比率（％）	0.45		1.68	1.68	1.87	1.73	0.2	

［出典］内尾久美「日記・随筆の語彙」（『講座日本語の語彙 第3巻 古代の語彙』明治書院、1982）による

● 合成語の発達

　合成語は各品詞において著しく発達してきた。動詞「思ふ」は平安時代の日記文学において「思ひあかす、思ひ入る」など100以上の複合動詞が使われている。また、「もの～」による複合語も、形容詞（モノサワガシの類）、動詞（モノオボユの類）、名詞（モノウタガヒの類）においてそれぞれ10数語以上にのぼる（表6-5）。

　さらに、接辞による派生造語（「御・不・無」などの接頭辞、「み・さ・げ」などの接尾辞）、文法構造による統語関係によって作られた語を含めると、その合成語の勢いは時代とともにさらに拡大し、現在では「やま・はる・ひと」などの単純語とは対照的に、日本語全体の8割ほどにまで達している。

3　和語の拡張

● 漢文・漢語の翻訳語

　漢文の伝来とともに、訓読という形で漢文を理解していく作業を通して、漢語に対して和語があてられるようになった。それによって、新しい和語が翻訳語として生まれることもあった。

　たとえば、『万葉集』に見える「しらくも（白雲）」「あをくも（青雲）」などがそれである。このように漢字に即して訓読みされて生じたものがある一方、意訳的に和語で訓読して用いられた表現もあった。たとえば、「現世→この世」「来世→来む世」「濁酒→濁れる酒」「無価宝珠→価なき宝」など

■ 漢字と和訓

　個々の漢字が表す意味に、それに対応する和語をあてることで、中日対訳が行われることになる。

　昌住撰『新撰字鏡』（898～901年頃成立）は漢和辞典の体裁をもつ現存最古のもので、見出しとして掲げた漢字に万葉仮名で和訓が示されている。

　　黄精　安万奈又云恵弥
　　　　（アマナまた云はくヱミ）
　　獨活　宇度又云乃太良
　　　　（ウドまた云はくノタラ）
　　天門冬　須万呂久佐
　　　　　　（スマロクサ）
　　淫羊藿　久波奈也
　　　　　　（クハナ）

　3700ほどの和語が収録されている。

　10世紀には源順撰『和名類聚抄』（931～8年成立）が編集され、漢語に対応する和語が数多く示されている。次に、万葉仮名表記を平仮名表記に改めて例示しておく。

　　牽牛　ひこほし
　　　　　一名いぬかひほし
　　道神　たむけのかみ
　　姑　　しうとめ
　　黒子　ははくそ
　　踵　　くびす　俗名きびす
　　唾　　つはき
　　亭　　あばらや
　　灯明　おほみあかし
　　燕　　つばくらめ
　　水葱　なき
　　杏子　からもも
　　蒲公草　ふちな　一名たな
　　兵部省　つはもののつかさ

■ 再読字

　未　いまだ～ず
　将　まさに～むとす
　当・応　まさに～べし
　須　すべからく～べし
　宜　よろしく～べし
　猶　なほ～ごとし

である。漢籍の語や故事を借りて翻訳的に表現したものであって、当時よく読まれた『文選』『白氏文集』などが和歌や物語などの和文に引用されているのも、和語の表現性の向上に寄与したものと見られる。

江戸時代の『拠字造語抄』（文政五年成立）は平安時代以降の和歌に見える漢語の翻訳例を集めたもので、そこには「白波」を「しらなみ」、「龍門」を「たつのかど」というように読んだ例が示されている。

●訓読語の発生

「訓」とは同一の概念を表現する場合の、中国語に対する日本固有の語、すなわち和語をさすものである。「あへて（敢）・あに（豈）・いはんや（況）・かつて（嘗・曽）・けだし（蓋）・すでに（既・已）・すなはち（即・則・乃）・はたして（果）・ゆゑん（所以・故）・ごとし（如）・あたはず（不能）・いへども（雖）」などの類は、漢文を読み下す場合に特定の漢字に対して用いられる一種の翻訳語である。

そのような固定的な漢字の読み方を通して、漢文訓読に用いられることばと、普通の話し言葉として和文脈で用いられる語（これを「和文語」という）との間で、文体における語彙の対立が

■『拠字造語抄』の翻訳例

遊糸	あそぶいと	清涼殿	きよくすゞしきやど	海老	うみのおきな
祇園	かみのその	風流	かぜのながれ	如意輪	こゝろのごときわ
鹿苑	かせぎのその	風聞	かぜのきこえ	不動	たちさらぬ
黄泉	きなるいづみ	心緒	こゝろのを	火宅	ひのいへ
法皇	のりのすべらき	青海波	あをうみのなみ	法成寺	のりなるてら
龍顔	たつのみがほ	念珠	おもひのたま		
		直衣	とのゐきぬ		

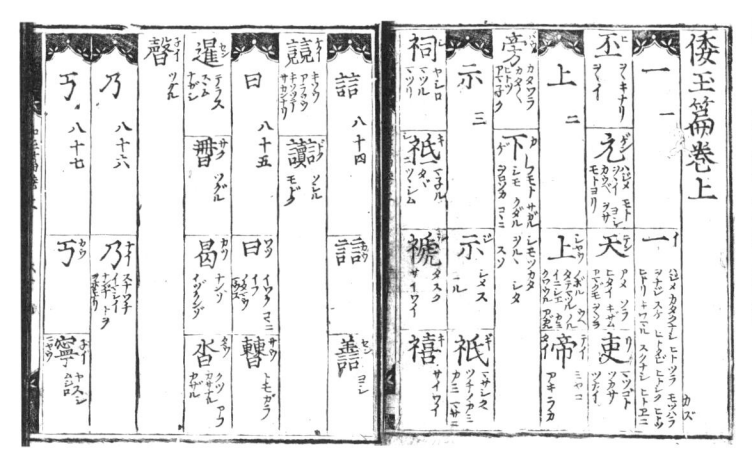

図6・4　『倭玉篇』（慶長15年刊本）

平安時代後期に生じることになった。
　　かねて／あらかじめ（予）
　　すべて／ことごとく（悉）
　　しばし／しばらく（暫）
　　はやく／すでに（既）
　　まだ／いまだ（未）
　　え〜ず／〜ことあたはず（不能）
　後者の漢文訓読で用いられる語は、仮名中心で書かれた物語や和歌には見られないのである。このように、漢字と訓との結びつきは強固になるとともに固定化するようになった（図6-4）。
　また、和語を漢字で記したり、漢文を訓読したりする場合に、一字一字に訓をあてるのではなく、複数の漢字のまとまりに訓をあてることもある。たとえば、『万葉集』では、「もみぢ」に「黄葉」、「いでます」に「行幸」をあてる例などが見られる。これは現代でも「あま」を「海女」、「さみだれ」を「五月雨」と書く類に見られるもので、「熟字訓」と呼んでいる。和語は漢語概念との同定で用いられるが、漢字の意味を利用してその意味を解説するという構造を有していて、和語と漢字の結びつきの深さを感じさせる。

● **意味的拡張**
　「て（手）」は身体部位の一つを表す語であるが、これが奈良時代にすでに「いたで（痛手）」というように、〈受けた傷〉の意に、「てひと（才伎）」というように、〈専門的技術〉の意でも用いられている。その後は、「取手」〈本

■ **熟字訓**
　一般に熟字訓は当て字の一部とされ、当て字との違いは、漢字二字以上の熟字全体に、日本の訓をあてて読むことにある。「紫陽花・田舎・女郎花・土産」などは中国語に日本語を対応させたものである。「足袋・大和・飛鳥・雑魚」などのように、和訓の意味にあわせて考案されたものもある。中国語の由来にせよ、日本語独自の工夫にせよ、基本的には熟字としての完成度が重要視されることになる。

ルビ	中国語漢字表記	日本語漢字表記
和語	紫陽花 アジサイ、只管 ヒタスラ、田舎 イナカ、蒲公英 タンポポ、七夕 タナバタ、蚊帳 カヤ、二十日 ハツカ、土産 ミヤゲ、紅葉 モミジ	足袋 タビ、流石 サスガ、五月雨 サミダレ、草臥 クタビレ、山車 ダシ、五月晴れ サツキバレ、雪崩 ナダレ、海女 アマ
外来語	天鵞絨 ビロード、煙草 タバコ、三鞭酒 シャンパン	洋燈 ランプ、硝子 ガラス、倶楽部 クラブ、莫大小 メリヤス

　熟字訓の使用は漢語を日本語に取り入れるために役立ったが、明治30年代以降、新聞や印刷物の美観上の理由から、振り仮名についての議論が行われるようになった。そして昭和20年代後半から振り仮名の全面廃止に伴って、当て字や熟字訓などの衰退が著しくなった。そして、熟字訓の表記の日本語化が進み、和訓にそって字ごとの表記に戻る例が多くなってきている。「牽牛花アサガオ→朝顔、忘憂草ワスレグサ→忘れ草、瞿麦ナデシコ→撫子」のように、中国語の漢字表記から訓に従った分析的な表記の例が増えている。

体から出た部分〉、「火の手」〈伸びている様態〉、「打つ手がない」〈方法〉など、数多くの意味を派生させている。

動詞「とる」は〈手に持つ〉というのが原義であるが、「鼠をとる」〈捕らえる〉、「お金をとる」〈盗む〉、「事務をとる」〈仕事をする〉、「写真をとる」〈撮影する〉などの多くの意味を持ち、「取る・捕る・執る・撮る」などというように異なる漢字で表記されるようにもなっている。

このような意味の拡張には漢字漢文の影響も考えられる。たとえば、古く「かみ（神）」は、すべての自然物に対してその神秘的な力を認めるという汎神論的な考え方に基づいたものであった。しかし、漢字の「神」に「かみ」という訓をあてているうちに、中国語における〈神〉の意味概念をも取り込んで、「かみ」という和語が用いられるようになる。その結果、〈万物の創造主、また主宰者〉という意も持つようになったのである。このように、訓を介して和語が意味を拡張することもあった。

和語は漢語や外来語に比べて、一語の意味の広がりが大きい。それは和語が歴史的に意味を拡張させてきた、すなわち多義化してきたことからも裏付けられる。和語は、日本語の骨格をなす基礎的な語彙であるからで、その性格は今後も基本的に変化することはないであろう。

■ 国訓

和語が中国語にない意味概念であることも少なくない。それを漢字表記する場合、本来その字義を表すことのない漢字に訓をあてることも行われてきた。これを「国訓」と呼んでいる。

	国 訓	本来の字義
鮎	あゆ	なまず
鮭	さけ	ふぐ
梶	かじ	こずえ
杜	もり	こりんご
芝	しば	きのこ

■ 国字

和語の表す意味概念が中国語、すなわち漢字の中に対応するものがない場合、漢字の構成原理に倣って日本で造字して用いることもあった。このような日本製の漢字を「国字」という。

たとえば、「しつけ」を「躾」と書き、「つじ」を「辻」と書く類である。それぞれ身の美しさ、十字の道という意味を表わして、六書でいう会意によって作られたものが多い。

中国語にはない漢字であるから、本来は音はないが、中には「働（ドウ）」「腺（セン）」「鋲（ビョウ）」などのように音を持つものもある。奈良時代にすでに国字は用いられていた。

俤 おもかげ	俣 また	働 はたらく
凧 たこ	凩 こがらし	凪 なぎ
匂 におい	匁 もんめ	叺 かます
噺 はなし	嬶 かか	峠 とうげ
杣 そま	枠 わく	栂 とが
栃 とち	桛 かせ	枡 ます
梻 しきみ	椛 ふもと	椚 くぬぎ
椙 すぎ	椣 こうじ	榊 さかき
樫 かし	毟 むしる	畑 はた
畠 はた	硴 ざま	笹 ささ
簓 ささら	簗 やな	籾 もみ
縅 おどし	裃 かみしも	凄 つま
襷 たすき	躾 しつけ	魑 やがて
辷 すべる	込 こむ	迚 とても
鑓 やり	鞆 とも	嵐 おろし
鯰 なまず	鰯 いわし	鱈 たら
鱚 きす	鴨 しぎ	鶫 つぐみ

第3節　漢語の変遷

1　漢語の伝来と借用

　漢字の伝来の最も古い確実な事例は「漢委奴国王」という5文字が刻まれた金印である。これは西暦57年に後漢の光武帝が倭国の使者に与えた印綬で、1784年に福岡県志賀島で発見されたものである。これよりも古く、ユーラシア大陸から朝鮮半島を経てやってきた渡来人が漢字を伝えたこともあったかもしれない。ただし、中国語が日本で用いられるということと、日本語が漢字で書かれるということとは次元が異なる。

　日本においては、見よう見まねで漢字を書いた段階を経て、ある事柄を漢字で記すようになる。4世紀末から5世紀になると、大陸からさまざまな技術を持った人たちが渡来し、その中には漢字漢文に熟達した者もいた。『古事記』に、和迩(わに)が『論語』『千字文』を伝えた、『日本書紀』応神16年条に王仁(わに)が渡来し、皇太子が師事したという記事が見える。これらは本格的な漢文の伝来を象徴的に伝えるものである。

　渡来人は漢文をもって大和朝廷に仕えて書記の任に当たっていたが、6世紀になると、百済から五経博士が派遣

■『日本書紀』巻十　応神(しん)天皇

十六年春二月、王仁來之。則太子菟道稚郎子師之。習二諸典籍於王仁一。莫レ不二通達一。故所謂王仁者、是書首等之始祖也。

■漢字伝来に関する記録
　王仁来日の応神16年は285年に相当するとされる。しかし、『古事記』に見える「照古王」とは、朝鮮の史書『三国史記』に百済第13代王の近肖古王(346～375年在位)のことである。
　また、応神3年に百済の辰斯王が殺されたと記されているが、その死は『三国史記』に高句麗王談徳(広開土王)の攻撃に際してのことで、辰斯王8年であったと見える。辰斯王8年は392年に相当することから、応神3年は392年、応神16年は405年ということになる。
　『日本書紀』の朝鮮関係記事は干支を二巡、すなわち120年繰り上げるという操作を施したものであろう。

■『万葉集』の漢語
　『万葉集』には漢語を詠み込んだ歌がある。
　一二(いちに)の目のみにはあらず五六(ごろく)三四(さえ)さへありけり双六(すごろく)の采(さえ)
　（巻16　3827）
歌意は「賽子(さいころ)には1から6の目がある」というもので、漢数字と遊戯用語「双六・采」が見える。「采」はサイコロの意で、当時の字音は [saye] であった。
　このほかにも『万葉集』の和歌の中に、次のような漢語が詠み込まれている。
〔仏教系漢語〕布施(ふせ)　香塔(かうたふ)　力士舞(りきじまひ)　餓鬼(がき)　法師(ほふし)　檀越(だにをち)　波羅門(ばらもに)
〔律令系漢語〕過所(くわそ)　功(く)　五位(ごゐ)
〔思想系漢語〕無何有(むかいう)　藐孤射(はこや)
〔産物名〕皁莢(さいかち)

され、儒学の講義が始まるとともに、同じく百済から仏教が伝えられたことによって、本格的に漢文が学習されることとなった。当初は、漢文を一種の外国語として学習し、意味を理解していたが、次第に日本語で訓読されるようになった。

漢字に対して日本語があてられていく過程で、日本固有の語すなわち和語では中国語の意味に対応しない概念や事物も当然存在する。その場合には、漢字の発音のままで理解するしかないことから、中国語の単語がその発音のまま借用されることとなったのである。

2 漢語と字音

漢字は語そのものを表すことから表語文字と呼ばれ、一つ一つの文字に意味が対応している。ただし、その発音は、現代中国において方言に大きな違いがあるように、歴史的にも大きな変化が見られる。

● 日本漢字音

この中国語の発音とは、すなわち漢字音のことであるが、日本では一つの漢字に複数の字音があることも少なくない。たとえば、「行」は「修行」ではギョウ、「行動」ではコウ、「行脚」ではアンと読まれる。このような字音はもちろん中国語に由来するものであるが、それは日本に伝わった時代や母胎となる地域によって、呉音・漢音・唐音（宋音）に分けられる（図6-5）。

図6-5 漢字音の伝来地域と時代

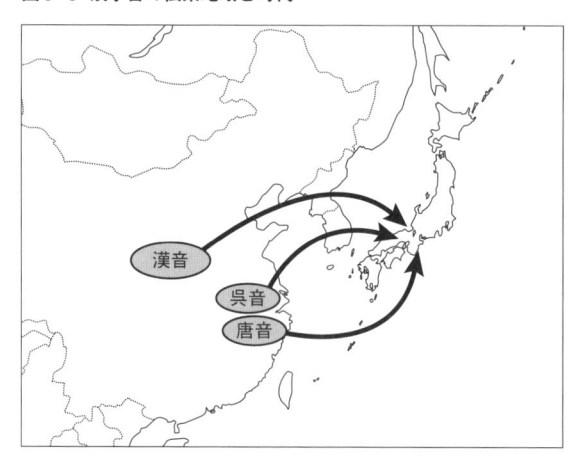

呉音：長江下流域（5〜6世紀）
漢音：長安及び洛陽（8〜9世紀）
唐音：長江南部（13〜17世紀）

■ 古音

古音は呉音が伝来する以前に渡来人によって伝えられた字音をいう。「止」をト、「乃」をノ、「支」をキと読む類である。万葉仮名を経て仮名が誕生するが、平仮名「と」は「止」の草書体から、片仮名「ト」は「止」の初二画から作られたもので、「止」はシよりも古い字音はトであったと見られる。

このような、「止」をトと発音するという類は、秦・漢の時代の発音であり、それが朝鮮半島に伝わり用いられてきたものと考えられている。従って、これを古韓音と呼ぶこともある。ただし、この字音は漢語として今日残ってはいない。

● 呉音と漢音

　呉音は5、6世紀ごろに長江下流域で用いられていた字音を母胎とし、それが百済を経由して6世紀から7世紀にかけて伝わったものである。「和音」「対馬音」などとも呼ばれる。呉音の伝来は、五経博士の派遣、仏教の公伝を大きな契機としたものである。そして、漢文を理解していく過程で、字音のままで借用されて漢語となったものであるから、『論語』『礼記』というように漢籍の書名（ただし、漢籍の訓読はのちに漢音となる）、「経文・明神・世間」のような仏教語、「大臣・正五位下」のような律令用語（元号も本来は呉音による。例天平・貞観）などは伝統的に呉音が用いられる。また、呉音はより古くに日本語に浸透したため、「大事・無下・家来・性分」など日常漢語は呉音によるものが多い。

　一方、漢音は隋・唐時代（7世紀～10世紀初め）の中国北方の洛陽・長安の発音に基づくものである。遣隋使・遣唐使たちがもたらしたもので、これは中国の首都で用いられた標準的な発音であったことから古くは「正音」と呼ばれた。朝廷は呉音を廃止し、正音の普及に努めたが、すでに定着していた呉音を排除することができず、その後併用されることとなり、今日に至っている（表6-6）。

　朝廷では大学寮で漢音を用いることを徹底させたため、平安時代以降『論

表6-6　呉音・漢音対照表

(1) 子音について
　マ行＝呉音、バ行＝漢音　……美（ミ・ビ）、文（モン・ブン）、万（マン・バン）
　ナ行＝呉音、ダ行＝漢音　……男（ナン・ダン）、内（ナイ・ダイ）、奴（ヌ・ド）
　濁音＝呉音、清音＝漢音　……平（ビョウ・ヘイ）、神（ジン・シン）、強（ゴウ・キョウ）

(2) 母音について
　エ＝呉音、ア＝漢音　……家（ケ・カ）、下（ゲ・カ）、馬（メ・バ）
　ウ＝呉音、オ＝漢音　……都（ツ・ト）、図（ズ・ト）、布（フ・ホ）
　エ＝呉音、イ＝漢音　……気（ケ・キ）、戯（ゲ・ギ）、衣（エ・イ）
　エン＝呉音、アン＝漢音　……山（セン・サン）、間（ゲン・カン）、眼（ゲン・ガン）
　オン＝呉音、エン＝漢音　……建（コン・ケン）、言（ゴン・ゲン）、権（ゴン・ケン）
　アイ＝呉音、エイ＝漢音　……西（サイ・セイ）、体（タイ・テイ）、礼（ライ・レイ）
　エ＝呉音、エイ＝漢音　……世（セ・セイ）、繋（ケ・ケイ）、衛（エ・エイ）
　ウ＝呉音、オウ＝漢音　……工（ク・コウ）、公（ク・コウ）、奉（ブ・ホウ）
　ヨウ＝呉音、エイ＝漢音　……明（ミョウ・メイ）、京（キョウ・ケイ）、生（ショウ・セイ）
　ヨウ＝呉音、オウ＝漢音　……行（ギョウ・コウ）、荘（ショウ・ソウ）、猛（ミョウ・モウ）
　イキ＝呉音、ヨク＝漢音　……色（シキ・ショク）、力（リキ・リョク）、食（ジキ・ショク）

第6章　ことばの変遷

語』『文選』など漢籍を読む場合に使用された。従って漢籍由来の漢語、たとえば「清明(せいめい)・令色(れいしょく)・後宮(こうきゅう)・精神(せいしん)」などは漢音を用いるのである。また、江戸時代に儒学が盛んに教育されたことから、次第に漢音が優勢になってきた。そのため、「男女」がナンニョからダンジョへ、「発熱」がホツネツからハツネツへというように、漢音読みへと変化したものも多い。

● 唐音

唐音(宋音ともいう)は、鎌倉時代から江戸時代にかけて、禅宗関係の僧侶や日中貿易の商人などによってもたらされた中国東南部の沿海地域の発音に基づくものである。「布団・饅頭(トン)(ジュウ)・外郎(ウイ)・行脚(アンギャ)・普請(シン)・椅子(ス)」など、日常語の中に残っているものが多く、語彙のレベルで借用された。

● 慣用音

日本で用いられている間に、漢語の語形が変化したものもあり、その結果、呉音・漢音と異なる字音となったものを慣用音と呼んでいる。

主に慣用音によって漢語が構成されている場合もあり、たとえば「立」は仏教関係で「本堂の建立」などというときには「リュウ」という音も用いられるが、普通には「リツ」という慣用音で「立案・立証・立論」などと用いられている。なかには、「固執」のようにコシュウ(本来の読み)ともコシ

■ 呉音・漢音両読の漢語

同じ漢字表記で呉音・漢音の両方で読む漢語がある。その場合、意味が異なることもある。

人間（ニンゲン・ジンカン）
後生（ゴショウ・コウセイ）
自然（ジネン・シゼン）
男女（ナンニョ・ダンジョ）
兄弟（キョウダイ・ケイテイ）
精霊（ショウリョウ・セイレイ）
文言（モンゴン・ブンゲン）
強力（ゴウリキ・キョウリョク）
雑色（ゾウシキ・ザッショク）

＊（　）内は左が呉音、右が漢音。

■ 慣用音の分類

(1) p入声・ウの促音化
「立（リッ←リフ）冬」
「執（シツ←シフ）行」
「早（サッ←サウ）急」
(2) 構成要素の音符からの類推
「洗滌（ジョウ←デキ）」
　　（「條（条）」からの類推）
「消耗（モウ←コウ）」
　　（「毛」からの類推）
「輸（ユ←シュ）入」
　　（「兪」からの類推）
「攪（カク←コウ）拌」
　　（「覚」からの類推）
「口腔（クウ←コウ）」
　　（「空」からの類推）
(3) 他の音読みへの転換
「比較（カク←コウ）」（カクは〈車の横木〉の意で、〈比べる〉意はコウ）

■ 中国近代語と外来語

マージャン（麻雀）
シューマイ（焼売）
ラオチュー（老酒）
シャンハイ（上海）

これらは、近世以降に中国近代音をそのまま借用した語である。中国の現代音にかなり近く、また片仮名で書かれることも多いように、呉音・漢音に代表されるような漢字の音という意識に乏しい。

唐音は「団」(布団)のトンが常用漢字表の音としても認められるように、漢字音というレベルでの把握も可能である。しかし、「麻雀」の類は字音体系間の対応規則として捉えにくく、臨時的個別的な発音と意識されることから、外来語とされる。

ツ（シツは慣用音）とも読まれ、揺れているものもある。

3 漢語の日本的変化

●機能的変化

漢語は原則として日本語で名詞として借用されるが、語の性質によってはその機能を異にするものがある。その場合、活用語尾を付けて、動詞・形容詞・形容動詞などにもなる。

［動詞］（サ変以外）装束く　料理る
　　　　　懸想ぶ　力む　退治る　目論む
　　　　　（サ変）期する　信じる
［形容詞］仰々しい　鬱陶しい
　　　　　四角い　辛労い
［形容動詞］元気だ　綺麗だ

［連体詞］堂々たる、確固たる
［副詞］特別　折角　無論　全然
　　　　漠然と　非常に
付属語を除く、ほとんどの品詞にわたっている。

●意味的変化

日本語に入ってきた漢語のほとんどが、程度の差こそあれ何らかの意味変化を遂げている。

中でも、仏教語の意味的変化は顕著な傾向としてあげられる。たとえば、「億劫・我慢・観念・自慢・退屈」などがいずれも仏教的意味から離れて一般生活に溶け込んで、一種の日常用語と化している。

もう一点注目すべきは、漢籍に使わ

■ 湯桶読み・重箱読み

湯桶読み・重箱読みの語は、多く漢語の読みの変化から生じたものであろう。すなわち、漢語「手本」「身分」としてもとは「しゅほん」「しんぶん」であったのが、一部を訓で読み換えて「てほん」「みぶん」となったと考えられる。それは、現代において「私立」を「わたくしりつ」と読む現象と同じであろう。

ほかにも「場所」などの例があるように、前半部分だけ訓で言い換えたもの、すなわち湯桶読みをするものが多く、また、その由来も古い。たとえば、「手本」は10世紀成立の『宇津保物語』に既に用いられている。

■ 仏教語の意味的下落

有頂天
　無色界の最上天の一つ
　→喜びで得意なさま
億劫（オッコウ→オックウ）
　測定できないほど長い時間
　→面倒くさいこと
我慢
　自己中心の思い上がった心
　→堪え忍ぶこと
観念
　精神を集中し思念すること
　→あきらめること
三昧
　心を散乱させず瞑想にふける
　安定した境地
　→一つのことに熱中するさま
旦那
　布施をする檀家
　→男の人を尊敬して呼ぶ

■ 漢語の受容

表6-2、図6-1を見ると、漢語が日本語に徐々に浸透していく様相がわかる。

8世紀後半成立の『万葉集』では、ほぼ和語だけが用いられていた。しかし、時代が下るにしたがって、和語の比率が減ってくる。そして和語の減少に比例して、漢語の比率が上昇していく。

平安時代において、たとえば『源氏物語』（11世紀初め成立）では、全体のほぼ一割の使用であったが、『日葡辞書』（1603〜4年刊）では二割以上を占めるようになり、さらに近代に至って大きな飛躍を見せるのである。

れる語が日本語として受け入れられてから、意味の変容が見られる場合である。たとえば、「斟酌(しんしゃく)」は本来〈酒をくむ〉という意であったが、日本では〈先方の心情をよく汲み取る〉の意となり、さらに、相手に気を遣って何かに取りかかるとつい遠慮がちになることから、〈辞退する〉の意味へと発展した。室町時代の抄物では次のように記されて、早くもこの語における和漢の違いが意識されている。

　斟酌ト云フヲ、日本ニ辞退スル方ニ心得(こころえ)ハ、イハレタ也。斟酌ハハカラヒ行(おこな)フ心新ナリ。(『左伝聴塵』巻12)

「斟酌」は日本では〈辞退〉の意に用いられているが、中国では「ハカライ行フ」〈うまく処理する〉ことの意として使われている。同じことは、方言書『かたこと』(1650年成立)にも〈辞退〉の意を誤りとしている。

　斟酌といふこと葉は、物をくみはかるこころにて侍るを、今は辞退することにのみ云るは誤とぞ。

日本での意味変化を退け、本来の意味への回帰を促している。

また、江戸時代には唐話(近世の中国語)が入ってきたことで、それを旧来の漢語と対照させて、類義的な表現として日本語に取り入れるようにもなった(表6-7)。

● 漢語と漢字表記

漢語を用いる反面、漢字表記が意識

表6-7 唐話を日本語に取り入れる

『唐音和解』(1716)では新しい唐話(左側)に、旧来の漢語(右側)をもって対訳することにより、前者を日本語に取り入れていく。

唐話と旧来漢語との対訳			
皇帝―禁中	国王―大名	仕官―武士	農夫―百姓
工夫―職人	国手―医師	左遷―浪人	妓女―素人
灯籠―挑灯	平常―平生	主意―料簡	適意―満足
風説―沙汰	憑拠―証拠	評論―評定	浮浪―放埓
太平―静謐	温良―柔和	寛大―緩怠	仔細―叮嚀
未詳―不審	失敬―慮外	自失―不覚	勧解―異見
会意―得心	穏当―安穏	怜悧―利発	謀計―智略
性急―短気	消息―音信	差異―差別	荒唐―騒動
尋常―常住	傲慢―自慢	風流―風俗	只管―折角
対話―挨拶	会意―合点	毒舌―讒言	在外―留主
指教―指南	感激―頂戴	小心―用心	容色―機嫌
光景―首尾	老実―正直	究竟―兎角	許多―沢山
回春―本復	粉砕―粉灰	大器―上戸	胡琴―鼓弓
小器―下戸			

■ 漢字表記の変化

- 身代(シンダイ)
「進退(しんたい)」〈進むことと退くこと〉
→ [シンダイ]〈自分の身の処し方〉→〈意のままにする〉
→〈財産〉「身代」

- 内緒(ナイショ)
「内証(ないしょう)」〈自らの心の中で悟ること〉→ [ナイショ]〈秘密〉「内緒」

- 景色(ケシキ)
「気色(けしき)」〈ようす〉[呉音読み]
→〈外面のようす〉
→ケシキ「景色」
→〈内面のようす〉
→キショク[漢音読み]

- 辛抱(シンボウ)
「心法(しんぼう)」〈心の働き〉
→〈堪え忍ぶ〉「辛抱」

されず、本来の語義が認識しづらくなる場合もある。鎌倉時代に成立した『名語記(みょうごき)』には、意味のよくわからない語に対して、漢字をあてて説明する例がすでに多く見られる。

　○カマカマシ如何、カマハ降魔ノ義歟
　○キヤウエフトイヘル文如何、杏葉也

　このように、漢語が漢字表記とは切り離されて、話し言葉で用いられることもよくあったと見られる。そのような状況においては、意味の変化に伴って、字義に即した漢字表記が新たに考案されるようにもなる。

　「才覚」はもともと「才学」と書かれたもので、漢音でサイカクと発音された。才能と学識という意味で漢籍で用いられていたが、日本では中世以降「才」に重点を置いて用いられるようになり、そのため「才覚」というように書かれるようになった。

　「勝事（漢音ショウシ）」は〈すぐれたこと〉→〈異常なこと〉→〈ばかばかしいこと〉と意味変化し、「笑止」と書かれるようになった。

　このような意味変化に応じて再解釈され、別の漢字表記が用いられるようになり、装いを新たにした和製漢語が生じることともなった。

4　和製漢語の形成

● 訓読みから音読みへ

表6-8　和製漢語の生成パターン

1.	訓から音へ	大根、転落、無断、推量、引率、心配、改札、物騒、返事
2.	同音の書き換え	蚊虻→文盲、拒張→故障、料簡→了見、名誉→面妖
3.	訳語	哲学、美術、悲劇、経済、社会、人格、前提、概念、義務
4.	和文構造	酒造、楽勝、色盲、人選、時限、直行、便乗、通学、物納
5.	軸字の和化	済、配、参、若、介（返済、配当、持参、若輩、介錯）
6.	省略	賀正、重文、敬遠、断行、公表、特任、天覧、示談、労組
7.	当て字	立派、馬鹿、怪我、野暮、不図、能天気、本当
8.	漢文構造	早速、慰安、遅延、健勝、国営、要望、受容、念願、容認
9.	接辞による派生	超〜、非〜、所〜、〜性、〜化、〜的、〜界、〜心、〜力

漢語が長く用いられるのに伴って、中世以降もともと訓読みをした語の漢字表記を音読みにすることが生じた。

　かへりごと→返事→ヘンジ
　ものさわがし→物騒→ブッソウ
　おほね→大根→ダイコン
　ではる→出張→シュッチョウ

このような「訓読みから音読みへ」という読みの変化を経たものは実質的に和語そのもので、単に漢字表記に音読みという形式的な装いを着せ替えただけである（表6-8）。

この方法で造られたものには、古くから「をこ→尾籠（ビロウ）」のような漢字のあて方を通して意味が変化する例もあれば、「おしはかる→推量、ひきゐる→引率、許しをめんずる→免許」のように漢文風に漢字表記した例もある。

　腹が立つ→立腹
　式を挙げる→挙式
　札を改める→改札

漢文の語順に沿って造られたものが多いが、逆に目的語が先に来る日本語的な構造をしているものもある。

　心を配る→心配
　酒に乱れる→酒乱

●**同音による書き換え**

1946年に当用漢字表が告示され、一般社会で使用する漢字が制限されたことから、表外の漢字によって表記される漢語は用いられなくなった。そこで、旧来の漢語に代えて、1956年に

■**漢字の書き換え**

当用漢字表が告示されて、出版・新聞各社は独自に漢字を書き換えたが、その漢字表記はまちまちであった。そこで、1956年に国語審議会が「同音の漢字による書きかえ」を報告して、指針を示した。

(1)代用字（字の書き換え。無条件で書き換える）
　・慾→欲
　　　○愛欲　○私欲……
　・稀→希
　　　○希少　○希薄……

(2)代用語（語の書き換え。特定の語に限って書き換える）
　・綜→総
　　　綜合→○総合
　　　錯綜→×錯総
　・訣→決

訣別→○決別
秘訣→×秘決
・撥→発
撥ね→○反発
反撥→○反発
撥音便→×発音便

ただし、次のような場合は別の字による書き換えが示されている。

・蒐→集〈収〉
蒐荷→○集荷
蒐集→×集集→○収集

しかし、書き換えとして示された表記の中には実際にはあまり用いられていないものもある。

燻製　→薫製
古稀　→古希
煽情　→扇情
沈澱　→沈殿
下剋上　→下克上
玉石混淆―玉石混交

■**同音異義語**

発音は同じで、類似した意味をもつ熟語のうち、文脈上書き分けられるものもある。

委譲・移譲　　改定・改訂
回答・解答　　観賞・鑑賞
条例・条令　　精算・清算
保障・保証　　要項・要綱

中には、専門的な用語として用いられる場合に、特定の漢字表記が用いられる場合もある。

[囲碁]定石　　[将棋]定跡
[植物]生息　　[動物]棲息
[心理]強迫　　[刑法]脅迫
[一般]混迷　　[医学]昏迷
[一般]破棄　　[法律]破毀
[一般]意志　　[法律]意思
[一般]規定　　[法律]規程

「同音による書き換え」が提案され、同じ音による別の漢字を用いた新たな漢語が創出された。

格闘→格闘　　掩護→援護
滲透→浸透　　詮衡→選考
悧巧→利口

書き換えによって意味もそれに応じて変わってくることもある。

ただ、意味がかなり異なる漢字で書き換えられたものもあって、「恩義(誼)」「包(庖)丁」「了(諒)解」などは字義として不具合なところもある。

● **自由な語構成による形成**

和製漢語の生産的な形成パターンを語構成から見てみると、「国営・人工」のような主述構造、「直行・楽勝」のような連用修飾被修飾の構造をもつ熟語は、中国語では文の単位として扱うのに対して、日本語では語の単位として扱われる。たとえば、「理不尽」のように文「理尽くさず」から語「リフジン」へというように、日本語は音読することで一語として確立される。「心を配る→心配」のように句の単位を名詞に換え、表現上の簡便さをもたらしている。

このように、日本語では文法的な制限がなく自由な組み合わせが可能であり、このことが和製漢語の形成を促している側面がある（表6-8）。

さらに、派生による造語法の一つとして「化・性・式・的」を始め、「界・心・力」などの接尾辞によるものが和

表6-9　漢語接辞の発達【近代女性雑誌コーパス】(1894〜95 (明治27〜28) 年『女学雑誌』、1909 (明治42) 年『女学世界』、1925 (大正14) 年『婦人倶楽部』) による

「〜界」				「〜心」				「〜力」			
育界	商界	文界	政界	愛他心	奉公心	愛郷心	嫉妬心	想像力	注意力	結合力	親和力
男界	劇界	財界	詩界	女界	卑屈心	廉恥心	反抗心	企業心	感化力	記憶力	繁殖力	海軍力
樂界	宗教界	女學界	社交界	神信心	信仰心	労働心	名利心	護國力	獨立力	自動力	獨角力
事業界	佛教界	繪画界	思想界	公同心	好学心	自己心	慈悲心	國粹力	原動力	發見力	集意力
婦人界	商業界	経済界	實業界	抵抗心	義侠心	小児心	不働心	自制力	耐忍力	感應力	社會力
庭球界	雑誌界	醫學界	出版界	恐怖心	同情心	需求心	経済心	傳道力	万能力	潜勢力	壓倒力
學問界	政治界	小説界	花柳界	矢猛心	階級心	大義心	徳義心	磁石力	同化力	自然力	自在力
工業界	音樂界	華胄界	運動界	忠義心	道義心	貯蓄心	慈善心	觀察力	感動力	道德力	元動力
流行界	舞踊界	手藝界	交際界	卑怯心	愛憐心	羨望心	救済心	吸引力	執着力	解釋力	判斷力
演劇界	亂雜界	神道界	儒教界	依頼心	宗教心	虚栄心	貪欲心	作文力	讀書力	義捐力	生産力
技術界	短歌界	基督教界		勇猛心	反省心	執着心	獨立心	理解力	自信力	電氣力	蒸氣力
教師社界	交際社界	自轉車界		名誉心	自負心	蓄財心	寄附心	防腐力	忍耐力	生活力	保存力
新風潮界	婦人乘馬界			愛国心	敵愾心	功名心	克己心	咀嚼力	消化力	維持力	制裁力
				好奇心	自尊心	向上心	公德心	抵抗力	決斷力	耐久力	推理力
								緊張力	魅惑力	精神力	工夫力

製漢語の量産に拍車をかけていることも指摘できる（表6-9）。

5　近代新漢語の成立

幕末・明治以降はとりわけ漢語の急激な増加の時代でもあった。その急増の一因は近世における漢文訓読の簡素化にあり、その訓法が音読みの語を容認する風潮を助長させたからでもあった。蘭学に代わって英学が隆盛となり、欧米の文物や知識が大量に移入されるのにともなって、新しい概念に対応するために、簡潔かつ明晰な漢語が駆使されることとなった。

● 新漢語の分類

新漢語は大きく三つに分類される。

(a) 中国語からの直接借用
「電気・電報・地球・銀行・化学・直径・風琴・新聞」
(b) 中国古典語の意味的転用
「革命・文化・観念・福祉・文明・関係・存在・印象」
(c) 日本独自の漢語創出
「哲学・喜劇・郵便・美学・帰納・概念・目的・理想」

(a)は、専門書を中心に中国語に翻訳した漢訳洋書や、中国で出版された英華字典などから直接借用したものである。(b)は、中国古典に用いられていたことばを、その意味を変えて近代的な西洋の概念に転用したものである。(c)は日本人によって独自に作り出された純粋な和製漢語である。

■「新漢語」の内訳

```
漢語 ┬ 旧漢語                  ① 学校、制度、親戚、戦争、準備、投降、命令
     └ 新漢語 ┬ 近世中国語      ② 中央、分割、活動、主張、喫煙、純白
              │                ③ 電報、鉄道、銀行、保険、権利、工業、化学    ┐
              └ 和製漢語        ④ 経済、主義、社会、文化、芸術、革命、生産    ├ 訳語
                               ⑤ 電話、哲学、美術、主観、止揚、人格          ┘
                               ⑥ 情報、番号、推量、目的、故障、出版、文盲
```

(1) 新漢語とは

「新漢語」という用語はその範囲が必ずしも明確でない。幕末・明治に使われた語、新しい事物・概念を表す語などを指すことから、「近代漢語」と同義で用いられることもある。また、その反対概念の旧漢語との境目もなかなかつけられない。一般に「新漢語」は洋学資料によって裏付けられることがあるが、それは一方では「訳語」という概念にも重なる。すなわち、その意義・役割は多岐にわたっているのである。

(2) 新漢語の分類

「新漢語」と関わっている概念は少なくともその由来から見て、さらに「近世中国語」②③、「訳語」③④⑤、「和製漢語」④⑤⑥に分けられる。ただ、日中交流史から考えれば、中国語を日本語に取り入れたのは①②③であり、日本語から中国語へ入ったのは⑤⑥である。いわゆる旧来の漢語に近代欧米概念を付与した④の扱いが焦点となる。

次に、中国からの直接借用と日本独自の創出について見てみよう。

● 漢訳洋書からの借用

19世紀に中国で出版された宣教師による漢訳洋書と英華字典は近代漢語の大きな源泉となった。英語などの外国語を直接に読むことができなくても、漢文の素養の高い日本人は漢訳洋書を通して西洋を知り、そこに見える新しい概念を表す中国語をそのまま日本語に取り込んだのである。それは英語との対訳を通してみると、そのまま翻訳語となるものであり、訳語としての完成度も高いものであった。

明治10年代以前の新漢語には、このような漢訳洋書・英華字典から借用したものが多い。まず、漢訳洋書では、17世紀以降、マテオ・リッチなどカトリック系の宣教師が著した書物から「地球・幾何・対数・顕微鏡」などの天文・地理・数学関係の語彙を受け入れている。また、宣教師のホブソン（合信）が著した『博物新編』（1855年刊）は広範囲にわたって科学を扱った数少ない書物で、「電気」などの語がこれを通して日本に入ってきた。W.マーティン（丁韙良）訳の『万国公法』（1864刊）は国際法に関する解説書で、「権利」などの語がこれを通して日本に伝わった（図6-6）。

同文館（教育機関・外国書翻訳機構として1862年に設立）から出版された『格物入門』（1868年刊）の目次に

図6-6 万国公法

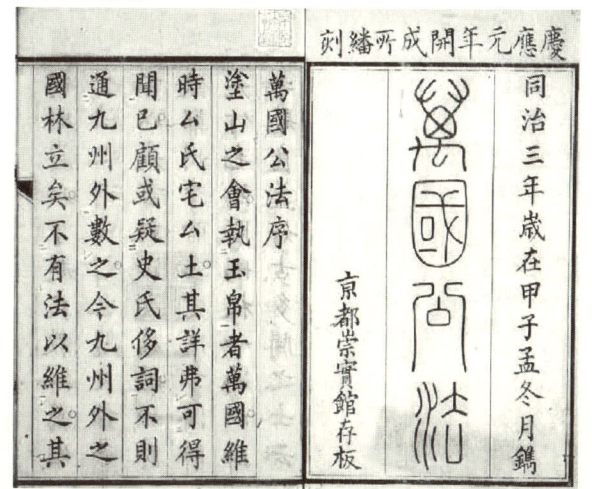

■『万国公法』からの直接借用語

遺産	解説	関渉	軍費	権利
公庫	交戦	告白	国権	商会
臣民	専管	多寡	逃避	論理
外交	内務	継続	携帯	財源
離婚	自治	司法	重税	除去
聖書	代理	慣行	管制	限定
誤解	固辞	大局	法院	野蛮
例外	実権	責任	奪回	被告
分権	人民	公意	法制	議院
公権	私権	増強	投降	黙認

第6章 ことばの変遷

は見出しとして「火力・鉄道・通信・電力・電報」などが見えていて、日本語に取り入れられた。

● 英華字典からの借用

英華字典はR.モリソンを始めとして宣教師たちの手によって編集され、これらから直接日本語に訳語として取り入れている（表6-10）。

特に、ロブシャイドの『英華字典』（1866〜1869年刊）はそれまでの英華字典を集大成したものであり、その中では最大規模を誇っている。日本では二度にわたって翻刻が行われ、明治期の英和辞典の訳語補充に利用されて、「銀行、保険、恋愛」などの新語が日本語に伝播した。井上哲次郎が編集した『訂増英華字典』（1883〜1885年刊）はこの辞書の翻刻版であり20世紀初頭までに何度も版を重ね、漢語訳語の普及に寄与した。

● 日本独自の新語創出

日本人が独自に訳語を創出するのは杉田玄白ら著『解体新書』（1774年刊）に始まる。その翻訳に見られる日本人の創意工夫によって多くの訳語が作られた。たとえば「解剖・盲腸・軟骨・十二指腸・神経」など、オランダ語を通して入ってきた西洋の概念に対応させるために、漢文訳を通して新たな漢語が作られたのである。

さらに、「元素・水素・酸素」など、外来概念への逐字和訳を経て、音読み

表6-10 英華字典からの直接借用語

英華字典名	訳語語例
①モリソン馬礼遜 (R.Morrison, 1822)： A DICTIONARY OF THE CHINESE LANGUAGE, PART III	digest 消化、exchange 交換、judge 審判、law 法律、level 水準、medicien 医学、naturai 自然的、necessarily 必要、news 新聞、organ 風琴、practice 演習、radius 半径線、spirit 精神、unit 単位、men 人類、life 生命、plaintiff 原告、materials 材料、arithmetic 数学、method 方法、conduct 行為、language 言語
②ウィリアムス衛三畏 (W.Williams, 1844)： An English and Chinese Vocabularyin Court Dialect	cabinet 内閣、elect 選挙、newspaper 新聞紙、diamond 金剛石、record 記録・記事、yard 碼、grammar 文法、consul 領事
③メドハースト麦都思 (W.H.Medhurst, 1847-1848)： English and Chinese Dictionary	diameter 直径、essence 本質、knowledge 知識、machine 機器、manage 幹事、matter 物質、lane 平面、platina 白金、accident 偶然、educate 教養、association 交際、Lord 天主、revelation 黙示、sympathy 同情、fiction 小説
④ロブシャイド羅存徳 (W.Lobscheid, 1866-69)：English and Chinese Dictionary, with Punti and Mandarin Pronunciation	protein 蛋白質、positive pole 陽極、adjutant 副官、bank 銀行、beer 麦酒、imagination 幻想・想像、carbonic 炭酸、negative pole 陰極、insurance 保険、literature 文学、passion 受難、principia 原理、privilege 特権、propaganda 宣伝、rule 法則、writer 作者、love 恋愛、reader 読者
⑤ドーリットル盧公明 (J.Doolittle, 1872)：Vocabulary and Handbook of the Chinese Language	電報、電池、光線、民主之国、分子、地質論、物理、動力、光学、国会、函数、微分学、代数曲線

の近代訳語が成立した場合もある（森岡健二　1991）。たとえば、『砲術語選』（上田仲敏輯　1849年刊）には次のような訳語が示されている。

シュールストフ　酸素
リグトストフ　光素
スチッキストフ　窒素
ワートルストフ　水素
コールストフ　炭素

基本的には、「ストフ」に「素」をあてて、それをベースとして概念の逐字訳をもって漢字をあてていることがわかる。

訳語を考案しているうちに、旧来の漢語を用いて新しい概念にあてることもしばしば行われた。「経済・社会・文化・宗教・革命・観念・福祉」などは、中国の古典語を用いて外来の概念にあてたものである。漢籍に出典を求めることもできるし、なおかつ近代訳語としての意味も有している。これらの語には、本来の意味とともに、訳語としての新たな意味概念の付与があり、そこには差異が認められることから、訳語の創意工夫の一種とみなすことができる。

●近代漢語の定着と普及

このような訳語の急激な出現を受けて、明治に入ると『改正増補和訳英辞典』（1869年刊）、『和英語林集成』再版（1872年刊）、『附音挿図英和字彙』（1873年刊）を始め、英和・和英辞典が大量に刊行され、訳語の定着と普及

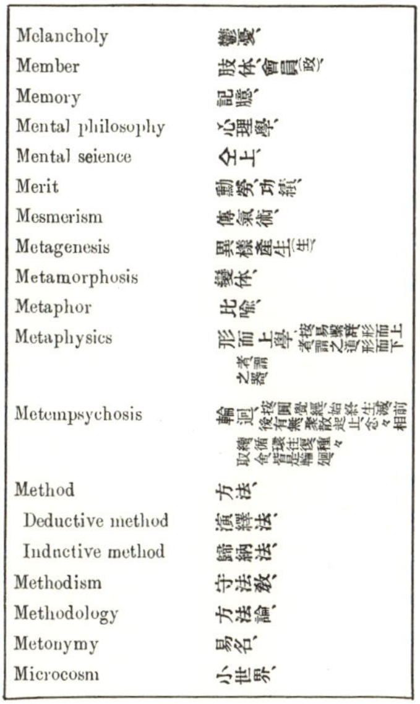

Melancholy	鬱憂、
Member	肢体、會員（政）、
Memory	記臆、
Mental philosophy	心理學、
Mental science	仝上、
Merit	勳勞、功績、
Mesmerism	傳氣術、
Metagenesis	異様產生（生）、
Metamorphosis	變体、
Metaphor	比喩、
Metaphysics	形而上學、按易繋辭、形而上者謂之道、形而下者謂之器
Metempsychosis	輪廻、按圓覺經、始終生滅、前後有無、聚散起止、念々相續、循環往復、種々取捨、皆是輪廻
Method	方法、
Deductive method	演繹法、
Inductive method	歸納法、
Methodism	守法教、
Methodology	方法論、
Metonymy	易名、
Microcosm	小世界、

図6-7　哲学字彙（初版、一八八一）

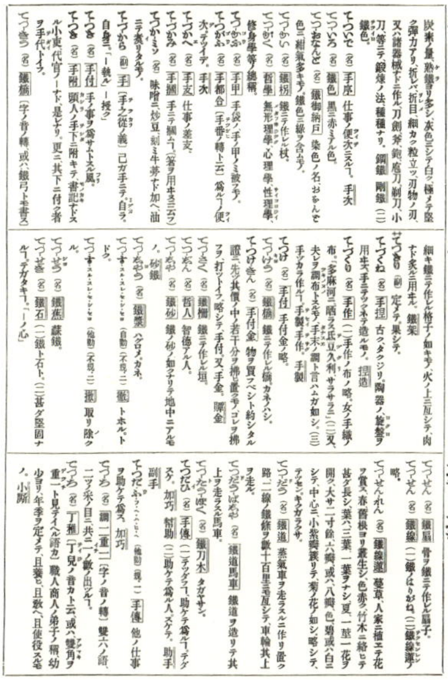

図6-8　『言海』（一八九一）

に貢献した。

特に、『和英語林集成』三版（1886年刊）では和英の部に10000語以上の増加が行われ、その増補された語の大多数が漢語であった。このほか、人文科学用語を中心とした井上哲次郎ら編『哲学字彙』（1881年刊）も刊行された（図6-7）。外国語に対照させて訳語を示したもので、「抽象・範疇・感性」など、明治に入ってから外国語の概念に対応させるために作られたものが多く収録されている。

近代国語辞典の祖とも言うべき大槻文彦『言海』（1891年刊）では、「和ノ通用字」と「和漢通用字」というように、日本独自のものと中国由来のものが区別されている（図6-8）。このような過程を通して、新漢語は日本語の中に完全に融け込み、訳語としての意識も次第に薄らいでいった。

新しい訳語が短期間に作り出されたことは、日本の近代化に大きく寄与することになった。そして、19世紀末以降、中国語は日本語から語彙を借用するようにもなった（図6-9）。

● 現代の漢語

大正時代以降にも社会・科学の発達、時代状況などにともなって「周波・体系・暖色・脚光・時効・公害・台本・弾圧・発禁・印税・協賛・団地」、また、三字による「座談会・赤外線・主題歌・適齢期・有機体・既得権・変質者」などが作り出されている。

漢語は明治以降、訳語を含めて日本語の中に占める比率は一時期70％前後と高くなり、現在に至るまで教養語として不可欠な存在となっている。

図6-9 近代における日本語と中国語

右の図は、現代語の頻度順上位1000語の出現時期を、中国語と日本語についてそれぞれ示したものである。これによって「中国語の近代化への歩みは日本語よりもおそく、20世紀の初めには日本語に逆転される」ことが知られる。そして、中国語は日本語の跡を追うような形で影響を被ることになる。

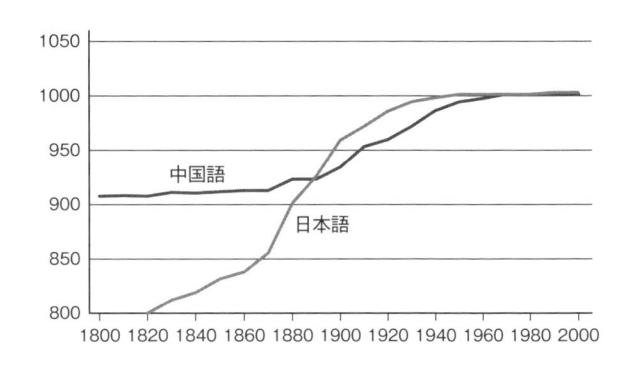

［出典］宮島達夫「語彙史の巨視的比較」（『漢日語言対比研究論叢』第一輯、北京大学出版社、2010）による

第4節 外来語の変遷

1 外国語か外来語か

　外来語が日本語に借用される段階には二つある。第一段階は、外国語そのものとして紹介され用いられるが、その使用範囲は日本人の全体に及ぶのではなく、限られた集団・時期にしか通用しないというものである。近代の知識人たちは外国文化との接触を通して、その外国語を日本語に持ち込み、著述していった。
　たとえば、ドイツ語を学習した加藤弘之は『真政大意』（1869年刊。図6-10）を著してヨーロッパの経済学を紹介するときに、「コムミュニスメ」で〈共産主義〉を、「ソシアリスメ」で〈社会主義〉を言い表している。まだ外国語として使用されている段階であり、現代で用いられる英語起源の「コミュニズム」「ソーシャリズム」とは形態上も、また、社会一般における定着度も異なる。
　第二は、多くの人々によく用いられ、日本語になじんでくると、次第に日本語の語彙の一部として意識されるようになる段階である。森鷗外の文学作品には、まだ外国語の段階にあるカタカナ語がかなり使われている。たと

図6-10　真政大意（1870）

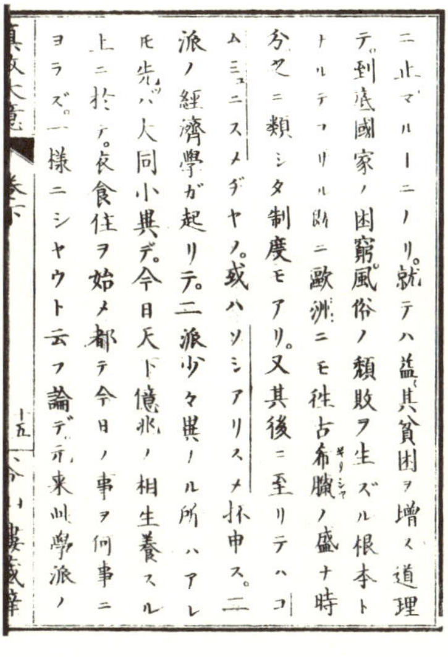

■『西国立志編』の外国語・外来語
　中村正直訳『西国立志編』（1871年刊。原著はSamuel Smiles『Self-Help』1859年刊）には多くの外国語・外来語が見える。
(1)漢字表記の右傍に振り仮名が記される
　　工芸ノ人　　アーチスト
　　紳董　　　　ヂェントリイ
　　郷校　　　　スクール
　　公衆　　　　パブリック
　　疑問　　　　クエスチヨン
　　民衆　　　　ポピユラア
　　教育　　　　エヂユケイション
　　新教　　　　プロテスタント
　　王ノ三軍　　キングズアーミー
　　王ノ侍衛兵　キングズボデイガアド
(2)片仮名表記のあと括弧内に意味が記される
　　セルフヘルプ〔自ラ助ク〕
　　セルフィシネス〔自ラ私クシスルノ意〕
　　インデペンデンス〔自主自立〕
　　サアジャント〔軍吏〕

第6章　ことばの変遷

えば、『舞姫』(1890年刊)には片仮名書きの外来語が括弧付きで用いられている。

> 今宵は夜毎にここに集ひ来る骨牌(カルタ)仲間も「ホテル」に宿りて、舟に残れるは余一人のみなれば、

この「ホテル」という語が国語辞書に見出し語として登場するのは『辞林』(1907年刊)が最初である。

このように、社会一般に用いられ、理解が広まって初めて外来語ということになる。

2 外来語受容の歴史

外来語が受容された過程は大きく三つの時期に分けられる。

まず、16世紀中葉から17世紀初めにかけて、ポルトガルやスペインの宣教師が日本でキリスト教を布教したのに伴って、初めて西洋の言語から語彙が借用されることとなった。ポルトガル語からは宗教用語の「バテレン・クルス」、料理・服飾関係の「パン・カステラ・カッパ・ボタン」などが用いられた。スペイン語からは「メリヤス」などが伝わったとされている。

次は、18世紀から19世紀中葉までのオランダ語からの借用である。鎖国後、オランダ・中国だけと通商する方針を採った江戸幕府が、1720年にキリスト教関係以外の洋書輸入を許可したことによって、次第に西洋への関心が高まっていった。オランダ語の学習が西洋の知識を吸収するために必要と

図6-11 外来語の原語の内訳

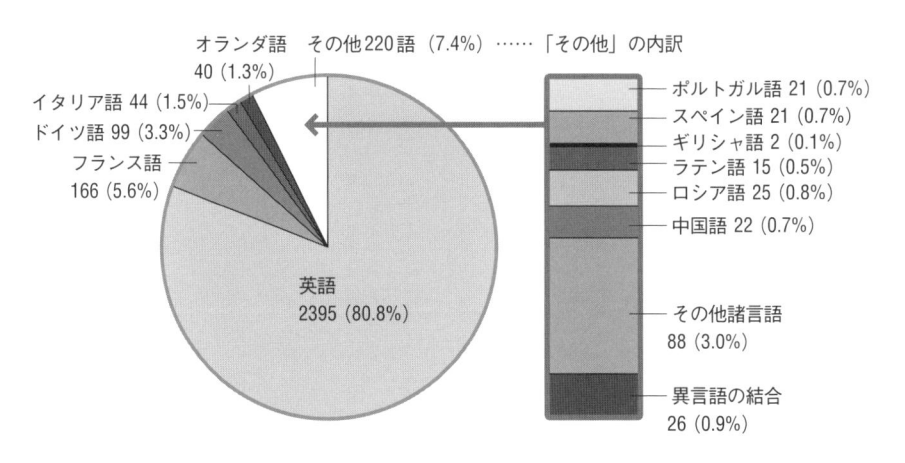

英語 2395 (80.8%)
フランス語 166 (5.6%)
ドイツ語 99 (3.3%)
イタリア語 44 (1.5%)
オランダ語 40 (1.3%)
その他220語 (7.4%) ……「その他」の内訳

「その他」の内訳:
- ポルトガル語 21 (0.7%)
- スペイン語 21 (0.7%)
- ギリシャ語 2 (0.1%)
- ラテン語 15 (0.5%)
- ロシア語 25 (0.8%)
- 中国語 22 (0.7%)
- その他諸言語 88 (3.0%)
- 異言語の結合 26 (0.9%)

[出典] 林大監修編、宮島達夫・野村雅昭・江川清・中野洋・真田信治・佐竹秀雄編『図解日本語』(角川書店、1982)をもとに作成。原典は『現代雑誌九十種の用語用字 第三分冊 分析』(国立国語研究所報告25 秀英出版、1964)

表6-11 原語別（英語を除く）の外来語

アラビア語	アラー　コーラン　ジハード　スルタン　ラマダーン
イタリア語	[音楽] オカリナ　オペラ　カルテット　コンチェルト　ソナタ　ソプラノ　ソロ　チェロ　テンポ　トリオ　ピアノ　ビオラ　ピッコロ　フィナーレ　[料理] エスプレッソ　スパゲッティ　パスタ　ピザ　[その他] カジノ　トトカルチョ　マフィア　マドンナ
オランダ語	[医学] コレラ　チフス　メス　モルヒネ　[化学工学] アルカリ　アルコール　インキ　エキス　ガス　カリ　カルシウム　カンフル　ゴム　スポイト　ソーダ　ピンセット　ホース　レンズ　レトルト　[その他] オルゴール　カバン　カン　ガラス　コーヒー　コック　コップ　コンパス　サテン　シロップ　スコップ　サフラン　ズック　タラップ　デッキ　ビール　ブリキ　ホップ　ポンプ　マドロス　モルモット　ランドセル　ランプ　リュックサック　レッテル
スペイン語	イグアナ　エルニーニョ　カルデラ　ケセラセラ　サルサ　シエスタ　テキーラ　パエリア　フラメンコ　ボレロ　ポンチョ　マラカス　マンボ
中国語	[料理食品] ウーロンチャ　ギョーザ　シューマイ　チャーシュー　チャンポン　ワンタン　[その他] マージャン　メンツ　ロートル
朝鮮語	オンドル　カクテキ　カルビ　キムチ　チゲ　チョンガー　パッチ　メンタイ　ユッケ
ドイツ語	[医学] アスピリン　アレルギー　オブラート　ガーゼ　カフェイン　カプセル　カルテ　ギプス　ゲノム　ケロイド　コラーゲン　ツベルクリン　ノイローゼ　ピールス　ヒステリー　ホルモン　ワクチン　[化学] ウラン　エタノール　エネルギー　カリウム　クレゾール　クロム　ゲル　シャーレ　ゾル　チタン　ナトリウム　プレパラート　マンガン　メスシリンダー　[社会・学術] イデオロギー　カテゴリー　カルテル　コンツェルン　シュプレヒコール　ゼミナール　テーゼ　テーマ　バス　ヒエラルキー　フィルハーモニー　プロレタリアート　ベクトル　メトロノーム　メルヘン　[スキー登山] アルペン　ゲレンデ　ザイル　ストック　ハーケン　ピッケル　ボーゲン　リュックサック　[その他] アルバイト　カリスマ　デマ　バウムクーヘン　ボンベ　ヨーグルト　ルンペン　ワッペン
フランス語	[芸術] アトリエ　アンコール　アンティーク　エチュード　オブジェ　クレヨン　コント　シュール　デッサン　バレエ　モチーフ　レビュー　[料理] アラカルト　オードブル　オムレツ　カフェ　グラタン　グルメ　クロワッサン　コロッケ　ビュッフェ　ポタージュ　マヨネーズ　メニュー　レストラン　[服飾] アップリケ　サロペット　ズボン　ブーケ　ブルゾン　ベレー　マント　ランジェリー　ルージュ　[社会・学問] アンケート　クーデター　コミュニケ　サボタージュ　ジャンル　パンセ　ブルジョワ　プロレタリア　ルネサンス　ルポルタージュ　レジュメ　[その他] アベック　アンツーカー　エチケット　カムフラージュ　キャバレー　クーポン　グランプリ　コンクール　サロン　シルエット　ディスコ　デビュー　バカンス　パラシュート　パラソル　プロムナード　ベージュ　メトロ　モンタージュ　ランデブー　ルーレット
ポルトガル語	[宗教] キリシタン　デウス　バテレン　[料理] カステラ　コンペイトー　テンプラ　パン　[服飾] カッパ　ジュバン　ビロード　ボタン　ラシャ　[その他] カルタ　シャボン　ジョウロ　タバコ　チャルメラ　バッテラ　ビードロ　ピン　フラスコ　ミイラ
ラテン語	ウイルス　エゴ　エトセトラ　ニヒル
ロシア語	[政治経済] インテリゲンチャ　カンパ　コンビナート　コミンテルン　ノルマ　[その他] イクラ　トーチカ　トロイカ　ペチカ

図6-12 外来語や外国語などのカタカナ語の使用に対する印象

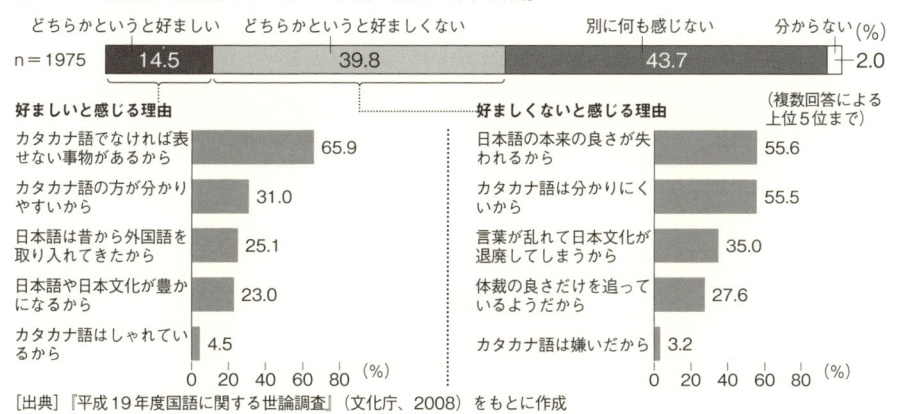

n=1975

どちらかというと好ましい	どちらかというと好ましくない	別に何も感じない	分からない
14.5	39.8	43.7	2.0

(%)

好ましいと感じる理由

	(%)
カタカナ語でなければ表せない事物があるから	65.9
カタカナ語の方が分かりやすいから	31.0
日本語は昔から外国語を取り入れてきたから	25.1
日本語や日本文化が豊かになるから	23.0
カタカナ語はしゃれているから	4.5

好ましくないと感じる理由

（複数回答による上位5位まで）

	(%)
日本語の本来の良さが失われるから	55.6
カタカナ語は分かりにくいから	55.5
言葉が乱れて日本文化が退廃してしまうから	35.0
体裁の良さだけを追っているようだから	27.6
カタカナ語は嫌いだから	3.2

[出典]『平成19年度国語に関する世論調査』（文化庁、2008）をもとに作成

なり、蘭学が確立され、医学・化学などの分野を中心に「チフス・メス・アルコール・レンズ」、また、事物名の「ガラス・ビール」などが借用された。

第三は、19世紀中葉以降、蘭学に代わって英学が台頭し、英語を中心に、フランス語・ドイツ語などさまざまな言語からも借用され、現在に至るというものである。

英語起源の外来語は全体の約80パーセントをも占め、あらゆる分野に及んでいる（図6-11）。

フランス語からの借用語も幕末期から始まり、芸術・服飾関係で「アトリエ・デッサン・モチーフ・アップリケ・ランジェリー」、料理用語で「オムレツ・マヨネーズ」、そのほか「アベック・エチケット・フィアンセ・ベージュ」などがある。

ドイツ語からの借用語は医学・化学分野で「ガーゼ・カルテ・ノイローゼ・エネルギー・ナトリウム」、哲学用語で「イデオロギー・テーゼ」、山岳・スキー用語で「ザイル・ピッケル・シャンツェ・ボーゲン」、そのほか「アルバイト・カリスマ」などがある。

ロシア語からは政治経済用語で「インテリゲンチャ・ノルマ」、そのほか「トロイカ・ペチカ」などがあり、イタリア語からは音楽用語で「テンポ・フィナーレ」、そのほか「カジノ・マドンナ」などがある（表6-11）。

近年は、中国語・朝鮮語をはじめ、アジアの言語からも料理関係の語など

表6-12 外来語に特有の音韻と表記
　原語の発音に対応させて外来語だけに用いられる音韻、ならびにその表記に次のものがある。

	シェ	
	ジェ	
	チェ	
ツァ	ツェ	ツォ
	ティ	
	ディ	
ファ フィ	フェ	フォ
	デュ	

ただし、原音に対してすでに慣用となっている発音もあり、それを〈慣用〉として記した。
[ʃe]「シェ」シェーカー　シェイプアップ
　〈慣用〉「セ」ミルクセーキ
[ʒe]「ジェ」ジェット　ダイジェスト
　〈慣用〉「ゼ」ゼラチン
[tʃe]「チェ」チェーン　チェス　チェック

[tsa]「ツァ」コンツェルン
[tse]「ツェ」シャンツェ
[tso]「ツォ」カンツォーネ
[ti]「ティ」パーティー　ボランティア
　〈慣用〉「チ」エチケット　プラスチック
　　　　　「テ」ステッキ
[di]「ディ」ディーゼル　ビルディング
　〈慣用〉「ジ」スタジオ　ラジオ
　　　　　「デ」キャンデー　デザイン
[fa]「ファ」ファイル
　〈慣用〉「ハ」セロハン
[fi]「フィ」フィート
　〈慣用〉「ヒ」モルヒネ
　　　　　「フイ」フイルム
[fe]「フェ」フェンシング
　〈慣用〉「ヘ」インヘルノ
[fo]「フォ」フォークダンス
　〈慣用〉「ホ」プラットホーム　メガホン
[du]「デュ」デュエット　プロデューサー
　〈慣用〉「ジュ」ジュラルミン

が借用されることも多い。

3 外来語の役割

外来語の使用には賛否両論があるが、言語文化の視点から次のような役割が指摘できる（図6-12）。
(1) 外国文化の享受…外来の事物が社会を便利にし、文化や学問などを発達させる。
(2) 新たな概念の素早い導入…学術語・専門語の分野を中心に経済や生産などの向上に寄与する。
(3) 斬新な感じ…よいイメージが付与される。例ニット（編み物）、プロジェクト（企画）
(4) 婉曲表現…従来の語の言い替えに用いられる。例マッサージ（按摩）、

インナー（下着）

4 外来語の形態と表記

外国語には日本語にない発音があるため、外来語の発音には和語・漢語にない特有のものがあり、それには古くに日本語に慣用として定着した語形がある一方、外国語の発音に慣れるに従って、なるべく原語に近く発音し、表記するようにもなってきた（表6-12）。

さらに、日本語にない原語の発音は定着しにくいために、また、より原音に近く発音したいという欲求に基づいて、その語形もしくは表記が「ティーム・チーム」「ヴァイオリン・バイオリン」のように揺れている場合も少なくない（表6-13）。

表6-13 外来語表記のゆれ
　外国語の原音・原つづりに近く表記する場合には、次のような語形となることがある。

		イェ		
	ウィ	ウェ	ウォ	
クァ	クィ	クェ	クォ	
グァ				
	ツィ			
		トゥ		
		ドゥ		
ヴァ	ヴィ	ヴ	ヴェ	ヴォ
		テュ		
		フュ		
		ヴュ		

ただし、一般的に用いる形を【　】に記した。
[je]「イェ」イェルサレム【エルサレム】
[wi]「we]「wo]「ウィ」「ウェ」「ウォ」ウィスキー【ウイスキー】　ウェディング【ウエディング】　ウォッチ【ウオッチ】
「ウ」を省く【サンドイッチ　スイッチ】
[kw]「クァ・クィ・クェ・クォ」クァルテット【カルテット】　クィンテット【クインテット】　クェスチョン【クエスチョン】　クォーター【クオーター】
「キ・コ」など【キルティング　イコール】
[gw]「グァ」グァテマラ【グアテマラ・ガテマラ】
[tsi]「ツィ」ライプツィヒ【ライプチヒ】
[tu]「トゥ」トゥデイ【「ツ」ツーピース】
[du]「ドゥ」ヒンドゥー教【ヒンズー教】
[v]「ヴァ・ヴィ・ヴ・ヴェ・ヴォ」ヴァイオリン【バイオリン】　イヴ【イブ】　ヴィーナス【ビーナス】　ヴェール【ベール】　ヴォルガ【ボルガ】
[tju]「テュ」ステュワーデス【スチュワーデス】
[fju]「フュ」フュージョン【「ヒュ」ヒューズ】
[vju]「ヴュ」インタヴュー【インタビュー】

形態上の違いは、もともと語源を同じくする語の原語がそれぞれ異なる場合にも見られる。オランダ語起源の「インキ」と、英語起源の「インク」のような、相異なる語形を「二重形」と呼ぶ。その語形の違いには意味の差異も見られる（図6-13）。

外国語・外来概念に対して、漢語によって翻訳する一方、外来語として漢字で表記する場合もあった。その場合、音訳と意訳がある。

［音訳］瓦斯（ガス） 倶楽部（クラブ） 浪漫（ロマン） 合羽（カッパ）
　　　 護謨（ゴム） 曹達（ソーダ） 天麩羅（テンプラ）
［意訳］煙草（タバコ） 硝子（ガラス） 燐寸（マッチ） 手巾（ハンカチ）
　　　 南瓜（カボチャ） 卓子（テーブル） 仙人掌（サボテン）

こうした中には中国に伝わり、中国語としても使われるものもある。

5 和製外来語

外来語の使用に慣れてきたため、日本人による独自の造語も生じている。これを和製外来語（和製洋語）と呼ぶ。

アフタサービス・テーブルスピーチ
ナイトショー・オフィスレディー

中には「バカンスシーズン」のように、フランス語と英語からの外来語を結合させたものもある。

また、複合語の各要素の語頭のみをとって「セクハラ（←セクシャル・ハラスメント）」「パソコン（←パーソナル・コンピュータ）」などと言うほか、頭文字のアルファベットを連ねて読むＡＢＣ略語は和製のものにも見える。

ＯＬ　（←office lady)

図6-13 語源を同じくする原語の違いによる二重形

◎共通ゲルマン語
　├オランダ語 glas →ガラス
　│　　　　　 kop →コップ
　└英　語　　 glass →グラス
　　　　　　　 cup →カップ

◎イタリア語 caffè
　├オランダ語 koffij, koffie →コーヒー（タバコ）
　└フランス語 café →カフェ

◎ラテン語 charta
　├フランス語　carte →（ア・ラ・）カルト
　├英　語　　 card →カード
　├ポルトガル語 carta →カルタ
　└ドイツ語　　 Karte →カルテ

◎英　語 dollar
　├オランダ語風の読み方→ドルラル→ドル
　└アメリカ英語→（ユーロ）ダラー

■外来語の漢字表記

外来語の漢字表記は、近代訳語（新漢語）と同じ過程を通して、日本でも用いられた。

(1)漢訳洋書・英華字典などを通して入ってきた
　煙草（タバコ）　煙管（キセル）
　麦酒（ビール）　天鵞絨（ビロード）

(2)日本で新たに作り出した
　硝子（ガラス）　莫大小（メリヤス）

(1)は中国での成立が先で、それが日本でも使われたものである。また、上記のような意訳においては、その漢字表記は一種の熟字訓と見なされよう。

人名や地名などの固有名詞にも漢字表記が広く行われた。
　シェークスピア　沙翁
　ニューヨーク　　紐育
　ケンブリッジ　　剣橋

CM（←commercial message）

6 外来語の意味的補完

　日本語に和語・漢語・外来語という由来の異なる語彙があるということは、同一概念を別々の語形で言い表す場合もあることになる。

　たとえば、「速度」が「スピード」に、「均衡」が「バランス」に置き換わるというように、新しくは外来語を用いる傾向にあると言える（図6-14）。従来「葡萄酒・ワイン」のように、名詞を中心として増加してきた外来語は近年では形容動詞にも及んで、「優雅・エレガント」「否定的・ネガティブ」など、漢語の領域を侵食し始めているようにも見られる。「宝石・ジュエリー」「女性らしい・フェミニンな」というような、既成のものでない、新鮮なニュアンスや語感をもたらすという意味で、外来語の存在意義は大きく、今後も使用が増えるであろう。

　また、同一概念を、「やど・旅館・ホテル」のように、三種三様の言い方をする場合もある。表現にぬくもりや柔らかさが感じられ、包括的な表現である和語「やど」（「旅の宿」「日本の宿」）に対して、日本式のものを漢語「旅館」、西洋式のものを外来語「ホテル」で、それぞれ意味上うまく住み分けている。意味を細分化して言い分ける、新しい意味概念をもたらすというように、外来語は和語・漢語を意味的に補完する働きをもしている。

図6-14　外来語を使う年齢層

　類義語は、年齢層の間で使い分けられていることがある。たとえば、「いいなずけ」とか「婚礼」といったことばは、若い人たちはあまり使わないが、老人層ではまだ生きている。「つりあい」「おくりもの」「機会」といったことばも若い人たちは、それぞれ「バランス」「プレゼント」「チャンス」などの外来語を使うことが多い。逆に「ピンポン」のように老人層に使われるものもある。

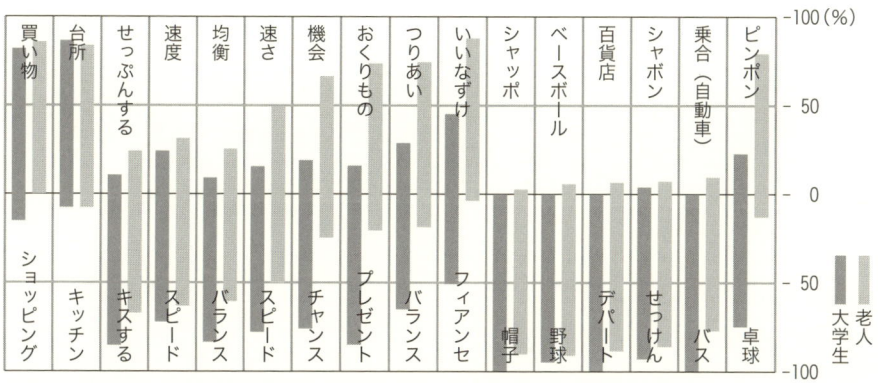

[出典] 林大監修編、宮島達夫・野村雅昭・江川清・中野洋・真田信治・佐竹秀雄編『図解日本語』（角川書店、1982）をもとに作成。原典は『類義語の研究』（国立国語研究所報告28　秀英出版、1965）

第7章 ことばの位相

第1節　地域とことば

1　方言と共通語

　日本語の方言という時は、日本の中にある地域ごとに行われる言語の体系を指す。これに対して、日本全国で共通する言語を〈共通語〉または〈全国共通語〉という。共通語と同義に使われやすい〈標準語〉は、基準となりうる理想の姿であるのに対し、共通語は現実の姿である。

2　日本語方言の分布類型

　日本語で方言がどのように分布しているかは、音韻・語彙・文法などの観点からさまざまな分類の試みが行われてきた。総合的かつ代表的な方言区画には東條操の方言区画がある（図7-1）。語彙の観点からも多様な分布類

図7-1　全国方言区画

内地方言
- 東部方言
  - 北海道方言、東北方言、関東方言、東海東山方言、八丈島方言
- 西部方言
  - 北陸方言、近畿方言、中国方言、雲伯方言、四国方言
- 九州方言
  - 豊日方言、肥筑方言、薩隅方言

琉球方言
- 奄美大島方言
- 沖縄方言
- 先島方言

［出典］松村明編『大辞林　第三版』（三省堂、2006）をもとに作成

型から整理されてきたが、以下の二つが代表的なものである。

(1)周圏型…かつて都のあった近畿地方を中心とし、周辺に同心円状に分布していく型をいう。柳田国男(やなぎた くにお)(1930)『蝸牛考(かぎゅうこう)』で、「かたつむり」を指す語が中央(近畿)からデデムシ→マイマイ→カタツムリ→ツブリ→ナメクジ、と周辺に広がっていくことから〈方言周圏論〉として理論化した。中央の語彙変化が次第に地方に伝播し、中央から離れた地域ほど古い語彙が残る、と考えるのである(図7-2)。

(2)東西対立型…日本列島のほぼ中央にあたる長野県西側の県境付近には、種々の言語的な東西対立の現れる境界線が走っている。これは地理的要因から生じた結果だと考えられる。こうした大きな対立は日本語方言の一特徴と考えられている(図7-3)。

3 共通語化の流れ

明治以降、交通網の発達や生活形態の変化がいっそう進み、国家としても標準語の確立に力を注ぐようになり、地理的要因による方言差は次第に小さくなった。戦後はさらに地方社会の都市化やマスメディアの拡大などに伴って、地域ごとに使用されてきた言語体系としての方言が大きく変化し、共通語化が著しく進んでいる。ただし、現在でも地域による方言差がなくなったわけではなく、地域や個人で程度差はあるものの、場面・相手によって方言

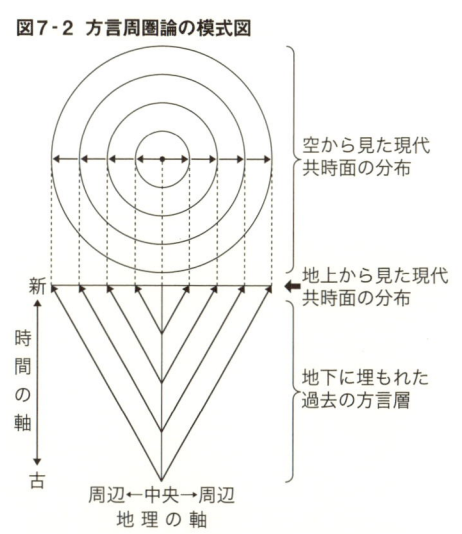

図7-2 方言周圏論の模式図

[出典] 小林隆「方言の歴史」(小林隆・篠崎晃一編『ガイドブック方言研究』ひつじ書房、2003)による

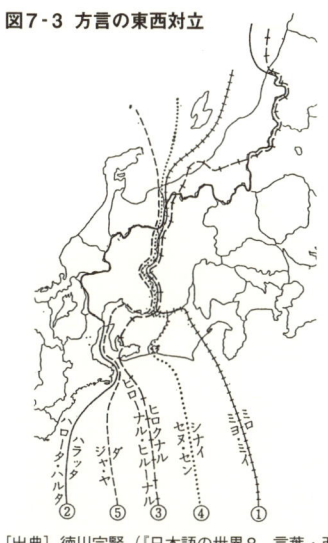

図7-3 方言の東西対立

[出典] 徳川宗賢(『日本語の世界8 言葉・西と東』(中央公論社、1981)による

第7章 ことばの位相

と共通語を使い分ける二重言語生活を送っているのである。これは、日本語の中で方言の位置づけが体系から文体へと変質したことを示している（表7-1）。共通語化した社会では、その地域の方言を体系として使用するのではなく、部分的要素として使用するアクセサリー化（さらに、おもちゃ化）が進んでいるという指摘も見られる。

4 新しい言語の地域差

共通語化の進む中で、従来とは異なる新たな方言の分布が明らかになり、新しい言語の地域差が発見されるようになってきた。

(1)新方言…井上史雄（1985）の提唱した〈新方言〉は、「若い世代に向けて使用者が多くなりつつある非共通語形で、使用者自身も方言扱いしているもの」と定義され、（俗語のような）低いレベルの文体で使用されるという。

・ウザッタイ…不快感を表すウザッタイは本来東京多摩地区に限られた方言だったが、都区内でも若い世代で勢力を増した語であるという（図7-4）。ウザッタイの変化形であるウザイも現在では都区内で使われ、全国に普及していった（井上・鑓水2002）。

・アオタン…内出血を表すアオタンは、北海道の新方言として広がった後に、東日本を中心に西日本でも使用が確認されている。東京での調査結果を見ると、奥多摩町氷川で使用率が極端に高い。これは、北海道から当地に転

表7-1 方言の変質

	近世以前	近代	現代	将来
方言の使用状況	活発		衰退	さらに衰退
共通語化	/	開始	進行	さらに進行
方言の社会的評価	低い	極端に低い	高い	
方言をめぐる活動	/	撲滅運動	保護普及活動	文化財的保存
方言の性格	システム（体系）		スタイル（文体）	
方言の機能	思考内容の伝達		相手の確認と発話態度の表明	

[出典] 小林隆「現代方言の特質」(小林隆・篠崎晃一・大西拓一郎『方言の現在』明治書院、1996）をもとに作成

図7-4 ウザッタイの地域差・年齢差・場面差

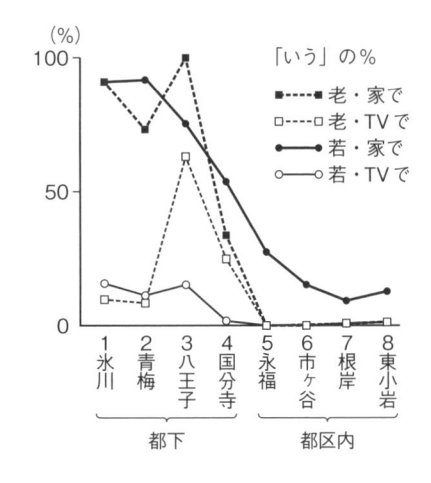

（「いう」の％、凡例：老・家で、老・TVで、若・家で、若・TVで）
1 氷川　2 青梅　3 八王子　4 国分寺（都下）　5 永福　6 市ヶ谷　7 根岸　8 東小岩（都区内）

[出典] 井上史雄『日本語ウオッチング』（岩波書店、1998）をもとに作成

職してきた人々が広めた可能性が高いと言われている（井上1998）。
(2)気づかない方言…その語が方言だと気づかない語を〈気づかない方言〉と呼び、以下のような分類がされている（篠崎1996）。
①現代において、新しく地域差が発生したもの。
②古くから地域差が存在したが、気づかれにくかったもの。
　(a)共通語と形式は同じだが、用法が異なるもの。
　(b)共通語と形式も（用法も）異なるもの。
①は、現代になって新しくできた事物の名称（新物新語）で、「救急絆創膏」などが代表例としてあげられる（図7-5）。

②(a)は、以下のような例がある。
「ナオス」（近畿・九州）
→「片付ける」を指す。
「ナゲル」（北海道・東北）
→「捨てる」ことを指す。
これらは形式自体が共通語に存在するため、気づきにくいとされている。
②(b)は、以下のような例がある。
「カテテ」（青森・秋田）
→「仲間に入れて」という呼びかけ。
「コズム」（長野・静岡）
→「沈殿する」ことを指す。
これらは古くから存在する方言であるが、日常生活に浸透しているため、かえって地元の人々は方言であることに気づかないと言われる。

図7-5「救急絆創膏」〈若年層〉の地域差

[出典] 篠崎晃一「気づかない方言と新しい地域差」（小林隆・篠崎晃一・大西拓一郎『方言の現在』明治書院、1996）による

第7章　ことばの位相　129

第2節　ジェンダーとことば

1　日本語の性差

　日本語では古代からことばの男女差が存在していたと推定される。『万葉集』では「君」が女性から男性に向けて使われ、その逆はなかったとされる。平安時代は、漢語が男性の側に属する語彙であったことも、日本語に性差が存在したことをうかがわせる。〈男手(男文字)〉が漢字、〈女手〉が仮名を指したように、文字使用のうえで男女差を表す呼称も見られる。ただし、男性が仮名を使わず、女性が漢字を使わないことを意味するのではない。

2　女房詞

　女性専用の語彙が形成されるのは室町時代以降である。当時の宮中に仕える女性すなわち女房たちの間で使用された〈女房詞(にょうぼうことば)〉は女性語の代表的な語彙である。
　女房詞は、飲食など日常生活に密着した語が多い。また、女性の月経を不浄のものとして避ける婉曲語も見え、発想としては忌詞とも関連する。
　九献(くこん)＝酒／かちん＝餅／一文字(ひともじ)＝葱／おひや(し)＝水／さしあひ＝月経
　江戸時代になると、女房詞は、宮中

■ **紫式部の清少納言批判**
　『紫式部日記』(11世紀初)には、清少納言を非難する有名な記述がある。

　清少納言こそしたり顔にいみじうはべりける人、さばかりさかしだち、真名(まな)書き散らしてはべるほども、よく見れば、まだいと足らぬこと多かり。

＊真名とは漢字を指す。

■ **女房詞の造語パターン**
　造語法にも特徴があり、いくつかのパターンが認められる。
(1)文字ことば
- かもじ←かみ(髪)＋もじ
- しゃもじ[←しゃくし(杓子)＋もじ]
- すもじ←すし(鮨)＋もじ
- そもじ←そなた＋もじ
- はもじ←はずかし＋もじ
- ひもじ←ひだるし＋もじ
- お目もじ←お目にかかる＋もじ

(2)接頭辞「お」の添加
- おこわ←お＋こわめし
- おはま←お＋はまぐり
- おまん←お＋まんじゅう
- おみや←お＋みやげ

(3)音節の繰り返し
- いりいり←いり豆
- かか←かつお(鰹)
- こうこう←こうのもの(香の物)
- ささ←さけ(酒)
- するする←するめ(鯣)

(4)色彩・形状等の連想
- (お)あか←小豆
- (お)かべ←豆腐
- しらいと←そうめん
- むらさき←いわし

130

→公家→江戸の武家屋敷→富裕な町人層へと広がり、〈御所言葉〉〈女中詞〉などと言われるようになった。現代語に残る女房詞起源の「おひや」「しゃもじ」などはすでに女性専用ではなくなっている。

3 言葉遣いの男女差と社会的要因

江戸時代には『女重宝記』(1692)などの女性の身につけるべき教養を説く書で漢語の使用を戒めたり、やわらかなことばの使用を奨励している。このような言葉遣いのしつけを重視する考え方は、女性に対して言語的制約を強めたとも考えられる。そのため、言葉遣いに男女差が形成されるのは、身分制度、男女の社会的位置、幕府の文教政策など、社会的要因の反映であったとも言える。

4 近代の女性語・男性語

教育制度が確立した明治時代には、女性に対する教育モデルが「良妻賢母」となり、前代の言葉遣い教育を踏襲して、上品な〈女性語〉を形成していく。明治中期には女学生の口頭語に「てよ・だわ」という文末形式が用いられ、批判の的となることもあった。女性らしい言葉遣いを求める意識の現れとも考えられる。

一方、男性教養層では、人称代名詞としての「僕・我輩」、命令形としての「～たまえ」などが専用形式と考えられる。特に書生・学生は漢語や外来

■ 遊里語

江戸時代、職業と関連する女性語として、遊里語をあげることができる。遊里では主に地方出身者の訛りを矯正する目的で遊里語（廓言葉・里言葉とも）が使用された。文末を「んす・なんす・ありんす・ざんす・ざます」としたり、人称代名詞に「わちき・おまはん」を用いたりするなどの特徴があり、18世紀前半ごろに成立したと見られるが、幕末ごろに遊里語の独自性は失われていった。

■ てよだわ言葉

尾崎紅葉は明治21(1888)年の「流行言葉」で、以下のような指摘をしている。

　しかとは覚えねど今より八九年前小学校の女生徒がしたしき間の対話に一種異様なる言葉づかひせり。
　（梅はまだ咲かなくツテヨ）
　（アラもう咲いたノヨ）
　（アラもう咲いテヨ）
　（桜の花はまだ咲かないンダワ）
　大概かゝる言尾を用ひ、惣体のはなし様更に普通と異なる処なし。前に一種異様の言葉と申したれど、言葉は異様ならず言尾の異様なるがゆゑか全体の対話いつこも可笑く聞ゆ。五六年此かた高等なる女学校の生徒もみなこの句法を伝習し流行、貴婦人の世界まで及びぬ。

尾崎紅葉は、明治中期の『金色夜叉』明治30～35年（1897～1902）の中で、鴨沢宮に以下のような言葉遣いをさせている。

　「宮さん、お前は姦婦だよ。姦通したも同じだよ」
　「そんな酷いことを、貫一さん、余りだわ、余りだわ」

このことは、中流以上の女性語の特徴的な終助詞として使われるようになったことがうかがわれる。

語・外国語の多用など、使用する語種にも特徴が見られた。

5 性差と語彙

すべての男女で使用する語彙に性差が現れるわけではないが、その差が顕著になりやすい語彙には次のようなものがあると考えられる。

(1) 一人称代名詞
　男性：ぼく・おれ・わし
　女性：あたし・あたくし
(2) 終助詞
　男性：―ぜ・―ぞ・―な
　女性：―よ・―ね・―わ・―かしら
(3) 感動詞
　男性：ほう・おい・なあ
　女性：あら・まあ

また、女性語の傾向としては、
・漢語や下品な語の使用を避ける。
・敬語、丁寧な語を使用しやすい。

特に「お―」のような敬語接頭辞は女性が多用する傾向にある、と指摘される。しかし、今日では性別による使用語彙の差は小さくなってきている（図7-6）。

6 ジェンダー意識の高まり

現代では、男女平等の価値観が社会通念としても尊重されるようになり、言葉遣いに「女らしさ」や「男らしさ」を極端に求める考え方は影をひそめつつある。すなわち、生物学的な固定した性による男女の差によって、男性語、女性語を使うべきだというのは、

図7-6　男女生徒の言葉遣い

永瀬治郎（2002）は、高校生の言葉遣いを調査し、親しい相手に対する語の使い分けについて、男女差があるかどうかを調査した。それによると、語によって異なるものの、「アイツ」「クウ」「スゲー」「デカイ」で男女差が小さくなっていることがわかる。

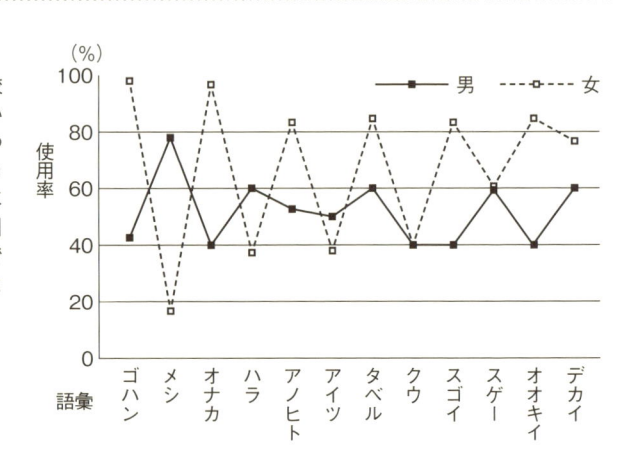

［出典］永瀬治郎「「若者言葉」の方言学」（日本方言研究会編『21世紀の方言学』国書刊行会、2002）による

好ましくないとする考え方によるものである。一方では、自己のアイデンティティを男性語や女性語に求めている、という肯定的な考え方もあるが、いずれにしても、男女の違いは社会的・文化的・歴史的に形成されたものととらえるジェンダー（gender）という概念が、従来のことばの性差を見直すキーワードとなっている。

7 ジェンダーを反映する語彙

職業を表す「医師」は総称であり、男女差が現れない語である。しかし、「女医」という語の存在は、その職業が本来男性ものであるという含みを持たせていると考えることができる。このように、ある職業や属性を表わす語で男女のペアを作ってみると、その語に性差が明示される場合とそうでない場合がある（表7-2）。逆に、「美男・美女」という性差の現れる語とは別に、「美人」は「美しい人」を表す総称ではなく、明らかに女性を指す語である。これも女性の容貌が男性側から評価の対象となっている意識の現れだと言われている。

近年は女性の社会進出と男女共同参画を旨とする法整備も進み、かつて「保母」「看護婦」のように女性であることが有標であった語が「保育士」「看護師」に改められた。「スチュワーデス→客室乗務員」なども性差の現れない語に変更された例である。

表7-2 ジェンダーを反映する語

総称	女性	男性
作家／文学	女流作家／女流文学	×男流作家／×男流文学
棋士	女流棋士	×男流棋士
警察官	女性警察官（かつては婦人警官）	×男性警察官
アナウンサー	女子アナ（略称として）	×男子アナ
弁護士	女性弁護士	×男性弁護士
神	女神	×男神
王	女王	×男王
主人	女主人	×男主人

×は、一般には使用されない語。

■戦後の法令改正による呼称の変化
(1)保健師・助産師・看護師
　1948年制定の「保健婦助産婦看護婦法」により、名称が保健婦・助産婦・看護婦となる。
　1968年の法律一部改正によって、男性は看護士となる。
　1993年の法律一部改正によって、男性は保健士となる。
　2001年制定の「保健師助産師看護師法」により、男女とも保健師・助産師・看護師となる。
(2)保母から保育士へ
　1948年制定の「児童福祉法施行規則」により、名称が保母となる。
　1999年の省令一部改正により、男女とも保育士となる（それまで保父は通称）。

第3節　年齢とことば

1　幼児語と語彙量の発達

　子供は誕生後2か月ごろから「アウ」という母音を発して大人の呼びかけに反応するようになる（アーウー喃語(なんご)）。6～8か月ごろには「マ」「ダ」のような音節を発し（喃語）、「ママ」「ダダ」などが言えるようになる。やがて、1歳ごろにはパパ・ママ・ワンワンなどの1語文で対象を言い表したり、ネンネ・タッチといった動作を表す語を使ったりするようにもなる。これらのほかに、ブーブ（車）、アンヨ（足）、クック（靴）など、1歳ごろに多用される語は幼児語と呼ばれ、大人が育児のためにも使う。こうした幼児語は2歳ごろまでにはかなり成人の語へと移行すると考えられている。

　小学校入学前の子供の理解語彙は5000語程度になり、成人になるまでには40000語程度になると考えられている（図7-7）。

2　若者言葉

　主に、中学生から30歳前後までの若者が使用することばを若者言葉（若者語）という。特に、大学生が使用する語を学生語ともいう。米川明彦

図7-7　語彙量の発達

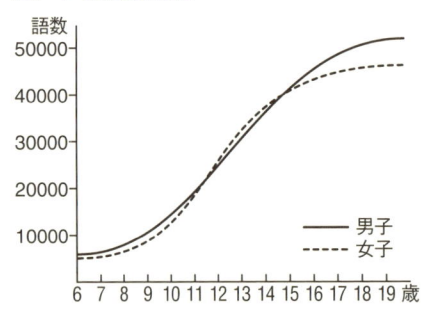

学齢期に達してからの理解語彙の発達を推定したものであるが、成人では理解語彙が約45000～50000語に達している。ただし、この調査で推定した語数がやや多めだともいわれており、平均的な成人の理解語彙は40000語程度と考えられている。

［出典］阪本一郎『読みと作文の心理』（牧書房、1955）をもとに作成

図7-8　年齢層と言葉遣いの乱れ

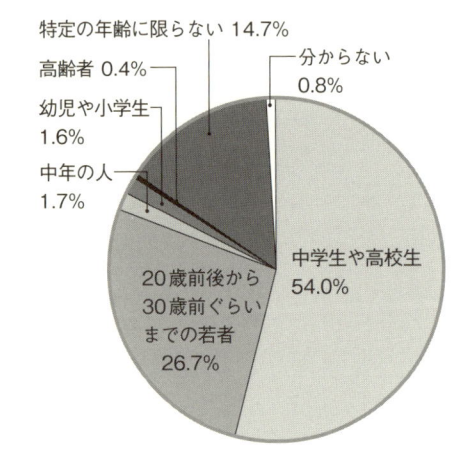

特定の年齢に限らない 14.7%
高齢者 0.4%
幼児や小学生 1.6%
中年の人 1.7%
分からない 0.8%
中学生や高校生 54.0%
20歳前後から30歳前ぐらいまでの若者 26.7%

［出典］文化庁、平成18年度「国語に関する世論調査」による

(1998) によれば、若者言葉には以下のような特徴があると言われている。
- 斬新で新奇な語を作るが、新旧交代が激しく、語の寿命が短い。
- 断定を避けるあいまいな文末表現を用いる。
- 会話のテンポやノリを重視し、娯楽的機能が強い。

3 老人語

老人が使う語を老人語という。しかし、老人自体の定義も難しく、いかにも老人の使いそうな語をステレオタイプにイメージして老人語と呼ぶことが多い。遠藤織枝（1990）では、老人語の特徴として、
- 話し言葉では、発声面で正確さが失われ、スピードが遅い。話し方としては断定的な言い方が多く、待遇表現での配慮に欠ける。
- 用語面では、文法的、語彙的に古い形を使う。また、語種では漢語、外来語が少ない。

などを指摘した。

4 年齢と言葉遣いの意識

言葉遣いに対する意識は年齢によって異なるのが常であろう。若年層は敬語に対する苦手意識があり、高年層は新語・流行語や外来語・外国語に対する苦手意識が高い（図7-9）。また、年齢層別に見れば、中学生や高校生という若年層の言葉遣いが乱れているとする意識が顕著である（図7-8）。高齢層と若年層の間には一般的にこのような意識差が存在すると考えられる。

図7-9 年齢別に見る「言葉遣いで困っていること」

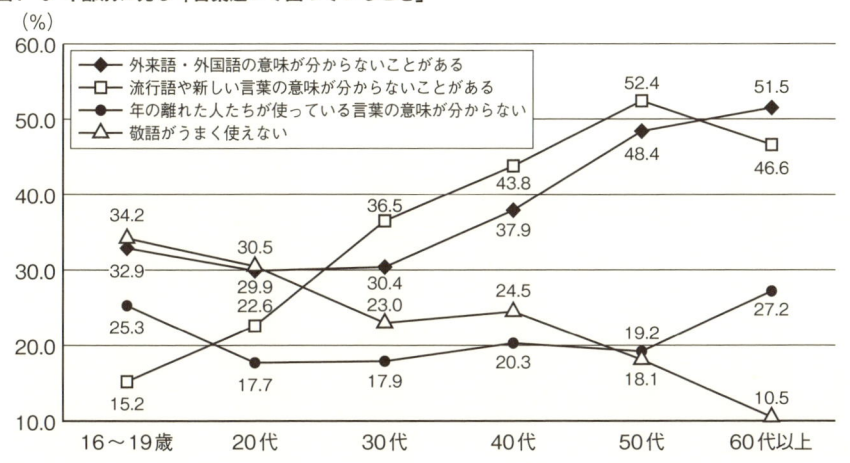

年齢	外来語・外国語の意味が分からないことがある	流行語や新しい言葉の意味が分からないことがある	年の離れた人たちが使っている言葉の意味が分からない	敬語がうまく使えない
16～19歳	32.9	15.2	25.3	34.2
20代	30.5	22.6	17.7	29.9
30代	30.4	36.5	17.9	23.0
40代	37.9	43.8	20.3	24.5
50代	48.4	52.4	18.1	19.2
60代以上	51.5	46.6	27.2	10.5

［出典］文化庁、平成12年度「国語に関する世論調査」による

第4節　敬語のことば

1　敬語とは

　話し手や書き手は、伝える相手や内容、場面や状況などによって、ことばを使い分ける。こうした点に配慮した表現を待遇表現という（図7-10）。

　待遇表現の典型的な例は、話し手が目上の人に向かって話したり、目上の人について話したりする時に使用される「敬語」であり、敬語は上向きの待遇表現といえる。待遇表現には、日常的な場で対等な関係に対して使われる普通の待遇（普通語）もあれば、敬語と逆の下向きの待遇（軽卑語）もある。

2　敬語の3分類

　最も一般的な敬語の分類は「尊敬語」「謙譲語」「丁寧語」の3分類である。

● 尊敬語（為手(して)尊敬）

図7-10　「教えろ」の表現のいろいろ

表現	1 ご教示たまわりたく存じます	2 お教え願いたく存じます	3 ご教示いただきたいんですが	4 お教えいただきたいんですが	5 お教えいただければ幸いです	6 お教えいただきたいんですが	7 教えていただければ幸いです	8 教えていただきたいんですが	9 教えていただけませんか	10 教えてくださいませんか	11 教えてください	12 教えていただきたい	13 教えてほしい（んだ・わ）	14 教えてちょうだい（よ）	15 教えてごらん（よ）	16 教えてくれない（か）	17 教えてくれ（よ）	18 教えること	19 教えなさい（よ）	20 （言って）（よ）	21 （言え）（よ）
主な相手	目上	目上	目上	目上	目上	目上・他人	目上・他人	目上・他人	目上・他人	目上・他人	対等・他人	対等	対等・目下	対等	目下・子ども	目下・子ども	目下	目下	目下	対等・目下	対等・目下
尊敬度	（大←――――――――――――――――――→小）																				
親密度	（小←――――――――――――――――――→大）																				
場面度	（大←――――――――――――――――――→小）																				
プライド度	（大←――――――――――――――――――→小）																				

［出典］浅田秀子『日本語にはどうして敬語が多いの？』（アリス館、1997）による

行為の主体に対する敬意や配慮を表すことばを尊敬語という。
・山本社長が会場にいらっしゃる。
・山田先生がお帰りになった。
存在や可能の表現では、格助詞「が」ではなく「に」が付いた名詞句（存在物や能力の持ち主）が高められる。
・部長には息子さんがいらっしゃる。
・鈴木先生には英語に加えて独語・仏語、中国語がおできになる。

● 謙譲語（受け手尊敬）
　行為の受け手に対する敬意や配慮を表すことばを謙譲語という。
・山本社長にお目にかかった。
・山田先生をお宅までお送りした。
・お客様の鞄をお持ちした。
謙譲語は、行為の主体をへりくだらせることによって、行為の受け手を高めるものであり、尊敬の一種（受け手尊敬）である。高めるべき相手がいない時は、謙譲語を使うことはできない。
・自分で自分の鞄をお持ちした。（×）

● 丁寧語（聞き手尊敬）
　丁寧語とは、「です」「ます」「でございます」を述語末に付けたもので、聞き手への敬意が表される。丁寧語は敬語とは異なり、文体の違いであるとする考え方もある。
　尊敬語や謙譲語が行為に登場する人物を高めるのに対し、丁寧語は話し手が聞き手や読み手に配慮した表現である。尊敬語・謙譲語を素材敬語、丁寧語を対者敬語と呼ぶこともある。
　女王はワインを＿＿＿＿＿。
　　①飲む　　　②飲みます
　　③召し上がる　④召し上がります
上の4文のうち、①は誰に対する敬意・配慮も含まれていない。②は聞き

表7-3　敬語の指針──敬語の種類と働き

	5種類		3種類
尊敬語	「いらっしゃる・おっしゃる」型	相手側又は第三者の行為・ものごと・状態などについて、その人物を立てて述べるもの。	尊敬語
謙譲語Ⅰ	「伺う・申し上げる」型	自分側から相手側または第三者に向かう行為・物事などについて、その向かう先の人物を立てて述べるもの。	謙譲語
謙譲語Ⅱ（丁重語）	「参る・申す」型	自分側の行為・ものごとなどを、話や文章の相手に対して丁重に述べるもの。	
丁寧語	「です・ます」型	話や文章の相手に対して丁寧に述べるもの。	丁寧語
美化語	「お酒・お料理」型	ものごとを美化して述べるもの。	

[出典]　文化審議会答申『敬語の指針』による

手に対する配慮を含むが、女王に対する敬意は含まれないので、失礼な表現とされることもある。③は女王に対する敬意が含まれている。④は女王と聞き手の両方に対する敬意・配慮が含まれた表現である。

3　敬語の5分類

2007年に文化審議会は、敬語を尊敬語・謙譲語Ⅰ・謙譲語Ⅱ（丁重語）・丁寧語・美化語の5分類にするという「敬語の指針」を答申した。3分類から新たに増えたものは、謙譲語Ⅱ（丁重語）と美化語である（表7-3）。

● 謙譲語Ⅱ（丁重語）

謙譲語は行為の主体がへりくだる表現だと考えると、たとえば「まもなく電車が参ります」の「参る」は電車がへりくだっているのだろうか。また次の中でなぜ④のみが不適切なのか。
①明日、社長のお宅に参ります。（△）
②明日、社長のお宅に伺います。
③明日、祖父の家に参ります。
④明日、祖父の家に伺います。（×）
「参る」と「伺う」は3分類では謙譲語に分類されるが、上の例を見ると、謙譲語には2種類あることがわかる。

「伺う」は動作の受け手（社長・祖父）を高めるため、②は正しいが、④は誤りである。③「参る」は、動作の受け手ではなく、聞き手・読み手に対して丁寧に述べるので正しい。「まもなく電車が参ります」でも、高められているのは聞き手である駅の乗客なので正しいことになる。①「参る」は、社長

表7-4　敬語分類のいろいろ（1）

				5分類	3分類
敬語	話題の敬語	尊敬語	（普通の）尊敬語	先生がお読みになる	尊敬語	尊敬語
			「くださる」	先生が私にお貸しくださる		
	話題の敬語と対話の敬語の両面を持つもの	謙譲語Ａ	私が先生をお招きする	謙譲語Ⅰ	謙譲語
		謙譲語ＡＢ	私が先生をお招きいたします（「ます」は丁寧語）	謙譲語Ⅰ＋謙譲語Ⅱ（丁重語）	
		謙譲語Ｂ	私がいたします　父がまいります（「ます」は丁寧語）	謙譲語Ⅱ（丁重語）	
		（謙譲語Ｂの丁重語用法）	電車が通過いたします　車がまいります（「ます」は丁寧語）		
	対話の敬語	丁寧語	です・ます・ございます	丁寧語	丁寧語
準敬語（対話の敬語〈時には話題の敬語〉の性質をもって使われる）		美化語	お菓子・ご飯		
		改まり語	本日、先程		

［出典］菊地康人『敬語』（講談社、1997）をもとに作成

を高めず、この発話の聞き手（たとえば部長など）を高めるので、場合によっては社長に対し、失礼になる。

● 美化語

たとえば兄が弟に対して「お菓子をやるから泣くな」と言う場合の「お（菓子）」や、「父とお酒を飲んだ」という場合の「お（酒）」は、誰かを高めるために「お」が付いているわけではなく、「菓子」「酒」と比較して、ことばを丁寧に美化して述べたものである。このようなことばを美化語という。そのため美化語は「敬語」ではなく「準敬語」であるという考え方もある（表7-4, 7-5）。

4　軽卑語（卑罵語・侮蔑語）と尊大語

敬語が上向きの待遇であるのに対し、下向きの待遇を表す言葉を軽卑語（卑罵語）という。「あいつが来た」と「あいつが来やがった」では、中立的な「来た」に対し、「来やがった」は動作の主体である「あいつ」を軽んじ卑しめており、尊敬語の逆の働きをしている。

- 洋服なんて着くさって。（小林秀雄『真贋』）
- 早く博士になって、美しい嫁さんをもらおうと思うてけつかる。（夏目漱石『虞美人草』）

「てめえ・おめえ・あいつ（ら）・やつ（ら）・あの野郎」のような二人称・三人称の代名詞も軽卑語である。

表7-5　敬語分類のいろいろ（2）

敬語例	11分類とその敬語的性質	5分類（敬語の指針）	3分類
おっしゃる・お書きになる	直接尊重語：動作の主体を高くする	尊敬語	尊敬語
くださる	恩恵直接尊重語：動作の主体を高くする＋恩恵		
御社・玉稿	相手尊重語：相手に関するものを高くする		
伺う・お会いする	間接尊重語：動作に関係する人物を高くする＋動作の主体を高くしない	謙譲語Ⅰ	謙譲語
いただく	恩恵間接尊重語：動作に関係する人物を高くする＋動作の主体を高くしない＋恩恵		
いたす・まいる	丁重語：動作の主体を高くしない＋改まり	謙譲語Ⅱ（丁重語）	
弊社・拙稿	自己卑下語：自分に関するものを低くする		
ご説明いたす・拝見いたす	尊重丁重語：動作に関係する人物を高くする＋動作の主体を高くしない＋改まり	謙譲語Ⅰ＋謙譲語Ⅱ（丁重語）	
お天気・お弁当	美化語：言葉をきれいにする	美化語	丁寧語
です・ます	丁寧文体語：文章・談話全体を丁寧にする	丁寧語	
でございます・であります	丁重文体語：文章・談話全体を丁重にする		

［出典］蒲谷宏、他『敬語表現ハンドブック』（大修館書店、2009）による

第5節　手紙のことば

1　手紙

　手紙は古くからの通信手段で、その形式には習慣的なきまりがある。たとえば、目上の人に対する手紙では敬語を用いることを基本とし、相手もしくは相手側の人やものに対しては尊敬語・丁寧語を、自分もしくは自分側の人やものには謙譲語を用いるのが普通である（表7-6）。

　手紙は必ずしも形式にこだわらなくてもよいが、挨拶文・慶弔文などの場合、慣行的な約束事があるので、それをわきまえて書くことが望ましい。

2　手紙の形式と用語

　手紙文の形式は簡略化して示すと、一般に次のようになる。
①前文（書き出しの文）
　頭語→時候の挨拶→安否の挨拶
②主文（手紙の中心をなす内容）
　起辞→本文
③末文（結びの文）
　起辞→用件のまとめ→結びの挨拶→結語
④後付（本文の後に添える部分）
　日付→署名→あて名→脇付
（⑤副文）

■手紙文の歴史

　もともと中国から漢文の書簡作法が伝えられ、官庁間でやりとりされる公的な文書だけでなく、私的な消息にも踏襲された。
　平安時代になると、手紙文例集が編集されるようになり、藤原明衡（989-1066）撰『明衡往来』（『雲州往来』などともいう）は社会生活において必要な事例を記した往復書簡を模範文として編集した現存最古のものである。その後も同種のものが多く作られたが、中でも『庭訓往来』（14世紀末頃成立）は、明治時代に至るまで寺子屋などの教科書として広く普及し続け、注釈本・絵入り本など各種のものも作られた。

■往来物

　平安時代以降、貴族の子弟の学習用として編集された往復書簡の模範文例集をいい、書簡の行き来（往来）の意から「〜往来」と呼ばれた。
　江戸時代には教育が盛んになるにしたがって、手紙文の体裁をとらない初学者向けの教科書が作られるようになり、これらも含めて「往来物」と呼ばれるようになった。それには『実語教』『童子教』などの教訓文、『御成敗式目』などの法令文、単語・短句・成句などを集めたもの、地理や歴史を扱ったもの、理数関係のもののほか、女子向けの、教訓を主とする『女今川』『女大学』など、多種のものが出版され流布した。

■本多重次の手紙

　徳川家康の家臣で、勇猛果敢な武将として知られた本多作左衛門重次は、1586（天正14）年、長篠の合戦を前に戦場から妻に次のような短い手紙を送ったという。

> 一筆啓上　火の用心
> おせん泣かすな　馬肥やせ

　火の始末は怠るな、仙千代（生まれたばかりの長男の名）をきちんと育てろ、馬はよく飼しておけという内容。簡単明瞭で、七五調の軽快なリズムの中に、温かい気持ちもこもっている。ただし、妻に送ったという根拠はなく、後の『岩淵夜話』（1716年）に初めて見える。

■手紙に用いる語句の例
(1)頭語
[一般的] 拝啓・啓上・拝呈・一筆申し上げます
[丁重に] 謹啓・謹白・敬白・粛啓
【返信の場合】
[一般的] 拝復・拝読・再啓・お手紙ありがとうございました
[丁重に] 謹答・敬復・復啓・お手紙謹んで拝読いたしました
【再信の場合】
[一般的] 再呈・再啓・重ねて申し上げます
【急用の場合】急啓・急白・急呈・取り急ぎ申し上げます
【前文省略】前略・冠省・略啓・前略ご免下さい(目上の人に対して)
(2)時候の挨拶(表7-7)
(3)安否の挨拶(先方の安否→当方の安否→感謝の挨拶)
(4)主文の起辞
例 さて・ところで・つきましては・実は
(5)末文の起辞
例 まずは・右
(6)用件のまとめ
例 用件のみにて・取り急ぎご返事申し上げます・略儀ながら書面にてお知らせ申し上げます・なにとぞよろしくお願い申し上げます
(7)結びの挨拶(健康を祈る→厚誼の依頼→発展を祈る→伝言の挨拶→乱筆の詫び)
(8)結語(頭語と対応させる)
[一般的] 敬具・敬白・拝具
[丁重に] 謹言・謹白・頓首
【返信の場合】
[一般的] 謹答・敬答・拝答
[簡略に] 草々・早々・不一・不乙
【女性専用】かしこ(一般的)・あらあらかしこ(「草々」に相当する)・めでたくかしこ(慶事)
(9)日付

〜(1)拝啓 〜(2)初秋の候、〜(3)その後お変わりございませんか。私どもお陰様で変わりなく過ごしております。〜(4)さてこのたびは御国の珍味をお送りくださり、〜(5)ますますはた取りきまして、〜(6)ずし向寒のみぎり、御礼申し上げます。〜(7)末筆ながらお体には気をつけ下さい。

〜(8)敬具

〜(9)十月二十五日
〜(10)高橋美幸

〜(11)鈴木義男様 〜(12)侍史

(10)署名
(11)あて名と敬称
[一般的] 様(目下には「殿」も)
[公用文] 殿
[会社・官庁・団体] 御中
[議員・学者・弁護士・文芸家・師など] 先生
[多人数] 各位
(12)脇付(敬称の左右に小さめに書く)
[一般的] 机下・足下・座右 侍史(目上に対して)
[高貴な人に] 玉案下・尊前・台下
[両親に] 膝下・御前に・御許に
[女性専用] みもとに・みまえに・御前に・御許に

副文
　改まった手紙や悔やみ状・死亡通知には書いてはならない。
[起辞] 追伸・二伸・追って・なお
[結語] (一般的には付けない)以上・再拝

第7章 ことばの位相　141

表7-6 相手側・自分側の言い方

	相手側の言い方	自分側の言い方
父	御尊父様　御厳父様	父
夫の父	お舅様（しゅうと）　御令舅（きゅう）	義父　舅
妻の父	御岳父様　御外父様	岳父　外父
母	御母堂様　御賢母様	母
夫の母	お姑様　御令姑（こ）	義母　姑
妻の母	御外母様	義母　外母
両親	両親様　お二方様	両親　父母
祖父	御祖父様	祖父
祖母	御祖母様	祖母
夫	御主人（様）　御夫君	夫　主人
妻	奥方様　奥様　御令室（様）　令夫人（様）	妻　愚妻　荊妻（けい）　家内
息子	御令息（様）　御子息（様）	愚息　息子
娘	御令嬢（様）　御息女（様）	娘
孫	お孫様　御令孫	拙孫　家孫
家族	御一同様　御一家	私ども　家内一同
当事者	あなた　あなた様　そちら様　○○様　皆様　御一同様	私　私ども　当方、一同
団体	貴社　御社　貴店　貴会　貴所　貴営業所	当社　弊社　小社　当店　弊店　当会　本（当）委員会
住居	貴家　貴邸　貴宅　お宅	拙宅　小宅　当方
居所	貴地　御地	当所　当地
物品	佳品　御厚志　美肴　結構なお品	粗品　寸志　粗肴
宴会	御盛宴	小宴　粗餐
書簡	貴状　御書面　御芳書　お手紙	書中　書面　手紙
意見	御高見　御高説　御所感　御意	所見　私見　愚見
配慮	御配慮　御高配　御尽力　御芳情	微意　薄志　微力
受領	お納め　御査収　御受領	拝受　入手　受領
訪問	お越し　お立寄り　御来訪　御来社	お伺い　参上　御訪問

※会社・団体・居所・当事者などの第三人称には一般に「同××（同社、…）」を用いるほか、「先方」（当事者）なども用いる

表7-7 月（陰暦）の異名と時候の言い方

	月（陰暦）の異名	「～の候（みぎり・折）」
1月	睦月(むつき) 祝月(いわい) 年端月(としは) 初春月 初空月 太郎月 子日月(ねのひ)	新春 初春 厳寒 大寒 酷寒 厳冬
2月	如月 令月(れいげつ) 梅月 梅見月 雪消月(ゆきぎえ) 初花月	春寒 余寒 晩冬 向春 残寒 梅花
3月	弥生 桜月 花見月 夢見月	早春 孟春 浅春 春寒 春陽 軽暖
4月	卯月 鳥月 花残月(はなのこり) 清和月(せいわ) 鳥待月 卯の花月	陽春 仲春 春暖 春色 桜花
5月	皐月 早月(さつき) 橘月 早苗月	暮春 惜春 新緑 薫風
6月	水無月 風待月 松風月 常夏月 鳴神月(なるかみ)	初夏 孟夏 小夏 向夏 入梅 麦秋 梅雨
7月	文月 蘭月(らんげつ) 七夜月(ななよ) 七夕月(たなばた) 文披月(ふみひろげ) 秋初月(あきそめ)	盛夏 酷暑 炎暑 甚暑 三伏
8月	葉月 萩月 桂月 月見月 木染月(こそめ) 紅染月(べにそめ)	晩夏 残夏 暮夏 残暑 立秋
9月	長月 菊月 菊咲月(きくさき)	初秋 新秋 爽秋 秋色 清涼
10月	神無月 時雨月(しぐれ) 初霜月 神去月(かみさり) 神在月(かみあり)	仲秋 秋冷 清秋 秋涼 秋容 錦秋 紅葉
11月	霜月 子月(ね) 霜降月 雪待月 雪見月 神楽月(かぐら) 神帰月(かみかえり)	晩秋 暮秋 深秋 季秋 向寒 夜寒 初霜
12月	師走 臘月(ろうげつ) 弟月(おと) 限月(かぎり) 春待月 三冬月(さんとう)	初冬 寒冷 歳晩 歳末

第7章　ことばの位相

第8章 ことばと社会

第1節　新語・流行語

1　新語とは

ある言語社会の要請によって、その言語の中に新しく加わった語を新語という。新語は人間社会のあらゆる分野、局面で発生しうるため、その社会で同時代に生きる人々の考え方を反映している。新語は決して現代語だけを指すわけではなく、いつの時代でも発生する（図8-1）。

2　新語発生の理由

新語が発生する主な理由には、①社会的理由、②心理的理由、③言語的理由、がある。

①社会的理由…それまで社会に存在せず、気付かれなかった新しい事物や概念が出現した時に、それを指し示す新しい語が必要となると新語が発生する。これは新語発生の最も大きな理由となる。

社会の大きな変動によって新しい事物や概念が大量に発生するのは明治以降において著しい。

②心理的理由…既存の事物や概念に

図8-1　一人称代名詞（話し言葉）の移り変わり

どの時代にも新語が生まれることの例として、一人称代名詞の消長についてまとめたものである。

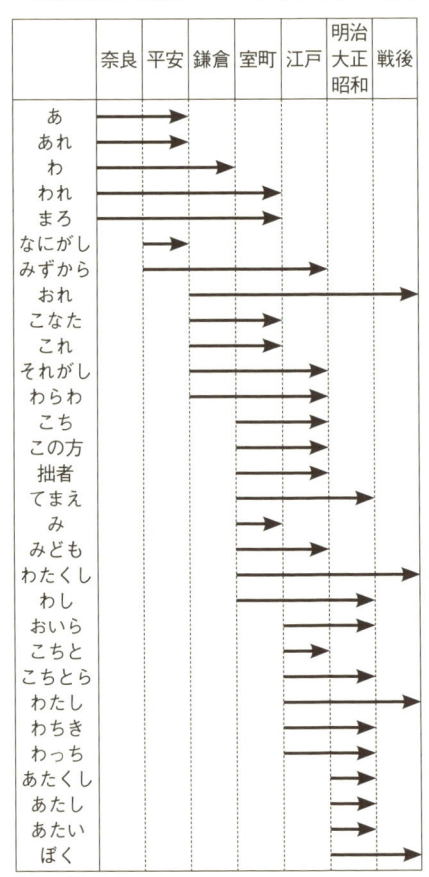

［出典］飛田良文「現代日本語の起源」（飛田良文・佐藤武義編『現代日本語講座第4巻　語彙』明治書院、2002）による

対応する語を、新しい語形に言い換え、従来備わっていた語のイメージを変えようとする、または変わることを期待して新語を造り出すことがある。縁起をかつぐための忌み言葉、差別的な言い方を排除するための言い換え語、他者に知られたくないことを隠そうとする隠語などが主な例である。

③言語的理由…言語自体に発生した構造上のゆれや変化から、既存の語に代わる語形ができること、または誤った語形が固定化し、結果として新語となることなどの理由が挙げられる。言語的理由には(a)文字、(b)発音、(c)意味、(d)文法、などのレベルがある。(a)は、国語施策による漢字制限によるものなど、(b)は、同音類義語の存在によって一方の語形を意図的に変えて区別しようとしたものなどがある。(c)は誤用、混淆などによるもの、(d)は不足している品詞を新たに補おうとして造語したものなどがある。また、造語行為自体に遊び感覚がともなって生まれる新語も(d)に含まれると考えてよいだろう。

3 新語の生成パターン

新語がどのように生まれるかを生成のパターンによって分類すると、
(1)新造語…新たに創造された語で、それ以前には同じ語形が見られないものをいう。
(2)転用語…既存の語に新しい意味をもたせ、新語としての役割を負わせるものをいう。

表8-1 新語と流行語の認知度

認知度の高かった上位10語

順位	%	流行語	流行した年
1	99	ちかれたびー	昭和50(1975)年
2	99	口裂け女	昭和54(1979)年
3	98	シラケ	昭和46(1971)年
3	98	みじめ、みじめ	昭和53(1978)年
5	96	ニャロメ	昭和44(1969)年
6	95	あっと驚くタメゴロー	昭和45(1970)年
6	95	鼻血ブー	昭和45(1970)年
8	90	クェッ、クェッ	昭和51(1976)年
8	90	話はピーマン	昭和52(1977)年
10	87	話せばわかる	昭和7(1932)年

認知度の低かった上位10語

順位	%	流行語	流行した年
1	5	国体明徴	昭和10(1935)年
2	7	翼賛	昭和16(1941)年
2	7	緊縮	昭和4(1929)年
4	8	新秩序	昭和13(1938)年
4	8	モボ・モガ	昭和2(1927)年
6	9	三角大福	昭和46(1971)年
6	9	天国に結ぶ恋	昭和7(1932)年
8	11	全方位	昭和53(1978)年
9	12	一億一心	昭和15(1940)年
10	14	社用族	昭和26(1951)年

[出典] 稲垣文男「高校生と昭和のことば」(『NHK文研月報29』1979) をもとに作成

(3)新出語…広く知られていなかった既存の語を、意味を変えずに使用することをいう。

のような、三つが考えられる。

4 流行語とは

ある時点で社会の広い範囲で使用され、知られるようになった語を流行語という。そのため流行語は新語と重なる場合もあるが、必ずしも新語であるとは限らず、既存の語がある時点で注目を浴びて流行語となることも少なくない。その時代の世相や風俗を表すことから世相語、風俗語などと呼ばれることもある。

流行語は一般に寿命が短く、出入りも激しいが、一部には長く使われて一般語化するものもないわけではない（表8-1,図8-2）。

5 流行語の発生理由

人々に知られた語のすべてが流行語化するわけではない。流行語の発生理由も新語同様に分けてみる。

(1)社会的理由…古くは、劇場、寄席、映画などを通じて大衆が親しく接した語が流行語となることがあった。近年は、新聞、雑誌、テレビ、ラジオ、などのマスメディアによって一般社会に広がる例が多い。また、戦時中の政府が行なったスローガンのような例もある。

(2)心理的理由…影響力の大きい芸能人、著名人の発言の一部を大衆がま

図8-2 大学生の流行語認知度

右のグラフは、1984～2009年「日本新語・流行語大賞」（自由国民社／ユーキャン主催）の選考にノミネートされた流行語を、大学生がどの程度知っているかについてアンケートした結果である。アンケートは東京都内・大阪府内の大学生807名を対象とし、2010年9～10月に木村義之が行った。

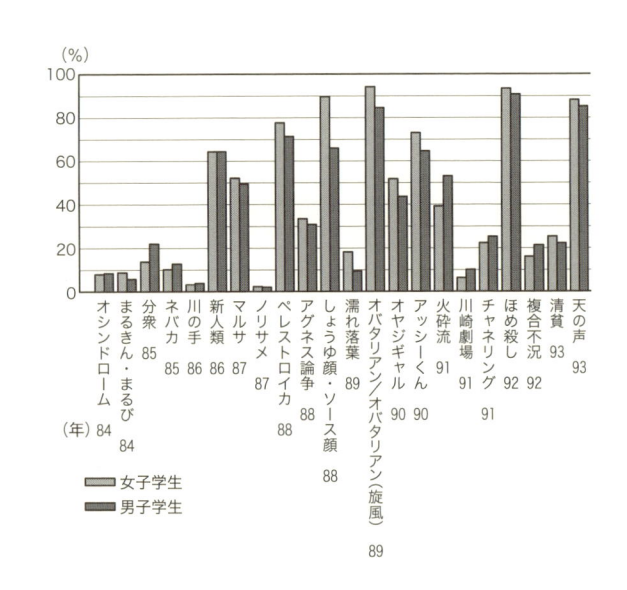

ねたり、共感を覚えて使用したりすることで流行語となることもある。そのため、流行語は必ずしも語とは限らず、句や文の形で流通することも珍しくない。

(3) 言語的理由…語形や意味などのもつ新しさ、奇抜さを大衆が支持して会話に使い、その語を使用すること自体を楽しむことで広がる場合がある。これは(1)(2)とも密接な関係がある。

6 廃語・死語

新語の発生により使用されなくなったり、事物自体の消滅によって使用されなくなったりする語がある。また、その事物に対する考え方が変わり、使わなくなった語もある。これらを廃語または死語という。俗に、流行が去って忘れられた語を死語というが、廃語や死語の認定は容易にできない。言語学では、日常的話者が存在しなくなった言語を死語という。サンスクリット語やラテン語など、日常的話者はいないが、文献による学習者が存在する言語や、ヒッタイト語やトカラ語など、発掘によって過去の存在が判明した言語もある。

ヤンママ 94
ゴーマニズム 94
無党派 95
ライフライン 95
官官接待 96
アムラー 96
チョベリバ／チョベリグ 96
たまごっち 97
マイブーム 97
日本版ビッグ・バン 97
老人力 98
ボキャ貧 98
カリスマ 99
パラパラ 99
ブッチホン
ジコチュー(ジコ虫) 00
米百俵 01
e-ポリティックス 01
貸し剥がし
ネオハウス 02
毒まんじゅう 03
SARS 03
セカチュー 04
負け犬 04
クールビズ 05
ボビーマジック 05
イナバウアー
エロカッコイイ(エロカワイイ)
中食 06
メガドル 06
ハニカミ王子 07
KY(空気が読めない) 07
工場萌え 07
ワーキングプア 07
アラフォー 08
居酒屋タクシー 08
ファストファッション 09
歴女(レキジョ) 09

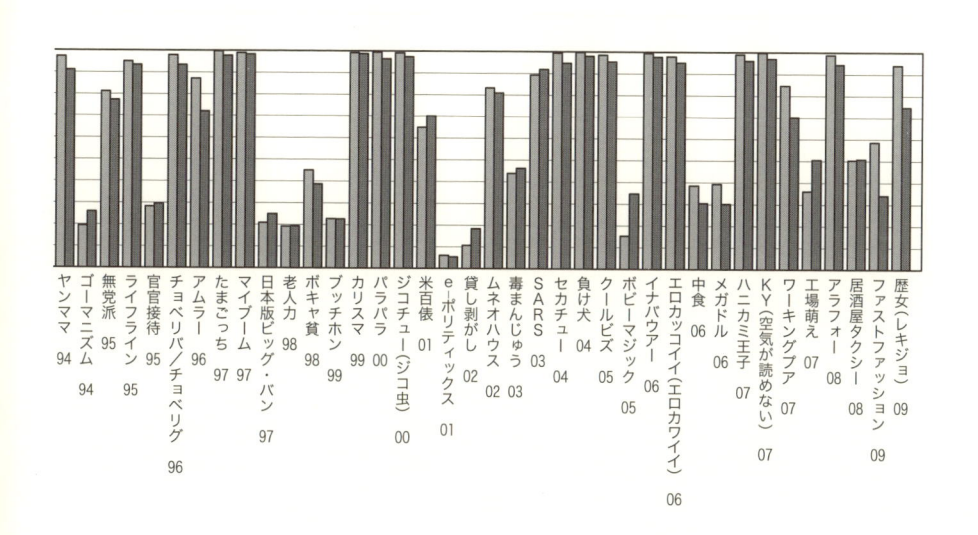

第8章 ことばと社会　147

第2節　集団語

1　集団語とは

　ある言語の中で、地域という条件で結ばれた語（方言）以外の、ある社会集団あるいは専門分野の中で通用することばをいう。集団語という概念は柴田武（1956、1958）による。柴田は集団語を〈隠語〉〈職業語または専門語〉〈スラング〉に分け、それぞれが密接に関連すると述べた。集団語の性質については、①人工的な語で、②集団構成員の結束を高め、③一般語と単語の語形が変わっているか、語形が同じでも意味がずれている、とした。

2　職業語

　集団語のうち、それぞれの職業で使用される特徴的なことばを職業語、または業界用語という。業界用語という言い方は芸能界やテレビ業界のことばを特別視していうこともあるが、これらは職業語の一部である。また、同じ業種でも職場の違いによって異なることばを生む場合もあるので、これを職場語として区別する考え方もある。

3　職業語の性格

　職業語は職務を行ううえで必要な語

■集団語の提唱とその展開
　渡辺友左（1977）は集団語の概念を継承し、

{ A 隠語
{ B 非隠語 { a 術語・専門語・職業語
{   { b スラング

のように分類した。しかし、米川明彦（2009）は集団語が成立する契機となる社会集団の性格を重視し、
　①職業的集団（警察・放送・芸能・官庁・病院・百貨店・すし屋など）
　②反社会集団（暴力団・スリ・泥棒・テキヤ・不良少年など）
　③学生集団（高校生・大学生・専門学校生など）
　④被拘束集団（軍隊・刑務所などの場所に囲い込まれた人々）
　⑤趣味娯楽集団（特定の趣味や娯楽を共有する人々（オタクなども含む））
という枠組みでとらえている。そのうえで、渡辺（1977）の分類のように隠語と非隠語を截然と分けることはできないと主張する。

■言語ボス
　〈言語ボス〉とは、集団語を作り、広める人を指す（柴田武（1958））。現代では、マスメディアがその役割を果たしていると考えられる。これは、集団語だけでなく、ある語が流行語として流通勢力を増すことにも応用できる考え方だと言える。

であり、その語を使うことによって職務の効率が上がるために使われる。これらは一般語と紛れないように区別したり、厳密に言えば長くなることばを略語として使用したりする。そのため、その職業に関係が薄い者にはことばの意味内容が理解できないことも少なくない。かつて「お役所言葉」と呼ばれた官庁や行政関係の用語も一般人にわかりにくいという批判を受けて言い換えの努力がされつつある。

4 専門語

専門分野によって必要な語を専門語（専門用語）という。専門分野は学問・技術・スポーツ・芸術など、多様であるが、専門語は同じ分野で活動する者どうしが伝達の効率をよくするために用いられる。そのため、一般人には認知されていない語も多い（図8-3）。

特に学術用語では客観性が重視されるために次のような性格がある（宮島1981）。

・多義語や類義語をきらう。
・文脈によって意味が変わらない。
・感情的意味が問題にならない。
・一般語よりも使用頻度が低い。
・新語ができやすく、外来語が入りやすい。また、国際性が強い。

5 隠語とは

特定の集団の中だけで使い、部外者に対して秘密が漏れないようにするためのことばを隠語という。

図8-3 医療用語に関する医師と一般の人の認知率
医療用語には、一般の人によく知られているものから、ほとんど知られていないものまで、差が大きい。

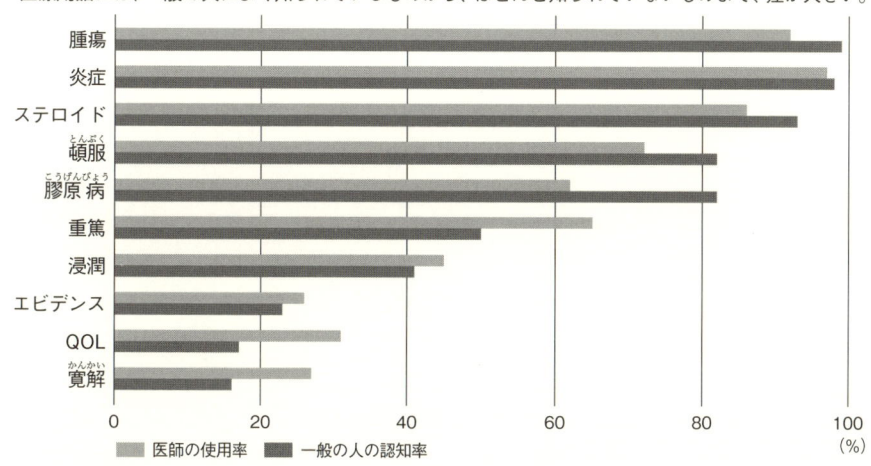

腫瘍
炎症
ステロイド
頓服（とんぷく）
膠原病（こうげんびょう）
重篤
浸潤
エビデンス
QOL
寛解（かんかい）

　　医師の使用率　　一般の人の認知率

[出典] 国立国語研究所「病院の言葉」にかかわる調査　http://www.ninjal.ac.jp/byoin/tyosa/　による（*グラフは、田中牧郎作成）

6　隠語の性格

隠語は本来、隠すことが目的であるが、その性格として、
　①主に口頭で用いられる
　②新語がつくられやすい
などが挙げられる。これは、秘密保持の必要度が高い場合は新しい隠語がつくられ続けるからである。また、
　③仲間であることを確認し、結束を強める
　④他集団の者に対して存在を誇示する
といった役割も持っている。長く使用された隠語が、一般人に知られても使用され続けると、③④の性格を帯びるものが少なくない。その中には卑俗な語感をもつスラングとして一般人が使用する場合もある。

7　隠語の造語法

隠語は隠す目的で人工的に作られたことばであるため、造語法の研究対象となることがある。主な造語のパターンには以下のようなものがある。
　①音節の転換（倒語）
　　ドヤ（←やど＝宿）
　　ネタ（←たね＝種）
　　ナオン（←おんな＝女）
　　ナコ（←こな＝粉＝麻薬）　など。
　②音節の省略（略語）
　　ガイシャ（←ヒガイシャ）
　　カツ（←キョウカツ）
　　サツ（←ケイサツ）

■ 暴走族の隠語
・車両に関する語
　エキパイ…エキゾーストパイプのマフラー
　タンコロ…オートバイ、バイク
　ルックス…暴走族の装備
　直パイ…マフラーを外すこと
　シャコタン…改造車（車体を低くする）
　チャカ…自転車
　チョッパー…改造自転車
　テンプラ…ナンバーなし、改造ナンバー
・成員およびその行動に関する語
　カシラ…暴走族のリーダー
　カツをもつ…助ける、助っ人する
　カンバン…グループの名称
　ノーマル…一般のライダーグループに入っていない者
　ゾク…暴走族
　文化祭…集会
・走行形態に関する語
　ウルトラ・ナオン…女性がバイクの後ろに乗ること
　カンカン…長距離を走る

[出典] 木村義之「隠語と新語」（『日本語学』11月臨時増刊号、明治書院、2009）による

■ 職業語と隠語の間
　古くからの商習慣の生きる市場取引では、かつて相場語と呼ばれた語が使用される。相場用語は和語や和語を含む混種語が多い。これらは業務上で必要な語であると同時に、取引に関心の薄い一般人には意味が理解しにくい。
・居直り…相場の勢いが騰貴に向かうこと。
・嫌気売り…相場が思うように動かず、転売すること。
・浮き足…相場の下落傾向。
・埋める…買い戻す。
・売り落し…転売すること。
・大底…一年間の最安値。
・押す…相場が下がること。
・思惑…相場変動に対する思い込み。
・堅い…下がりそうで下がらない相場。

ヤク（←マヤク）など。
　③形状・色彩・性質の連想
　　アカウマ（←火事）
　　シャリ（←米・飯）
　　チャカ／ハジキ（←ピストル）
　　ムスメ（←土蔵）

8　集団語と隠語の位置づけ

　隠語の本来的性格からして、反社会的集団のことばに隠語が多いのは反社会的活動には一般人に知られたくないものが多いからである。職業語や専門語も部外者にとってわかりにくいことばではあるが、職業語や専門語は秘密保持が本来の目的ではなく、部外者から見れば隠しているように見えるだけの場合もある。

　一方、職業的集団でも秘密が知られたくない事態が生じて隠語を使用することもある。数の符牒を隠語に含めることもある（表8-2）。このように、集団語として分類される隠語・職業語・スラングは相互に連続的であり、ある語を取り上げて隠語・職業語・スラングのどれかにあてはめることはきわめて難しい。

9　隠語と忌詞

　隠語の発生に関係するものとして、言語的なタブーに発する忌詞がある（30頁参照）。人間の生殖行為、生理現象、死、宗教的な畏れなど、口にすることをはばかられるものを言い換えたことばが忌詞（いみことば）であると言える。現代でも、商家の縁起かつぎや冠婚葬祭で不吉なことをきらう考えに生きている。また、受験生や選挙の候補者が「オチル・スベル」をきらったり、「カツ丼」を食べて「勝つ」に結び付けたりする行動も忌詞の考え方と通じる。

表8-2　数の符牒
　職業によって値段、数量などを内輪で伝えるために用いた数の隠語を符丁（ふちょう）という。現在も生きているものもあるが、職業形態や商慣習の変化によって消滅したものも多い。

職業＼数	1	2	3	4	5	6	7	8	9	10
米屋	ア	キ	ナ	イ	ノ	メ	デ	タ	サ	
魚屋（塩魚）	ヨ	ロ	シ	カ	ル	ヘ	キ	コ	ト	
呉服屋	元	千	タ	吉	大	オ	末	平	川	上
古本屋	オ	コ	ソ	ト	ノ	ホ	モ	ヨ	ロ	ヲ
理髪業・芸人	ヘイ	ビキ	ヤマ	ササキ	カタコ	サナダ	タヌマ	ヤハタ	キワ	

［出典］宮本光玄『かくし言葉の字引』（誠文堂、1929）による

第3節 命名

1 命名とは

あるモノ・コトに対して言語という記号で新たに名前を付けることを言う。名前を付けられたモノ・コトはその言語社会の中に組み込まれ、人間に認識されるようになる。命名はきわめて基本的な言語行動であり、新語の生成過程や造語法と重なることが多い。

2 命名の生成過程

命名は、(1)命名者が、(2)言語で、(3)人間を取り巻くすべての事象を対象として、行われる。命名によって成立する名前には、普通名詞としてある事物に共通する特徴を〈類〉や〈種〉として付けられた名前、固有名詞として特定の人物・動植物・会社・施設・商品などを他と区別するために付ける名前がある。固有名を付けることを名付けとも呼ぶ。

3 普通名詞の命名パターン

普通名詞の場合、モノ・コトに対しての命名は、日本語の命名パターンに従うことになる。日本語で〈類〉の概念を表す時、和語で「犬」「桜」などのように、1語基から成ることが多い。

表8-3 子どもの名前ランキング第1位の推移（1990〜2010年）

	名前＼年	90	91	92	93	94	95	96	97	98	99	00	01	02	03	04	05	06	07	08	09	10
男子の名前	翔太	1	1		1			1	1													
	大翔																1	1	1	1	1	1
	大輝								1	1		1		1								
	拓也			1		1																
	翔										1				1							
	蓮												1									
	陸															1						
	駿											1										
	健太				1																	
女子の名前	美咲		1	1	1	1	1	1				1		1								
	陽菜															1		1	1		1	1
	さくら												1		1					1		1
	葵														1				1			
	優花								1													
	明日香					1																
	未来										1											
	萌							1														
	彩	1																				
	愛	1																				

[出典] 明治安田生命の調査をもとに作成。http://www.meijiyasuda.co.jp/profile/etc/ranking/

また、和語では言い表せない場合は、「本」や「テレビ」のように漢語や外来語によって補うことがある。これらの下位分類に当たる〈種〉の別を表す時は、〈種差＋類概念〉という形式で合成語になることが多い（例犬：のら犬・飼い犬…、桜：山桜・夜桜…、本：文庫本・漫画本…、テレビ：カラーテレビ・液晶テレビ…、など）。

4 固有名詞の命名パターン

固有名詞の場合、モノ・コトに対してどのような名前を付けるかは、命名者の自由であるとはいえ、完全に自由なわけではない。特に、人名は、親が子に託す思いや願いが反映されることが多く、単に他との識別を目的とする命名ではない。また、時代によって好まれる名前にも傾向が認められる（表8-3）。会社名でも業種や設立の趣旨、経営方針や信条が盛り込まれることが多い。

四股名、芸名など、職種による命名法も見られる。四股名には「—山・—海・—島・—風」など、自然に関係する意味の語基、「陸奥—・土佐—・出羽—」など、力士にゆかりの地名（旧国名）が含まれることも多くある。分野によって語種の選択に偏りのある場合もある。たとえば、JRの列車に付けられる愛称では「ひかり・はくつる・つばめ…」などの和語による命名が多く、自動車の商品名には「クラウン・サニー・ファミリア…」などの外来語を使用する傾向が極めて強い。

■ 社名（愛称を含む）・ブランド名の由来

企業名には、以下のような命名法が見られる。企業の合併や社名変更等によって、現在は変更された名称もあるが、主なものを掲げる。

(a) 創業者の名前から
　松竹（←白井松次郎・大谷竹次郎）
　YAMAHA（←山葉寅楠）
　ブリジストン（←ストーン／ブリッジ←石橋）
(b) 創業者の出身地・創業地から
　ノリタケ（←愛知郡鷹場村大字則武）
　ヨドバシカメラ（←新宿淀橋）
　TOSHIBA（←東京芝浦）
　崎陽軒（←長崎の異称「崎陽」から）
(c) 社章・暖簾印から
　三菱　貝印　ニンベン　キッコーマン　マルハ　丸美屋　ヤマキ　ヤマサ
(d) 社是を含んだり、語感に注目したりした造語
　INAX　ORIX　SHiDAX
　WOWOW（←Wow!）　ぴあ
　カルピス（←カルシウム（英語）＋サルピス（梵語：練乳の意））
　セコム（←security＋communication）
　NTTDoCoMo（←Do Communication Over the Mobile Network）
　ダスキン（dust＋ぞうきん）
　モスバーガー（Mountain＋Ocean＋Sun）
(e) 中国古典の引用
　三省堂（『論語』学而篇「吾日三省吾身」）
　資生堂（『易経』「至哉坤元万物資生」）
　バンダイ（『六韜』「万代不易」）
　鳩居堂（『詩経』召南篇「維鵲有巣、維鳩居之」）

[出典] 本間之英『誰かに教えたくなる社名の由来』（講談社、2002）、同『誰かに教えたくなる社名の由来part 2』（講談社、2003）をもとに作成

■ 混成による命名

複数の語の一部を取り出して組み合わせることを混成という。
- ゴリラ＋クジラ→ゴジラ
- ネット＋エチケット→ネチケット

などがその例である。

第4節　文芸のことば

1　歌語

　和歌は日本文学の中心的な存在として考えられ、物語をはじめとする散文にも引用されてきた。和歌に使用される語には日常語が排除され、伝統や由緒を重視した特有の用語、すなわち歌語が好んで使用された。たとえば、和歌には「鶴」の意で日常語として使用される「ツル」ではなく、「タヅ」の語が用いられる。

　歌語のほとんどは和語で、漢語の使用は極力避けられる。後に、こうした典拠のある由緒正しいことばを雅語とし、日常一般の語としての俗語と対立させて意識される。

2　季語

　連歌や俳諧・俳句に詠み込まれる季節を表す語を「季語」または「季題」という。季語は、『古今集』などの勅撰和歌集で行われた四季分類に関係すると見られる。中世に発達した連歌では、連作の一番目の句（発句）にその季節の句を詠むという約束事があったことから必要とされた。続く俳諧、俳句では季語が拡大し、句作に必要な季語を参照するための歳時記も現れるよ

■歌語と方言

　普通使われる語と歌語を対比させると、次のようなものがあげられる（片仮名が一般語）。
　　サル：ましら　シカ：すがる　ウグイス：もちどり　クモ：ささがに
これらのほかに、「こま」もウマの歌語として知られている。小林隆（1999）「コマ（駒）の位相─方言研究から国語史へ」は「こま」が雄馬の意で、方言で広く分布していることに注目した。方言に残る「こま」が日常語として中央で使用された時代を鎌倉初期から江戸初期と推定した。その後、雄馬を指す「こま」は雌馬を指す「だま」と対になって方言に残ったと解釈し、ウマの美称として成立した「こま」の意味用法は、下図のように分化したと結論づける。

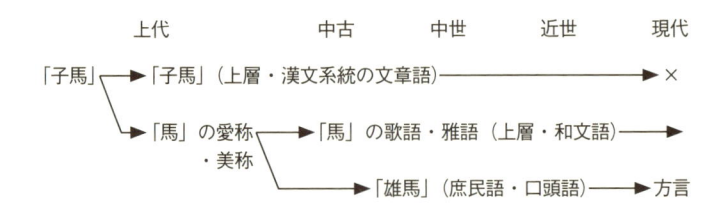

```
                上代        中古        中世      近世      現代
「子馬」 ──→「子馬」（上層・漢文系統の文章語）─────────→×
       └─→「馬」の愛称 ──→「馬」の歌語・雅語（上層・和文語）────
             ・美称       └─→「雄馬」（庶民語・口頭語）────→方言
```

［出典］小林隆「コマ（駒）の位相─方言研究から国語史へ」（『国語学』196、1999）をもとに作成

うになった。江戸時代末期には季語の数が3000を超え、現在では結社・歳時記の規模によっても差はあるが、大規模なものでは5000を超える季語が選定されている。近代以降は植物名などを中心に、外来語で季語に選定された語も少なくない。

3 枕詞

和歌の修辞法の一種で、主に5音節のある1句（導く語句）が、続く「導かれる語句」と固定的な結びつきをもつものを枕詞という。枕詞によって歌のリズムを整えたり、歌に情緒を添えたりする効果をもたらすと考えられている。

枕詞発生の背景は、

①同音・類音による
　生(あ)れましし　神のことごと　つがの木の　いやつぎつぎに　（『万葉集』）
　初雁の　はつかに声を聞きしより
　　　　　　　　　　　　　（『古今集』）
②意味の連想や比喩による
　むらさきの　にほへる妹(いも)をにくくあらば　　　　　　　　（『万葉集』）
　石走(いはばし)る滝もとどろに鳴くせみのの
　　　　　　　　　　　　　（『万葉集』）
などに分けられる。

枕詞は、日本語で文字が使用される以前の歌謡から生まれたものもあり、語源未詳の場合が少なくない。枕詞は和歌だけでなく明治初期の小説にも以下のような例が見られる。

千早振(ちはやふ)る神無月も最早跡二日の余波(なごり)

・・

■ 外来語の季語
春：アネモネ、シクラメン、スイートピー、チューリップ、フリージア、ライラック　など
　シクラメンはシクラメンのみかなしけれ　　　　　汀女
夏：アマリリス、キャンプ、サイダー、トマト、ハンモック、ビール、ヨット、ラムネ　など
　ハンモック海山遠く釣りにけり　　　　　　　青邨
秋：カンナ、コスモス、ザボン、など
　コスモスや風に撓みてもれもなし　　　　　　　　爽雨
冬：クリスマス、コート、ショール、スケート、ストーブ、マスク、ボーナス　など

物くれる和蘭人やクリスマス
　　　　　　　　　　虚子

[出典] 高浜虚子編『新歳時記 増補版』（三省堂、1951）による。

■ 道行文のレトリック
旅の行程に沿って、途中の光景を描写する文で、技巧をこらした韻文を道行文という。軍記物や歌謡・謡曲、浄瑠璃などに見られ、古典作品からの詞章や歌枕、縁語、掛詞を取り入れたものが多い。

❶逢坂山をうち越えて、❷勢多の唐橋駒もとどろに踏みならし、雲雀あがれる❸野路の里、❹志賀の浦浪春ⓐかけて霞にⓘ曇るⓑ鏡山、❻比良の高峯を北にして、❼伊吹の蒿(たけ)も近づきぬ。心をとむとしなけれども、荒れてなかなかやさしきは、❽不破の関屋の板びさし、ⓦいかに❾鳴海の塩干潟、涙に袖はしをれつつ、…

（『平家物語』巻十、海道下より）

- 下線部❶〜❾は、歌枕となる地名。
- 「ⓐかけて」は、「（波が打ち寄せる意の）かけて」と「（冬から春に）かけて」の掛詞。
- 「ⓘ曇る鏡」は、「曇る」と「鏡」とが縁語。
- 「ⓦいかに鳴海」は、「いかになる身」と「鳴海」との掛詞。

第8章　ことばと社会　　155

となった廿八日の午後三時頃に

　　　　　　（二葉亭四迷『浮雲』）

　なお、枕詞に類する序詞は、枕詞よりも長く、一般には2句または3句にまたがるものをいう。ただし、序詞には枕詞のような固定的な結びつきはなく、それぞれの和歌で独自性がある。

4　歌枕

　歌枕は、もともと歌語または歌語を集めた書物（例『能因歌枕』など）を指していたが、平安後期以降、繰り返し和歌に詠み込まれる特別な情趣を帯びた地名を指すようになった（図8-4）。歌枕の使用は、和歌に余情を与える反面、表現の類型化にもつながった。

5　掛詞

　掛詞（懸詞）とは、同音・類音を利用して一語に二つの語を連想させ、意味に重層性をもたせる修辞法である。掛詞は日本語の音韻構造が単純であることから、同音異義語や多義語、類音語が多いという語彙の性格を利用したものである。和歌では『古今集』でよく使用された。

　　　　（聞）　　　　　　（置）
　音にのみきくの白露夜はおきて
　　　　（菊）　　　　　　（起）

　　　　　　　　　　　　『古今集』

のように、「きく」が「聞く・菊」「おきて」が「（白露を）置き・（夜は）起き」というそれぞれに二重の意味をも

図8-4 歌枕地図（畿内）

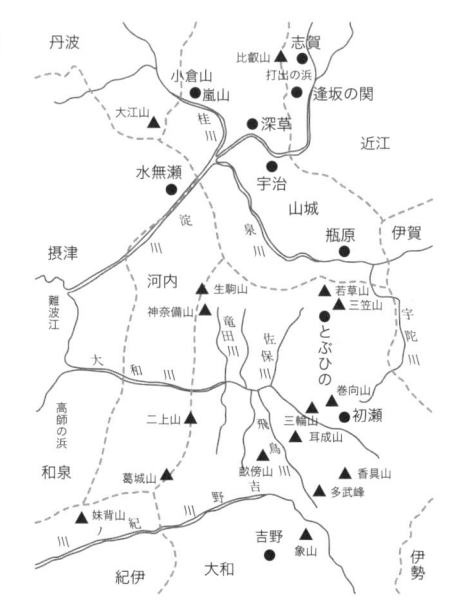

たせるような技法である。

掛詞は後に散文にも使用され、下って初期の明治文学にも以下のような〈枕詞＋掛詞〉の用例がみえる。

　都もいつか東京と名もあらたまの年
　毎に開けゆく世の余沢なれや
　　　　　　（坪内逍遙『当世書生気質』）

また、言葉遊びとして「謎かけ」や落語のオチでも利用され、現代では、ダジャレなどと呼ばれるものも基本的構造は掛詞である。スポーツ新聞の見出しや、商品広告などでも掛詞が効果的に使用されることがある。

6 縁語

縁語とは、和歌の修辞法の一種で、ある一語を中心とした時、その語と意味的なつながりの強い語を歌の中に読み込むことで、ことばどうしを連鎖的に関係づける技法である。縁語によって、連想のおもしろさが生まれる。そのため、語の意味内容が論理的に関係するもの（たとえば反義語や類義語）は含まない。

縁語はしばしば、掛詞とともに用いられ、技巧性の強い歌を作り出すことになる。時代としては、新古今集の時代に一層の隆盛をみた。

たとえば、
　色もなき心を人に染めしより
　移ろはむとは思ほえなくに
　　　　　　　　　　（『古今集』）

　染む ← 色 → 移ろふ

のように、「色」を中心として、「染む」と「移ろふ」が縁語をなしていると考える。この場合、「色」は〈色彩〉と〈美しい容姿〉の二つの意味にまたがっていることになる。

・・・・・・・・・・・・・・・・・・・・・・・・・・・・・・・・・・・・

■デーブ・スペクターのツイッターにみえるダジャレ「クールギャグ」
・音の類似を利用したしゃれ
　縁故採用が多いアメリカの州　→　コネ使っと州　2011年2月2日 23：44：50 webから
　大阪名物の変なモバイル　→　けったい電話　2011年2月3日 21：08：40 webから
　仲良しの肩コリ治療薬　→　フレンド湿布　2011年2月5日 22：26：08 webから
　働かない植物　→　サボってん　2011年2月5日 23：37：29 webから
　未成年しか食べられないもの　→　お子のみ焼き　2011年2月12日 11：56：04 webから
・同音異義の漢字表記を利用したしゃれ
　のんびりした税処理　→　各停申告　2011年2月10日 20：49：33 webから
　総理が嫌いな食べ物　→　解散物　2011年2月21日 22：14：30 webから

[出典]　http://twitter.com/dave_spector

・・・・・・・・・・・・・・・・・・・・・・・・・・・・・・・・・・・・

■掛詞を利用した商品名
・ジキニン（感冒薬）←じきに
・ケロリン（鎮痛剤）←ケロリっと
・アラウーノ（温水洗浄便座）←洗うの
・ムシューダ（消臭剤）←無臭だ
・熱さまシート（冷却用シート）←熱冷まし＋シート
・オリロー（避難用はしご）←降りろ
・メクール（紙めくりクリーム）←めくる

第8章　ことばと社会

第5節　辞書

1　辞書とは

　ある目的で集めた語を一定の規則に従って配列し、個々の語に説明を加えた書物を辞書という。また、種々の索引、便覧、データベースなども、項目を検索して活用されるので辞書に準じると考えられる。コンピューターのかな漢字変換システムや機械翻訳に利用される文字や単語のデータファイルも辞書と呼ばれている。また、言語研究のために大量の文章を電子化した種々のコーパスも構築されており、用例検索の便が格段に向上している。近年はDVD等の電子媒体、電子辞書、Web上で公開される辞書も多い。

2　辞書の性格

　辞書の編纂は、
(1)使用者：一般人／専門家、年少者／高齢者、母語話者／非母語話者、など
(2)使用環境・場面：自宅／職場／図書館／車内、冊子体／ソフトウエア／Web配信、など
(3)使用目的：学習／研究／趣味、文章読解／文書作成、など
のようなことを想定して行われる。辞書の編纂者は(1)(3)を想定し、辞書に盛

図8-5　語彙の性格による日本語辞書の分類

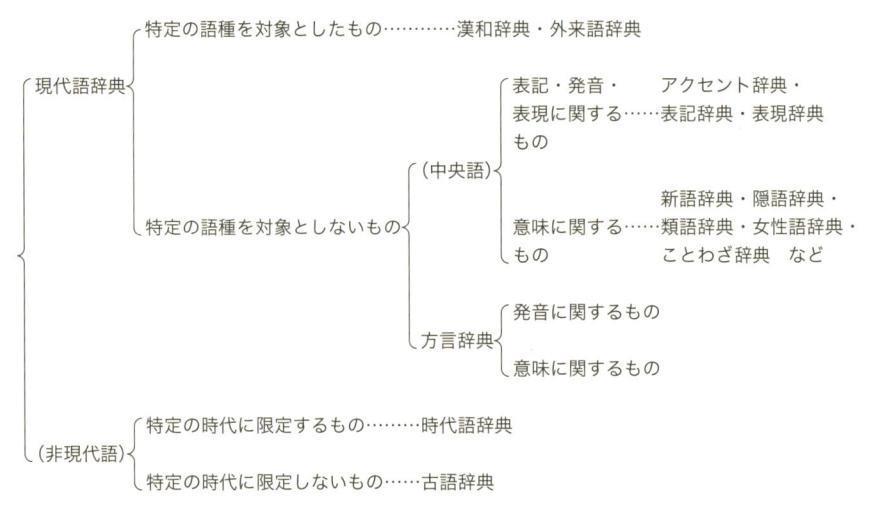

- 現代語辞典
  - 特定の語種を対象としたもの……漢和辞典・外来語辞典
  - 特定の語種を対象としないもの
    - (中央語)
      - 表記・発音・表現に関するもの……アクセント辞典・表記辞典・表現辞典
      - 意味に関するもの……新語辞典・隠語辞典・類語辞典・女性語辞典・ことわざ辞典　など
    - 方言辞典
      - 発音に関するもの
      - 意味に関するもの
- (非現代語)
  - 特定の時代に限定するもの……時代語辞典
  - 特定の時代に限定しないもの……古語辞典

［出典］沖森卓也編『図説日本の辞書』（おうふう、2008）による

り込む情報を選定し、(2)を想定して、辞書の規模、冊子体にするか、電子媒体を使用するか、などを決める。これによって辞書の性格も決まる。

3 辞書の種類

辞書は辞典ともいうが、同音語として事典、字典が存在する。これは、
(A)辞典（コトバテンとも）：言語の意味や用法を知るため
(B)事典（コトテンとも）：用語や名称を手がかりとして事柄の内容を知るため
(C)字典（モジテンとも）：文字（特に漢字）を知るため
という辞書の種類をおおまかに分類した言い方であるとも言える。(A)には国語辞典のような一言語を対象とする辞書や、英和辞典のような対訳辞書がその例としてあげられる。(B)はいわゆる百科事典や専門語事典である。(C)は漢和辞典、漢字辞典などがその例であり、簡便なものは字引ともいう。日本語で辞書を字引とも呼ぶのは、辞書の使用目的として漢字を知ることが大きな柱であったからであろう（図8-5）。

4 辞書の情報

国語辞書には、次のような情報が含まれる（図8-6）。
①発音：語の発音、アクセント
②表記：仮名遣い、漢字字体、語の漢字表記、送りがな、外来語の原綴など
③意味：語の意味、類義語、語誌、語

図8-6 辞書の情報

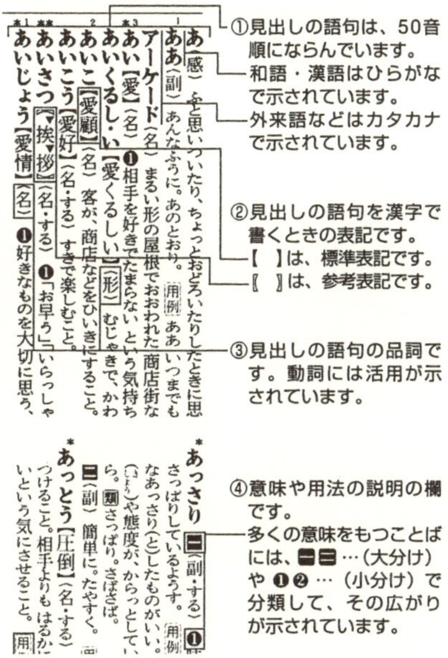

①見出しの語句は、50音順にならんでいます。
・和語・漢語はひらがなで示されています。
・外来語などはカタカナで示されています。
②見出しの語句を漢字で書くときの表記です。
【 】は、標準表記です。
［ ］は、参考表記です。
③見出しの語句の品詞です。動詞には活用が示されています。
④意味や用法の説明の欄です。
・多くの意味をもつことばには、━❶…（大分け）━❷…（小分け）で分類して、その広がりが示されています。

［出典］林四郎、他編『例解新国語辞典 第七版』（三省堂、2010）による

■国語辞書の収録語数

大辞典（1936）平凡社 …………750,000語
日本国語大辞典 第2版（2000）小学館
　　　　　　　　　…………500,000語
広辞苑 第6版（2007）岩波書店
　　　　　　　　　…………230,000語
大辞林 第3版（2006）三省堂
　　　　　　　　　…………230,000語
大辞泉（1998）小学館 …………220,000語
新選国語辞典 第9版（2011）小学館
　　　　　　　　　…………90,320語
旺文社国語辞典 第10版（2005）旺文社
　　　　　　　　　…………81,500語
三省堂国語辞典 第6版（2008）三省堂
　　　　　　　　　…………80,000語
新明解国語辞典 第6版（2005）三省堂
　　　　　　　　　…………76,500語
明鏡国語辞典 第2版（2010）大修館書店
　　　　　　　　　…………74,000語

第8章 ことばと社会

源、位相、語感など
④文法：品詞、活用の種類、動詞の自他など
⑤その他：語種、語構成、派生形、ことわざ、慣用句、用例、出典、など

5 見出しの形式

辞書は検索のために見出しを掲げ、それを一定の順序に配列する。

日本語辞書は見出しの字種によって①仮名、②漢字、③ローマ字、のように分類できる。字種以外では見出し語を意義によって分類し、配列する方式がある。これは事典にも見られるが、類語辞典、シソーラスは意義分類によって配列してある。類語辞典やシソーラスでは、配列の体系性に配慮してコードが付される（図8-7）。

6 見出しの配列

①仮名見出しは、(a)いろは、(b)五十音、の順によって配列される。歴史的には(a)から(b)へ変化し、国語辞書では大槻文彦『言海』（1891）から一般化し、現在に至る（図8-8）。

②漢字見出しは、(a)部首、(b)画数、(c)単字の音・訓のいろは順、(d)単字の音・訓の五十音、による。漢和辞書では(a)部首配列の内部をさらに(b)画数順に配列するのが一般的だが、検索の便を向上させるために、索引に漢字の音訓を付す。漢和辞書の内容を、見出し単字の音訓から引けるようにして、仮名見出し配列のもつ検索の速さを狙っ

図8-7 シソーラス・類語辞典の構造
日本語で、本格的シソーラスの嚆矢は『分類語彙表』(1964)である。単語を、1体の類、2用の類、3相の類、4その他、として整数を与え、品詞性によって分類する。小数点以下第1位は、意味分野を表し、1抽象的関係、2人間活動の主体、3人間活動—精神及び行為、4生産物及び用具、5自然現象、という数字を与える。これには語釈がなく、一種の体系的な意味分類に基づく類義語目録と言える。同書は2004年に増補改訂版が出された。
市販される類語辞典でも独自の意味分類が行われる。たとえば、中村明、他編『三省堂類語新辞典』(2005)の構造は、
Ⅰ自然—A天文・気象　B物象　C土地　D自然物　E植物　F動物
Ⅱ人間—G人体　H生理　I関係　J属性　K感性　L活動
Ⅲ文化—M社会　N生活　O学芸　P産物・製品　Q抽象　R認定・形容
のように、3大分類をし、それぞれの下位に、A～Rの18ジャンルを配置する方式をとっている。

［出典］中村明・森田良行・芳賀綏編『三省堂類語新辞典』（三省堂、2005）による

た五十音引き漢和辞書という折衷的な辞書もある。

③ローマ字見出しはABC順に配列する。日本語辞書でローマ字見出しにすると、(1)単語を音素に近い形で観察できる、(2)発音と仮名遣いのずれを補正できる、(3)外国人が検索しやすい、などの長所がある。

7 辞書の規模

辞書は収録語によって規模が異なる。国語辞書の場合、大型・中型・小型に大別できる。大型辞書の例として、全13巻、収録語数約50万語の『日本国語大辞典』があげられる。その約半分の見出し語語数で、20万語規模の一冊本を中型辞書と呼ぶ。『広辞苑』『大辞林』は代表的な存在であるが、中型以上の規模になると、言語辞書に百科辞書の性格を兼ね備えることになる。小型辞書に比べると、専門語、固有名などが多くなる。小型辞書はおおむね10万語以下で、言語辞書に徹するものが多く、意味変化や新語、外来語などに敏感である。小型辞書も、漢字を単字で見出しに立て、漢和辞書の機能を兼ねるものもある。

辞書の規模は、主に現代語以外の古語・専門語をどの程度収録するかによる。また、俗語、方言語彙、固有名の取り上げ方によっても見出し数は変わる。これらは古語辞典や俗語辞典、方言辞典、人名辞典などの専門辞書、特殊辞書となる。

図8-8 辞書の語頭文字分布図

右のグラフは、辞書の見出し語の最初の文字がどのような仮名文字で始まるかを調査し、その割合を示したものである。調査対象は『雅俗幼学新書』(1855)、『和英語林集成 初版』(1867)、『言海』(1891)、『日本国語大辞典 初版』(1972-76)である。

辞書の見出し語の範囲ではあるが、日本語では語頭がどのような音節で始まる語に偏りが多いかを見渡すことができる。

[出典] 木村一「語頭文字別分布―幕末期の辞書との比較を通して―」(『東洋通信 47-7』2010) による

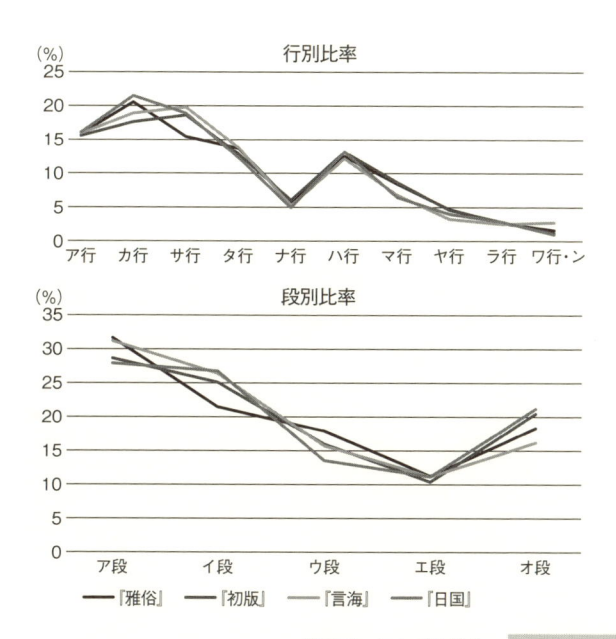

第8章 ことばと社会

第6節　名数・ことわざ・故事成句・四字熟語

1　名数

　同類の事物をいくつか集めて、その数を冠してまとめた言い方を名数という。形式としては、数字に類を続ける「三羽烏」「四天王」「七福神」などのほかに、「三大祭」「十大弟子」のように「数字＋大○○」とするものが多い。特に、仏教の教理を数でまとめた「三界」「百八煩悩」などの言い方を法数という（表8-4）。

　名数としてまとめるのは、
　(1)網羅的にあげる：御三家（尾張・紀州・水戸）、七草（[春]芹・薺・御形・繁縷・仏の座・菘・蘿蔔　[秋]萩・尾花・葛・撫子・女郎花・藤袴・桔梗）・十二支（子・丑・寅・卯・辰…）など。
　(2)代表的で最上位にあるものをあげる：三蹟（小野道風・藤原佐理・藤原行成）、三景（松島・厳島・天橋立）など。

を例として挙げられるが、名数としてまとめられる事物は時代や地域、価値観によって内容が異なることがある。特に、(2)のようなベストを求める形式では「三大祭」のように諸説定まらないものも多い。

表8-4　仏教関係の名数

一：一字一石経　一字三礼　一切経
二：二諦　二河白道
三：三衣一鉢　三界　三戒壇　三帰依　三業　三途の川　三蔵　三草二木　三尊　三宝
四：四恩　四儀　四苦　四弘誓願　四華　四劫　四天王
五：五蘊　五戒　五眼　五種修法　五体投地
六：南都六宗　六地蔵　六波羅蜜　六根
七：七覚支　七重宝樹　七堂伽藍　七難　七宝
八：八王日　八供　八大地獄　八大夜叉　八戒　八苦
九：九会　九界　九識　九品
十：十斎日　十宗十号　十地　十重禁
十一～：十一面観音　十二因縁　十二光　十二類生　十三宗　十三仏　十三門跡　十五宗　十六羅漢　十八檀林　十八羅漢　十八宗
二十～：二十五有　二十五箇霊場　二十五菩薩　二十八部衆
三十～：三十二相　三十三観音　三十七道品　四十二章経　四十八願　四十九院　五十二類　八十種好
百～：百一物　百八煩悩　一百三十六地獄　四百四病　五百羅漢
千～：千手観音　千僧供養　千灯会　千部会　三千世界
万～：万灯会　八万地獄　十万億土

[出典] 松村明編『大辞林　第三版』（三省堂、2006）による

現在では、「五臓六腑にしみわたる」や「五穀豊穣祈願」などの表現で、「五臓」「六腑」「五穀」が何を指すかを特定せず、「五臓六腑→内臓」、「五穀→農作物」のように象徴的表現として用いることもある。

2 ことわざ

民衆の間で伝承されてきた定型的な言語表現をことわざという（俚諺、俗諺、諺語、世話などとも）。そこには生活の知恵、教訓、風刺などが盛り込まれ、簡潔な文句でできている。漢籍や仏典に由来を求められるものもあるが、多くは出典や著者が不明である。そのため、表現形式は絶対的ではなく、しばしばゆれが見られる点は故事成句や格言と異なる（図8-9）。

内容から見ると、
(1) 他者への批判や揶揄：鰯の頭も信心から・医者の不養生・紺屋の白袴・下手の横好き、など。
(2) 処世上の教訓：一寸先は闇・急がば回れ・出る杭は打たれるなど。
(3) 生活の知恵・知識：朝雨に傘いらず・桜切る馬鹿、梅切らぬ馬鹿・桃栗三年柿八年、など。
(4) 言語遊戯：驚き桃の木山椒の木・見ざる言わざる聞かざる・だんだんよくなる法華の太鼓、など。

のように分類できる。(4)はいわゆる言葉遊びと連続する広義のことわざと言える。ことわざの内容は庶民生活に関わるものが多いため、「善は急げ／急

図8-9 誤用されやすいことわざ

平成12年度「国語に関する世論調査」では、「情けは人のためならず」ということわざの意味をどう理解しているかについて、以下のような回答結果となった。（○は本来の意味）
- ○人に情けをかけておくと、巡り巡って結局は自分のためになる（47.2%）
- 人に情けをかけて助けてやることは、結局はその人のためにならない（48.7%）

年齢別では、以下のグラフのとおりで、年齢が低くなると違う意味で理解する人が多い。

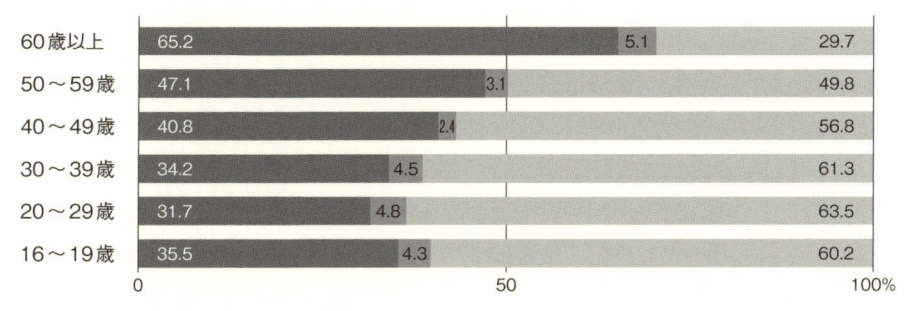

年齢	情けをかけておくと自分のためになる	分からない	情けをかけることは人のためにならない
60歳以上	65.2	5.1	29.7
50〜59歳	47.1	3.1	49.8
40〜49歳	40.8	2.4	56.8
30〜39歳	34.2	4.5	61.3
20〜29歳	31.7	4.8	63.5
16〜19歳	35.5	4.3	60.2

[出典] 平成12年度「国語に関する世論調査」による

がば回れ」のように、真実のとらえ方が逆になるものも少なくない。いろはガルタは、遊びに取り入れられた代表的存在である（表8-5）。

表現形式から見ると、
(1) 連語形式の体言止め：河童(かっぱ)の川流れ・月とすっぽん・猫に小判、など。
(2) 文形式の体言止め：挨拶は時の氏神・旅の恥はかき捨て・餅は餅屋、など。

が多く、文形式になるものには「風が吹けば桶屋(おけや)がもうかる」「住めば都」のような条件句、「郷に入っては郷に従え」「習うより慣れろ」のように命令・禁止となる表現も多く見られる。このような簡潔な形式になるのは、口頭伝承のうえで記憶するのに便利であるからだと考えられる。そのため、「良薬は口に苦し、忠言は耳に逆(さか)ふ」→「良薬は口に苦し」、「井の中の蛙(かわず) 大海を知らず」→「井の中の蛙」のように縮約して伝えられることも少なくない。さらには、「藪(やぶ)を突いて蛇(へび)を出す」→「やぶへび」、「泥棒を捕らえて縄をなう」→「どろなわ」、「棚からぼた餅」→「たなぼた」などのように、俗語では一語化しているものもある。

3 故事成句・四字熟語

多く、漢籍・仏典に出典があり、人生の機微や教訓を短い句で表現したものを故事成句（故事成語）という。機能はことわざに似るが、歴史的背景を

表8-5 いろはガルタの一部

	江　戸	上　方	尾　張
い	犬も歩けば棒に当たる	一寸先は闇	一を聞いて十を知る
ろ	論より証拠	論語読みの論語知らず	六十の三つ子
は	花より団子	針の穴から天覗く	花より団子
に	憎まれっ子世にはばかる	二階から目薬	憎まれっ子頭堅し
ほ	骨折り損のくたびれ儲け	仏の顔も三度	惚れたが因果
へ	下手の長談義	下手の長談義	下手の長談義
と	年寄りの冷や水	豆腐に鎹	遠くの一家より近くの隣
ち	ちりも積もれば山となる	地獄の沙汰も金次第	地獄の沙汰も金次第
り	律義者の子沢山	綸言汗のごとし	綸言汗のごとし
ぬ	盗人の昼寝	糠に釘	盗人の昼寝
る	瑠璃(るり)も玻璃(はり)も照らせば光る	類をもって集まる	類をもって集まる
を	老いては子に従え	鬼も十八	鬼の女房に鬼神
わ	破れ鍋に綴じ蓋	笑う門には福来る	若いときは二度ない
か	かったいの瘡(かさ)うらみ	かえるの面に水	陰うらの豆もはじけ時
よ	葦(よし)のずいから天井のぞく	夜目遠目傘のうち	横槍で庭掃く
た	旅は道連れ世は情け	立て板に水	大食上戸餅食らい
れ	良薬(りょうやく)は口に苦し	連木で腹切る	連木で腹切る

[出典] 松村明編『大辞林　第三版』（三省堂、2006）をもとに作成

想起させて、表現に厚みを加えることもある。本来漢籍に由来するものが多いので、漢語であるだけでなく、漢文訓読形式の句となっているものが多い。漢語の中には日本語に溶け込んでいるものも多い（表8-6）。

(1) 二字漢語の成句：杞憂『列子』・推敲『唐詩紀事』・蛇足『戦国策』・白眉『三国志』・墨守『墨子』・矛盾『韓非子』など。

(2) 三字以上の漢語成句：太公望『史記』・白眼視『晋書』・臥薪嘗胆『十八史略』『史記』・呉越同舟『孫子』・四面楚歌『史記』・五十歩百歩『孟子』など。

(3) 漢文訓読形式の成句：羹に懲りて膾を吹く『楚辞』・牛耳を執る（→牛耳る）『春秋左氏伝』・鶏口となるも牛後となる勿れ『戦国策』『史記』・人間万事塞翁が馬『淮南子』・瓜田に履を納れず、李下に冠を正さず『古楽府』など。

狭義の四字熟語と呼ばれているのはこのような故事成句であるが、四字漢語全般にも四字熟語という俗称が広がっている。また、「小春日和」のように、和語に漢字をあてて結果として四字の漢字で表記される語も四字熟語と称されることがあるが、これらは適切な言い方ではない。

表8-6 日中で意味の異なる故事成語

故事成語	中国語の意味	日本語の意味
玉砕	自分の意思を貫くこと	戦死の美化語
吹毛求疵	細かいところまで間違いを探す	他人への追求はかえって自分の欠点をさらけだす
難兄難弟	肉親以上に固い絆で結ばれた男の友情	実力が拮抗し、優劣の判断がつきにくいさま
鶏鳴狗盗	こそ泥や人だまし	つまらぬ芸でも役立つときがある
傍若無人	超然とした自己陶酔の様子	勝手気ままな振る舞い
行雲流水	文章が流暢で立派なこと、書が素晴らしいこと	自然の流れ、心の赴くままに
呉越同舟	敵味方が協力して共通の目標を目指す	他人と居合わせること
天衣無縫	物事が完璧なさま	純粋で無邪気な性格
波瀾万丈	書や絵や音楽に起伏あること	人生の紆余曲折
万事休す	何事もなく、すべてを忘れる	絶体絶命の窮地、おしまいだ

［出典］陳力衛『日本の諺・中国の諺』（明治書院、2008）による

主要参考文献 ＊本文の記述と関係のある主要なものを示すにとどめた

●全般に渡るもの
国立国語研究所『現代雑誌九十種の用語用字』(1)(2)(3)　秀英出版　1962〜4
国立国語研究所『電子計算機による新聞の語彙調査』(Ⅱ)　秀英出版　1971
国立国語研究所『語彙の研究と教育』(上・下)大蔵省印刷局　1984
国立国語研究所『分類語彙表　増補改訂版』大日本図書　2004
斎藤倫明（編）『朝倉日本語講座4 語彙・意味』朝倉書店　2002
鈴木孝夫『ことばと文化　私の言語学』（鈴木孝夫著作集1）岩波書店　1999
林大監修編、宮島達夫・野村雅昭・江川清・中野洋・真田信治・佐竹秀雄編『図説日本語　グラフで見ることばの姿』（角川小辞典9）角川書店　1982

[辞典類]
国語学会編『国語学大辞典』東京堂出版　1980
佐藤喜代治ほか編『国語学研究事典』明治書院　1977
飛田良文ほか編『日本語学研究事典』明治書院　2007
『日本国語大辞典』（第2版）小学館　2000
松村明編『大辞林』（第3版）三省堂　2006
野村雅昭ほか編『新選国語辞典』（第9版）小学館　2011

[叢書類]
佐藤喜代治編『講座日本言語の語彙』明治書院　1981

[日本語を概説したもの]
沖森卓也・木村義之・陳力衛・山本真吾『図解日本語』三省堂　2006
沖森卓也編『日本語概説』朝倉書店　2010

第1章
池上嘉彦『意味論』大修館書店　1975
池上嘉彦『意味の世界』NHK出版　1978
石井正彦『現代日本語の複合語形成論』ひつじ書房　2007
オグデン＆リチャーズ、石橋幸太郎訳『意味の意味』新泉社　1967
影山太郎『文法と語形成』ひつじ書房　1993
窪薗晴夫『新語はこうしてつくられる』岩波書店　2002
斎賀秀夫「語構成の特質」（『講座現代国語学Ⅱ』筑摩書房　1957)
斎藤倫明『現代日本語の語構成論的研究』ひつじ書房　1992
斎藤倫明『語彙論的語構成論』ひつじ書房　2004
斎藤倫明・石井正彦『語構成』ひつじ書房　1997
鈴木孝夫『ことばと文化』岩波書店　1973
野村雅昭「否定の接頭語「無・不・未・非」の用法」（国立国語研究所論集4『ことばの研究4』1973)
野村雅昭「接辞性字音語基の性格」（国立国語研究所報告61『電子計算機による国語研究Ⅸ』1978)
F. ソシュール、小林英夫訳『一般言語学講義』岩波書店　1972
宮地裕『慣用句の意味と用法』明治書院　1982
山口佳紀編『暮らしのことば　新語源辞典』講談社　2008
李基文『韓国語の歴史』大修館書店　1975

第2章
田中章夫『国語語彙論』明治書院　1978
国立国語研究所『現代雑誌の語彙調査—1994年発行70誌—』国立国語研究所報告121　2005

第3章
飯田朝子『数え方の辞典』小学館　2004
小野正弘『擬音語・擬態語4500 日本語オノマトペ辞典』小学館　2007
小野正弘『オノマトペがあるから日本語は楽しい』（平凡社新書）平凡社　2009
樺島忠夫『日本語はどう変わるか—語彙と文字—』岩波書店　1981
金田一春彦『日本語（上）(下)』岩波書店　1988

小松英雄『日本語の歴史』笠間書院　2001
田守育啓『オノマトペ擬音・擬態語をたのしむ（もっと知りたい！日本語）』岩波書店　2002
寺村秀夫『日本語のシンタクスと意味第１巻』くろしお出版　1982
林大「語彙」（『講座現代国語学Ⅱ』筑摩書房　1957)
宮地敦子『身心語彙の史的研究』明治書院　1979
森岡健二・山口仲美『命名の言語学　ネーミングの諸相』東海大学出版会　1985
柳田征司『室町時代語資料による基本語彙の研究』武蔵野書院　1991
山口仲美「感覚・感情語彙の歴史」（『講座日本語学４語彙史』明治書院　1982)
山口仲美『犬は「びよ」と鳴いていた』（光文社新書）光文社　2002

第４章
国広哲弥『意味論の方法』大修館書店　1982
小池清治・河原修一『シリーズ日本語探究法４語彙探究法』朝倉書店　2005
国立国語研究所『語彙の研究と教育（上）（下）』大蔵省印刷局　1985
田中章夫『揺れ動くニホン語』東京堂出版　2007
徳川宗賢編『日本の方言地図』（中公新書）中央公論社　1979
飛田良文・佐藤武義（編）『現代日本語講座第４巻語彙』明治書院　2002
森田良行『基礎日本語辞典』角川書店　1989

第５章
ウルマン『言語と意味』大修館書店　1969
岸田武夫『国語音韻変化の研究』武蔵野書院　1984
国立国語研究所『日本言語地図』大蔵省印刷局　1967
徳川宗賢編『日本の方言地図』（中公新書）中央公論社　1979
前田富祺「指の呼び方について」(『文芸研究』56　1967)

第６章
岡田希雄「鎌倉期の語源辞書名語記十帖に就いて」(『国語国文』1935)
沖森卓也『古代日本の表記と文体』吉川弘文館　2000
阪倉篤義『日本語表現の流れ』岩波書店　1993
白井清子「平家物語の語彙の性格を探る―現代語との比較も含めて―」(『学習院大学国語国文学会誌』24　1981)
田中牧郎「雑誌コーパスでとらえる明治・大正期の漢語の変動」(『国際学術研究集会漢字漢語研究の新次元予稿集』国立国語研究所　2010)
陳力衛『和製漢語の形成とその展開』汲古書院　2001
宮島達夫「現代語いの形成」(『国立国語研究所論集３』　秀英出版　1967)
宮島達夫「語彙史の巨視的比較」(『漢日語言対比研究論叢』第一輯、北京大学出版社　2010)
森岡健二「開化期翻訳書の語彙」(『近代の語彙　講座日本語の語彙６』明治書院　1982)
森岡健二『改定近代語の成立　語彙編』明治書院　1991
山田俊雄「いわゆる湯桶読・重箱読について」(『成城文芸』第一号　1954)

第７章
井上史雄『新しい日本語―《新方言》の分布と変化―』明治書院　1985
井上史雄『日本語ウォッチング』(岩波新書)岩波書店　1998
井上史雄・鑓水兼貴『辞典〈新しい日本語〉』東洋書林　2002
遠藤織枝「「老人語」の特徴」(『日本語学』Vol.9-No.4　1990)
遠藤織枝『女のことばの文化史』学陽書房　1997
蒲谷宏・川口義一・坂本惠『敬語表現』大修館書店　1998
菊地康人『敬語』角川書店　1994（再刊：講談社学術文庫　1997)
菊地康人（編）『朝倉日本語講座８敬語』朝倉書店　2003
国田百合子『女房詞の研究』風間書房　1964
小林隆「現代方言の特質」(小林隆・篠崎晃一・大西拓一郎編『方言の現在』明治書院　1996)

小林隆「コマ（駒）の位相―方言研究から国語史へ」（『国語学』No.196　1999）
小林隆「方言の歴史」（小林隆・篠崎晃一編『ガイドブック方言研究』ひつじ書房　2003）
阪本一郎『読みと作文の心理』牧書房　1955
篠崎晃一「気づかない方言と新しい地域差」（小林隆・篠崎晃一・大西拓一郎編『方言の現在』明治書院　1996）
杉本つとむ『江戸の女ことば　あそばせとアリンスと』創拓社　1985
杉本つとむ『女のことば誌』雄山閣　1985
田中ゆかり「「方言コスプレ」にみる「方言おもちゃ化」の時代」（『文学』vol.8-No.6　2007）
東條操『日本方言学』吉川弘文館　1953
徳川宗賢『日本語の世界8 言葉・西と東』中央公論社　1981
永瀬治郎「「若者言葉」の方言学」（日本方言研究会編『21世紀の方言学』国書刊行会　2002）
文化審議会答申『敬語の指針』2007

第8章

稲垣文男「高校生と昭和のことば」（『NHK文研月報29』1979）
楳垣実『隠語辞典』東京堂　1956
木村一「語頭文字別分布―幕末期の辞書との比較を通じて―」（『東洋通信』Vol.47-No.7　2010）
木村義之「隠語と新語」（『日本語学』Vol.28-No.14　2009）
木村義之・小出美河子『隠語大辞典』皓星社　2000
窪薗晴夫『ネーミングの言語学　ハリーポッターからドラゴンボールまで』開拓社　2008
倉島節尚『辞書は生きている　国語辞典の最前線』ほるぷ出版　1995
国立国語研究所「病院の言葉」にかかわる調査　http://www.ninjal.ac.jp/byoin/tyosa/
柴田武「集団生活が生むことば」（『ことばの講座第5巻現代社会とことば』東京創元社　1956）
柴田武「集団語とは」（『日本語の常識』宝文館書店　1958）
陳力衛『日本の諺・中国の諺』明治書院　2008
中村明・森田良行・芳賀綏編『三省堂類語新辞典』三省堂　2005
宮島達夫『専門語の諸問題』秀英出版　1981
飛田良文「現代日本語の起源」（飛田良文・佐藤武義編『現代日本語講座第4巻語彙』明治書院　2002）
宮本光玄『かくし言葉の字引』誠文堂　1929
松井栄一「『日本国語大辞典』収録項目分布表」（『国語展望』臨時増刊号　1979）
森岡健二・山口仲美『命名の言語学　ネーミングの諸相』東海大学出版会　1985
米川明彦『新語と流行語』南雲堂　1989
米川明彦『若者語を科学する』明治書院　1998
米川明彦『集団語の研究　上巻』東京堂出版　2009
渡辺友左『隠語の世界』南雲堂　1977

事項・人名・書名索引

あ
アイヌ語　42
アウストロネシア語族　28, 94
アクセント　11
当て字　111
アラビア語　121
アルファベット略語　26

い
言い換え　90
医学用語　53
意義素　65
位相　67
イタリア語　121,122
一字漢語　20
移動動詞　77
『稲荷山古墳鉄剣銘』　98
井上史雄　128
異分析　27
意味　12,64
意味関係　68
忌詞　30,130,151
意味的変化　109
意味の近接性　84
意味の下落　85
意味の三角形　14
意味の伝達　12
意味の類似　83
意味分類体辞書　44
意味変化　82
意訳　124
医療用語　149
いろはガルタ　164
隠語　149,151
隠喩　80

う
上向きの待遇　136,139
受け手尊敬　137
うそ　15
歌枕　156

え
英華字典　114～116
英語　122
ABC略語　124

婉曲　15
縁語　157

お
往来物　140
『大鏡』　96
大型辞書　161
オグデン　14
オノマトペ　60
お役所言葉　149
オランダ語　120,121
音　10,12
音位転倒　87
音韻変化　99
音声　10,12
音声言語　32
音節　11
『女重宝記』　131
音の脱落　87
音の添加　88
音の変化　87
音の融合　89
音訳　124

か
開音節　94
下位語　46,71
『改正増補和訳英辞典』　117
階層関係　71
『解体新書』　116
概念　12
外来語　40,42,95,119,122
外来語受容　120
外来語の漢字表記　124
外来語の季語　155
外来語の役割　123
外来語表記　122,123
書き言葉　32
『蝸牛考』　127
拡大的転用　84
『格物入門』　115
掛詞（懸詞）　156
雅言　33
歌語　154
雅語　33,154
可算名詞　37
数の符牒　151

事項・人名・書名索引　169

カタカナ略語　26
漢音　106,107
漢語　40,41,95,105
漢語の語構成　20
感情形容詞　39
感情語彙　54
感情表現　54
漢文訓読　102
漢訳洋書　114,115
換喩　80
換喩的転用　84
慣用音　108
慣用句　21
関連語　68

き

擬音語　60
聞き手尊敬　137
季語　154
記号　12,13
記号内容　13
記号表現　13
『魏書』東夷伝倭人条　98
擬情語　61
擬状語　61
基数詞　57
季題　154
擬態語　60
気づかない方言　129
機能語　66
機能的変化　109
基本色彩語　50
逆行同化　87
業界用語　148
擬容語　61
共通語　126
共通語化　128
『拠字造語抄』　102
近代漢語　117

く

具象名詞　37
具体名詞　37
訓　102
訓読語　102

け

敬語　136
「敬語の指針」　138
形式名詞　37
継続動詞　38
軽卑語　136,139
形容詞性名詞　37
形容詞の分類　39
形容詞表現　54
結果副詞　63
結合用法　16
『言海』　118,160
原義　67
言語　10,12
諺語　163
言語記号　12,13
言語的なタブー　151
言語による世界認識　47
謙譲語　136
謙譲語Ⅰ　138
謙譲語Ⅱ　138

こ

語　10
語彙体系　44,77
語彙的意味　65
語彙的な複合動詞　25
語彙の総体　44
語彙量　34
高句麗語　28
口語　32
『広辞苑』　161
合成語　17,18,101
膠着語　94
コーパス　158
古音　106
呉音　106,107
小型辞書　161
語基　17
『古今集』　96
国字　104
語形成　22
語形成の型　23
語形変化　99
語形変化とその要因　86
語源　28

語源学　28
語源俗解　28
語構成　17
古語辞典　161
語史　29
『古事記』　105
故事成句（故事成語）　164
語種　40,72,95
語種の推移　95
呼称　34
御所言葉　131
『後撰集』　96
コソアド体系　39
国訓　104
異なり語数　33
ことばの男女差　130
ことわざ　163
語の結合　16
固有名詞　37
混種語　42

さ

斎宮忌詞　31
再読字　101
阪倉篤義　99
索引　158
差別語　15
サンスクリット語　29,42

し

ジェンダー　133
色彩語のイメージ　51
軸字　111
死語　147
時候の言い方　143
四股名　153
時詞　36
指示詞　39
指示的意味　66
指示物　14
指示物の進歩的交替　85
辞書　158
自称詞　35
辞書の編纂　158
時数詞　37
思想あるいは指示　14
シソーラス　44

下向きの待遇　136,139
実質語　66
為手尊敬　136
視点　77
事典　159
字典　159
辞典　159
自動詞　38
シネクドキ　81
柴田武　148
ジャワ語　29
集合名詞　37
集団語　148
重箱読み　42,109
熟字訓　103
縮小的転用　84
瞬間動詞　38
準敬語　139
順行同化　87
順序数詞　57,59
上位語　46,71
使用語彙　34
状態動詞　38
象徴　14
所記　13
書記言語　32
職業語　148,151
助数詞　56,58
序数詞　57
女性語　131
女中詞　131
新漢語　114
新語　144
新出語　146
『新撰字鏡』　101
新造語　145
親族語彙　48
親族呼称　48
親族名称　48
身体語彙　52
新方言　128
『新訳和英辞典』　96

す

数詞　36,56
数量詞　36,56
数量詞転移　57

数量詞の副詞的用法　57
数量詞の分離　57
数量詞遊離　57,58
数量名詞　56
スペイン語　120,121
スラング　148,151

せ

正音　107
成分分析　65
世相語　146
接辞　18
接頭語　99
接頭辞　18,59
接尾語　99
接尾辞　18,59
世話　163
専門語　53,149
専門辞書　161
専門用語　73,149

そ

宋音　106,108
造語　22
相互同化　89
相補的関係　76
俗諺　163
俗語　33
俗語辞典　161
属性形容詞　39
素材敬語　137
ソシュール　12
尊敬語　136

た

対義語　46,70
待遇表現　136
ダイクシス　67
体系　13
対者敬語　137
対照語　75,76
対称詞　35
『大辞林』　161
代名詞　36
代用語　112
代用字　112
第四種の動詞　38

多義語　75,78,80,82
濁音　87
『竹取物語』　96
他動詞　38
他の語義との混同　85
単位辞　58
単音節語　99
単純語　17
単独用法　16

ち

中型辞書　161
中国語　121
抽象名詞　37
聴覚映像　12
朝鮮語　29,40,42,121
直示　67
陳述副詞　39

つ

月（陰暦）の異名　143
対馬音　107

て

『訂増英華字典』　116
丁重語　138
程度副詞　39
丁寧語　136
提喩　81
データベース　158
手紙　140
『哲学字彙』　118
てよだわ言葉　131
転移　83
転義　67
転成名詞　37
転用語　145

と

ドイツ語　121,122
同位語　46,71
唐音　106,108
同音異義語　78,80,99,112
同音衝突　89,99
同音による書き換え　112
同義語　68,69
同訓異字　78

動詞性名詞　37
動詞の分類　38
動詞表現　54
東條操　126
唐話　110
特殊辞書　161

な

喃語　134

に

二重形　124
日常漢語　107
日常語　53
日本漢字音　106
『日本言語地図』　92
『日本国語大辞典』　161
『日本書紀』　105
女房詞　130

の

能記　12
延べ語数　33

は

廃語　147
拍　11
『博物新編』　115
派生語　17,19
派生的意味　67
派生名詞　37
話し言葉　32
場面的意味　66
反義語　74,76,77
『万国公法』　115
反対語　74

ひ

比較言語学　28
美化語　138,139
皮肉　15
卑罵語　139
被覆形　86
百科事典的意味　67
比喩　80
比喩的転用　83
評価のプラス・マイナス　85

標準語　126
非両立関係　76
品詞　36
便覧　158

ふ

諷刺　15
風俗語　146
『附音挿図英和字彙』　117
不快語　15
不可算名詞　37
複音節語　99
複合語　17～19
複合動詞　23,24
複合名詞　38
副詞の分類　39
武家詞　31
普通名詞　37
仏教語　107,109
部分全体関係　71
フランス語　121,122
プロトタイプ的意味　67
文語　32
文体　73,137
文体的意味　67
文法的意味　65
文法的な複合動詞　24
文脈的意味　66
『分類語彙表』　44

へ

『平家物語』　96
弁別的特徴　65

ほ

母音交替　86
母音調和　86
包含関係　71
方言　73
方言辞典　161
方言周圏論　127
『砲術語選』　117
補助動詞　39
ポルトガル語　120,121
梵語　29
本数詞　56
本動詞　39

事項・人名・書名索引　173

翻訳語　101

ま
前田富祺　92
枕詞　155
『枕草子』　96
『万葉集』　96,105

み
見出し　160
道行文　155
民間語源　27,80

む
無声化　87

め
名詞の分類　36
名称　34
名数　162
命名　152
メタファー　80
メトニミー　80

も
モーラ　11
森岡健二　117

や
柳田国男　127

ゆ
有声化　87
遊里語　131
湯桶読み　42,109

よ
幼児語　134
様態副詞　39,63
四字熟語　165
米川明彦　148

ら
ラテン語　121

り
理解語彙　34

俚言　33,163
リチャーズ　14
律令用語　107
略語　26
流行語　146
量化詞　56
臨時一語　25

る
類義語　46,69,70,72
類別辞　58

れ
連語　21
連声　87
連濁　87

ろ
老人語　135
ロシア語　121,122
露出形　86

わ
『和英語林集成』　96,117
和音　107
和歌　154
若者言葉（若者語）　134
和漢通用字　118
和訓　101
和語　40,94,95,98
和製外来語　124
和製漢語　55,111,114
渡辺友左　148
和ノ通用字　118
和文語　102
『和名類聚抄』　101

執筆担当者一覧

第1章 語の成り立ち
　第1節　ことばと音／第2節　ことばと意味／第3節　語構成／第4節　語形成 …………………田中牧郎
　第5節　語源と語史 ………沖森卓也

第2章 語の分類………………沖森卓也

第3章 さまざまな語彙
　第1節　ことばの体系／第2節　親族語彙／第3節　色彩語彙／第4節　身体語彙／第5節　感情語彙
　　　　　　　　……………田中牧郎
　第6節　数詞と助数詞／第7節　オノマトペ(擬音語・擬態語) …前田直子

第4章 語と意味関係…………前田直子

第5章 ことばの変化…………沖森卓也

第6章 ことばの変遷…………陳　力　衛

第7章 ことばの位相
　第1節　地域とことば／第2節　ジェンダーとことば／第3節　年齢とことば …………………木村義之
　第4節　敬語のことば ……前田直子
　第5節　手紙のことば ……沖森卓也

第8章 ことばと社会…………木村義之

沖森卓也（おきもり・たくや）
1952年生まれ。東京大学大学院人文科学研究科国語国文学専攻修士課程修了。博士（文学）。現在、立教大学文学部教授。主要著書に『日本古代の表記と文体』（吉川弘文館、2000）、『初めて読む日本語の歴史』（ベレ出版、2010）など。

木村義之（きむら・よしゆき）
1963年生まれ。早稲田大学大学院文学研究科日本文学専攻博士後期課程単位取得退学。現在、慶応義塾大学日本語・日本文化教育センター教授。主要著書に『斉東俗談の研究―影印・索引―』（おうふう、1995）、『隠語大辞典』（皓星社、2000）など。

田中牧郎（たなか・まきろう）
1962年生まれ。東京工業大学大学院社会理工学研究科人間行動システム専攻博士課程修了。博士（学術）。現在、明治大学国際日本学部教授。主要編著書に、『近代書き言葉はこうしてできた』（岩波書店、2013）、『コーパスと日本語史研究』（ひつじ書房、2015、共編著）など。

陳力衛（ちん・りきえい）
1959年生まれ。北京大学大学院日本語日本文学専攻修士課程修了、東京大学大学院人文科学研究科国語国文学専攻博士課程単位取得退学。博士（文学）。現在、成城大学経済学部教授。主要著書に『和製漢語の形成とその展開』（汲古書院、2001）など。

前田直子（まえだ・なおこ）
1964年生まれ。大阪大学大学院文学研究科日本学専攻博士後期課程単位取得満期退学。博士（文学）。現在、学習院大学文学部教授。主要著書に『「ように」の意味・用法』（笠間書院、2006）、『日本語の複文－条件文と原因理由文の記述的研究』（くろしお出版、2009）など。

図解日本の語彙

2011年9月10日 第1刷発行
2021年4月30日 第3刷発行

著　者：沖森卓也、木村義之、田中牧郎、陳力衛、前田直子
発行者：株式会社三省堂　代表者　瀧本多加志
印刷者：三省堂印刷株式会社
発行所：株式会社三省堂
　　　　〒101-8371
　　　　東京都千代田区神田三崎町二丁目22番14号
　　　　電話　編集(03)3230-9411　営業(03)3230-9412
　　　　https://www.sanseido.co.jp/

落丁本・乱丁本はお取り替えいたします。
©Sanseido Co.,Ltd. 2011 Printed in Japan
ISBN978-4-385-36479-7
〈図解日本の語彙・176pp.〉

本書を無断で複写複製することは、著作権法上の例外を除き、禁じられています。また、本書を請負業者等の第三者に依頼してスキャン等によってデジタル化することは、たとえ個人や家庭内での利用であっても一切認められておりません。